유교와 메이지유신

儒教が支えた明治維新
JUKYOU GA SASAETA MEIJIISHIN
Written by KOJIMA Tsuyoshi

Original Japanese edition published by SHOBUNSHA Co., Ltd. Tokyo, Japan.
Korean edition is published by arrangement with SHOBUNSHA Co., Ltd. through AMO Agency.

儒教が支えた明治維新

유교와 메이지유신

왜 일본은 근대화에 성공했는가

고지마 쓰요시 지음
신현승·이연시 옮김

일러두기

1. 이 책은 2017년 도쿄 晶文社에서 발행된 小島毅의 『儒教が支えた明治維新』을 번역한 것이다.
2. 표기법은 원칙적으로 국립국어원의 표준 표기법에 따랐다. 다만 외국어 표기가 원음과 멀어진 경우에는 예외로 하였다.
3. 독자들의 이해를 돕기 위해 각주를 달고 사진·삽화 등 도판을 넣었다. 주요 도판의 출처는 다음과 같다(쪽수, 소장처 순).

   026 도주서원藤樹書院, 035 게이오대학도서관
   050 하야시바라미술관林原美術館, 059 도쿠가와뮤지엄
   059 하니쓰신사土津神社, 088 세키가하라마을 역사민속자료관
   091 쇼죠코지清淨光寺, 110 국립국회도서관
   124 신쇼고쿠라쿠지眞正極樂寺, 131 겐닌지建仁寺
   147 화폐박물관, 177 묘치인妙智院
   233 로쿠온지鹿苑寺, 239 고다이지高台寺
   255 오사카성 텐슈가쿠天守閣, 256 니가타현립역사박물관
   266 후쿠오카시립박물관, 299 타이베이고궁박물원

옮긴이의 말

'번역은 반역이다'는 말이 있다. 그와 같은 책 제목도 있다. 아마도 이는 번역의 어려움이나 오류 가능성 등에 대한 반성적 글귀이리라. 외국어를 자국어(또는 다른 언어)로 옮기는 일이 번역이다. 이 작업에서 역자는 언어 문화적 차이 때문에 어쩔 수 없이 직역과 의역을 동시에 고민하게 된다. 의역을 할 때는 원저자의 의도 혹은 전달하고자 하는 의미와는 조금 다르게 역자가 임의로 수정하기도 한다. 이를 '반역'이라고 해도 수긍할 수밖에 없다. 그러한 의미에서 번역은 제2의 창작이다. 만약 인문학 연구를 평생의 업으로 삼아 온 옮긴이에게 번역이 무엇이냐고 묻는다면 망설임 없이 이렇게 대답하련다.

"저자와 역자 사이의 끊임없는 대화이다." 저자의 문장에 대해 옮긴이는 묻고 또 묻는다. 왜 이렇게 썼느냐고, 도대체 이 문장의 진의가 무엇이냐고? 그럼 저자는 오직 문장만으로 옮긴이에게 답을 준다.

옮긴이의 마음을 헤아리기라도 한 양 좀 더 깊이 숙고해 보라고…….
번역의 과정은 저자의 언어를 단순히 또 다른 언어로 바꾸는 작업이 아니다. 저자의 철학을 다른 언어로 옮기는 과정은 옮긴이의 주관적인 판단과 사고방식이 스며들기 때문이다.

다시 한 번 옮긴이에게 왜 번역을 하느냐고 묻는다면, "일상생활이 무료하고 따분해서, 그리고 별다른 취미 생활도 없는지라……" 혹은 "아직 공부가 많이 부족하여……"라고 답하곤 한다. 이 말은 솔직한 고백이다. 역설적이지만 옮긴이는 심심할 때 번역을 하면 돌연 생동하는 기분이 들어 즐겁다. 또 학술적으로 좋은 공부가 되기도 한다. 그래서 번역하면서 배우고, 때로는 강한 자극을 받아 학문적 반성을 하게 된다. 어느새 숱한 난관도 잊어버린 채 뭔가 알 수 없는 학문적 희열까지 느낀다. 그 소소한 기쁨이 옮긴이의 적적함에 대한 큰 보람이기도 하다.

이 책은 옮긴이의 여덟 번째 번역서이다. 벌써 거의 20년이 다 되어 가는 옛날이야기지만, 일본 동경대학에서 수학할 당시 석사과정에서 박사과정으로 넘어갈 때 처음으로 역서 두 권을 한국에서 출판한 적이 있다. 그것도 대중서가 아니라 지도교수의 전문 학술서적 두 권이었다. 그 시절을 떠올리면 학위논문의 집필에 집중할 수 없었고, 공부가 엄청 부족했기 때문에 우선 책을 정독하고 한국어로 번역해 보면 어떨까? 하고 단순히 생각했다. 그것이 바로 번역의 계기였다. 그리고 인문학(동양철학) 연구자로서 한국에 귀국한 뒤에도 틈만 나면 번역을 했다. 사실 번역서 출간은 이른바 대학에 몸담고 있는 연구자들에게는 별 업적이 되지 못한다. 누구는 시간 낭비라고까지 말한다. 그렇다. 번역 출판은 어떤 연구 업적으로도 산정되지 않는다. 하지만 옮긴이는 왜 이렇게 번역 작업을 하고 또 좋아하는 것일까? 그것은 아까 언급한 그대로다. 무료하기 때문에, 또 누군가한테 학문적으로 자극을 받고 싶기 때문이다. 이 책의 번역 출판도 무료하고 따분할 때 옮긴이가 틈틈이 번역하고 공부한 것을 비로소 세상에 내놓는 작업의 일환이다.

이 책은 지도교수의 저작이기도 하고 개인적 관심도 있어서 처음 접하게 되었다. 일본 동경대학 시절 석사·박사 때의 지도교수 고지마 쓰요시小島毅 교수에게 있어서 옮긴이는 능력이 많이 부족한 제1호 박사이기도 했다. 그래서인지 학업을 마치고 한국에 귀국한 뒤에도 학술적 측면에서 아직도 스승을 뛰어넘을 수 없다는 자괴감과 자책감에 휩싸였고, 무기력한 세월을 낭비하고 있다는 생각까지 들었다. 그러던 와중에 다시금 초심으로 돌아가기 위해 새로운 마음으로 학술을 연마할 수 있는 땅을 2019년이 되어서야 드디어 찾았다. 그곳은 다름 아닌 일본에 유학 가기 전, 맨 첫 번째로 유학 간 중국이었다. 중국은 옮긴이가 학문의 세계에 들어선 뒤 처음으로 석사학위를 받은 곳이기도 했다. 그래서 다시 학문의 길을 떠난다는 마음가짐으로 중국 공산당의 혁명 성지라 일컬어지는 강서성 정강산대학井岡山大學에서, 그것도 전공과는 꽤 무관한 일본어학과에서 교수로 재직하게 되었다. 최근에는 절강성 소흥에 있는 절강월수외국어대학浙江越秀外國語大學으로 이직하여 늘 변함없이 연구와 강의를 병행하면서 교수로 있다. 20대 때 단지 열정 하나만으로 광활한 대륙에 몸을 던졌는데, 40대 끝머리에 다시 대륙의 땅을 밟고 이제 50대 중턱에서 학문의 여정을 지속하고 있는 셈이다. 이 재밌고 유쾌한 학문적 도전에 감사할 따름이다.

대륙의 광활함과 여유로움 속에서 나는 온전히 공부할 수 있는 환경을 만들었다고나 할까. 20대부터 시작된 인문학의 기나긴 '모험'은 긴장의 연속이었지만, 이곳 대륙은 이제 나에게 조금은 숨 쉴 수 있는 느긋함과 안락함을 주었다. 이 책의 번역도 나날이 새로워진 인문적 환경에 의한 결과물이다.

다시 말하지만, 이 책의 저자는 사실 나의 동경대학 석사·박사과정 때의 은사이다. 따라서 저자의 주장하는 바를 나는 옮긴이로서 그 누구보다도 잘 이해하고 있다고 자부한다. 고지마 교수는 중국 송대의 유교, 유교의 예학, 주자학·양명학 등에서 출발하여 지금은 동아시아 유교 전체, 동아시아 역사, 일본 역사 등으로 연구 영역을 확장한바, 치밀한 연구를 해 온 박학다식한 인문학자이다. 이 책은 그런 고지마 교수의 자국 역사의 일부분인 메이지유신에 대한 유교철학적 관점의 학술적 담론이다.

그러면 메이지유신은 한국인들에게 어떤 이미지일까? 저자 고지마 교수는 메이지유신에 대한 물음을 일본인에게 과감히 던지고 있지만, 중국이나 한국인들에게 이 물음을 던진 것은 아니다. 왜냐면 메이지유신은 자국에서 일어난 근대화 혁명이기 때문이다. 그래도 중국인이나 한국인에게 메이지유신은 동아시아 근대를 조망할 때 반드시 눈여겨봐야 할 역사적 가치가 있는 하나의 사건이다.

중국에서 바라보는 메이지유신, 한국에서 바라보는 메이지유신에 대해서는 이미 시중에 여러 연구 저작물이 나와 있다. 또 일본에서도 메이지유신 관련 서적은 산더미처럼 쌓여 있다. 그럼 왜 고지마 교수는 메이지유신을 다시 써 보고 싶었을까. 그 해답은 사실 간단하다. 그 자신이 중국철학, 유교 전공자였기 때문이다. 이 책의 원래 제목은

『유교가 지탱한 메이지유신』이다. 제목에서도 알 수 있듯이 유교가 메이지유신을 이해하는 가장 주요한 키워드인 것이다. 그 유교 가운데 이 책에서 주로 다루는 유교는 선진 시대 공맹의 유학이 아니라 송대 이후 탄생한 신유학(주자학과 양명학)이다. 그중에서도 주자학 부분에 많은 지면을 할애하며 논의를 전개하고 있다.

이 책에서는 유교와 메이지유신의 관계성을 논증하기 위해 중국의 수많은 유교 관련 문헌을 인용하면서 선진 시대의 유교, 진한·위진남북조 시대의 역사와 사상, 10세기 이후 송·원·명·청의 왕조사, 송대부터 시작된 도학道學 혹은 주자학과 양명학, 일본 불교사와 일본의 주자학·양명학 등등의 다양한 주제에 대해 관념적으로 고찰한 것이 아니라, 중국과 일본의 역사적 관계를 염두에 두면서 문화 교류사적 측면에서 논증하는 방법을 취하고 있다. 또 이를 통해 고지마 교수는 이 책에서 일본 역사에서 유교가 담당한 적극적 역할을 동아시아라는 시점에서 객관적으로 검토하고 있다. 따라서 중국 역사와 사상에 대한 지식 없이 이 책을 소화하기란 쉽지 않을 수도 있다. 어찌 보면 이 책은 중국 문화 없는 일본 문화는 상상하기 쉽지 않을 만큼 중국과 일본의 역사적·문화적 관계 및 외교 관계를 전체적으로 살펴볼 수 있는 의미 깊은 인문학 저술이다.

고지마 교수는 이 책에서 일본의 에도 시대에 한정시키지 않고 그 이전의 역사까지 거슬러 올라가 일본의 전체 역사 속에서 유교가 담당해 온 역할을 면밀히 정리하고 있다. 그는 중국에서 율령 제도를 만들어 냈던 이념이 유교의 사상이고, 일본인과 유교와의 접촉은 국가 제도의 수용에서부터 시작되었다고 단언하면서 당唐 왕조의 율령 체제를 언급한다. 그리고 이 책의 서두는 13세기 일본 선승들의 주자학 수용부터 시작하고 있다. 즉 송나라에서 일본으로 전해진 선종禪宗이 교양의 일환으로서 주자학을 가져왔다는 것이다. 중국 신유학사에서 볼 때 주자학은 이후 교조화와 경직화에 빠지고 명대 중기에 이르면 그러한 교착 상태를 탈피하기 위해 양명학이 탄생한다. 고지마 교수는 일본에 주자학을 전파한 선승禪僧들의 역할에 주목하면서 주자학·양명학의 일본적 수용 문제, 선종에서 독립한 주자학, 막부 말기 도막운동의 정신적 지주가 된 양명학, 존왕양이의 출전 문제 등에 대해 심도 있게 논의하고 있다. 더불어 에도 시대의 유교 수용, 유교의 대의명분론을 확장한 메이지유신, 동아시아 시점에서 본 야스쿠니 신사 문제 등에 대해서도 각각 중국의 역사·철학과 연관시키면서 담론하고 있다. 이 점이 이 책의 가장 큰 특징이기도 하다. 여기까지 이 책 제1장의 대략적 내용이다.

제2장에서는 주로 신유학(주로 주자학)의 일본 수용 문제, 일본의 오산문화五山文化(혹은 오산문학)에 집중하고 있다. 대체로 문화교섭학의 시각에서 그 논의를 전개한다. 즉 주자학 전래와 일본 오산문화와의 관계성, 양명학의 수용 문제, 일본 선승의 중국 유학, 에도 시대의 주자학 자립과 양명학의 수용, 무소 소세키라는 인물의 탐구 등에 대한 담론이다. 제3장에서는 동아시아 속의 일본이라는 주제 아래 일본 고대사를 동아시아적 시점에서 검토하고 있다. 따라서 견수사·견당사·견명사 등과 같은 사례를 통한 일본과 중국 사이에 벌어진 교류의 역사를 면밀히 살펴보고 있다. 이와 함께 논의를 좀 더 넓혀 도요토미의 조선 출병 문제, 중일 외교, 중화의 역사적 형성, 당의 멸망과 송대 주자학의 등장, 송대의 춘추학, 중화에 대한 역사 인식 등의 문제까지 자신의 담론을 펼치고 있다. 이처럼 이 책은 일본에서 발생한

각종의 역사적 문제를 중국의 역사·문화(특히 유교)와 연관시켜 논의하고 있는 것이다. 이렇게 볼 때 중국 문명(혹은 문화) 없이 일본 문화를 설명할 수 없을 정도로 일본에게 중국은 지대한 영향을 끼친 존재였다. 마치 유럽사에서 고대 희랍의 존재가 그렇듯이 중국은 일본에게 유럽에서의 고대 희랍과 같은 존재였다. 즉 고대 희랍의 문명 없이 서양 문명이 탄생할 수 없을 정도의 존재였다고나 할까.

끝으로, 이 책을 흔쾌히 출간해 주신 21세기문화원 류현석 원장님께 감사의 말씀을 드린다. 옮긴이의 작은 소망이지만, 이 책이 국내에서도 일본의 메이지유신을 또 다른 시각에서 바라볼 수 있는 새로운 방법론을 제시한 획기적 저작으로 인식되었으면 하는 바람이다. 이 책에 대한 구체적 평가는 독자 제현의 판단에 맡긴다.

2024년 어느 가을날
중국 절강월수외국어대학에서
옮긴이 신현승

차 례

머리말

메이지유신明治維新이란 무엇이었을까?

우리 일본에서 나고 자란 사람들에게 이는 중요한 물음 중의 하나이다. 가장 널리 알려진 모범 답안은 고대 이래의 낡은 체제에서 탈피하여 서양식 근대 국가를 완성하기 위해 실행한 일련의 변혁이었다고 하는 답일 것이다. 국민 작가로 평가받는 시바 료타로司馬遼太郎가 『언덕 위의 구름』(1968~1972, 산케이신문 연재)에서 표명한 것도 바로 그러한 견해이다. 때마침 그 당시는 '메이지 100년'으로 자민당 정권(사토 에이사쿠 내각)[1]이 대대적인 캠페인을 펼치며 메이지유신을 찬미하고 있었다.

하지만 정말로 그와 같은 것일까?

---

1) 사토 에이사쿠佐藤榮作(1901~1975)를 내각 총리대신으로 하는 일본 내각. 1964년부터 1972년까지 장기간 집권했다.

최근 학계에서는 다음과 같이 여러 견해가 제기되어 통설화하고 있다. 이를테면 "메이지 시대에 학교 제도가 쉽게 보급되고 침투한 것은 에도 시대에 그 기반이 만들어졌기 때문이다."(쓰지모토 히로시의 견해), "에도 시대의 학문 환경이나 방법은 지사志士들의 정치적 논의의 토양이 되었다."(마에다 쓰토무의 견해), "메이지 시대가 되고 나서도 유교는 사회 속으로 침투하였다."(와타나베 히로시의 견해), "메이지유신은 우연이 겹쳐서 성공한 혁명."(미타니 히로시의 견해), "에도 시대에는 서양 스타일의 외교적 수완을 갖춘 우수한 인재가 있었다."(마카베 진의 견해), "서양 근대 과학의 수용은 나가사키의 난학蘭學에서 이미 높은 수준에 도달해 있었다."(히로세 다카시의 견해) 등등. 그리고 "에도 시대에 근대 사조의 맹아가 보인다"고 하는 학설은 일찍이 마루야마 마사오丸山眞男가 주창하였고, 가깝게는 가리베 다다시苅部直가 역설하였다. 또 일반 서적으로는 삿초번벌薩長藩閥[2] 정부의 독선을 비난하면서 메이지유신이라는 만들어진 우상을 깨뜨리려는 의도로 기획된 책이 잇따라 출판되었다.

이 책은 그것들과 관점을 공유하면서도 조금 다른 각도에서 바라본 '메이지유신론'이다. 즉 시기를 에도 시대에 한정하지 않고 더 이전부터 조망함으로써 일본의 역사 속에서 유교가 해 온 역할을 정리한 것이다.

열도에서 탄생한 정치 조직[예전 교과서에서는 야마토 조정大和朝廷, 현재 교과서에서는 야마토 정권ヤマト政權이라 불리는 정부]이 일본이라는 1인

2) 메이지유신에 중심적인 역할을 한 사쓰마薩摩·조슈長州·도사土佐·히젠肥前의 네 번藩을 의미하는데, 삿초도히薩長土肥라고도 한다. 그 가운데 특히 사쓰마번과 조슈번의 출신자들이 조직한 정부를 가리킨다. 즉 유신 후의 신정부를 말한다.

국가가 되어 갈 즈음해서 참조한 것은 이웃 나라(조선)라기보다도 세계의 중심인 당나라였다. 당나라의 정치 질서, 사회 조직을 모방하여 8세기 초에 한 차례 국가 체제를 완성하는데, 그것이 이른바 율령 국가이다. 그리고 교과서 수준에서는 명확히 서술되어 있지 않지만, 중국에서 율령 제도를 만들어 냈던 이념은 유교 사상이었다. 일본인과 유교와의 접촉은 우선 국가 제도의 수용에서부터 시작되었다.

그 후 중국의 유교는 송학宋學(주자학은 그중의 한 유파)의 등장으로 변질한다. 정치·사회의 근간이라는 점은 그대로 둔 채 새롭게 개개인의 인격 수양이 중시되기에 이른다. 13세기 송나라에서 전해진 선종禪宗은 교양의 일환으로 주자학을 가져오는데, 이 주자학에 관한 지식도 점차 일본 사회에 깊숙이 파고 들어간다. 17세기 에도江戶 시대에 이르러 일본의 주자학은 선종 사원으로부터 자립한다. 곧이어 유교의 내부에서 주자학을 비판하는 사조도 탄생한다. 교육시설(번학藩學 등)이 설립되어 19세기에는 유교의 교양 내용이 무사들 사이에 폭넓게 침투하고, 국정 개혁에 대한 뜻을 가슴속에 품게 해 주었다. 메이지유신은 이것을 사상적 자원으로 삼고 있는 것이다. 사상적 자원이라는 말을 나는 "어떤 사상이 만들어질 때에 즈음하여 사용된 재료"라는 의미에서 사용하고 싶다. 그 점에서 '원류源流'나 '영향'이라는 말과는 다르다. 전자는 시간축을 상류에서 하류로 예를 드는 경우처럼 필연적 전개를, 후자는 기존의 사물에 나중의 외래 사물이 부가된 상태를 생각나게끔 하기 때문이다. 물론 그렇지는 않고, 사상적 자원이란 해당 사상이 생성될 때 불가결했던 재료나 형질形質을 의미한다.

따라서 나는 "메이지유신은 유교 교양에 의한 정변政變이었다"고까지 주장할 생각은 추호도 없다. 표면상 메이지유신은 어디까지나 일본 고래의 신도神道에 의한 왕정복고王政復古이며, 실질적으로는 서양 열강을 모방한 국가 체제의 구축이었다. 그러나 견당사遣唐使 이래 중국으로부터 문명 이입의 역사를 통관할 때에 눈에 들어오는 것은 "재차 똑같은 것을 반복하고 있다"는 느낌이다. 그리고 지금 '세계표준global standard'이라는 괴이한 용어로 진행되고 있는 사회의 대전환도 언젠가 걸어왔던 길로 생각해서는 안 된다.

이 책을 읽고 나서 독자 제현의 유교나 메이지유신 인식이 조금이나마 바뀌면 다행이리라.

제1장

메이지유신을 지탱한 사상

1. 주자학·양명학의 일본적 수용과 막말 유신
— 현대의 귀감, 역사에서 배우다

주자학과 양명학은 둘 모두 중국에서 탄생한 유교의 한 유파이다. 기원전 6세기부터 5세기 무렵 활약한 공자를 개조로 하는 유가 사상은 묵가나 도가, 법가의 경우처럼 다른 제 유파와의 대립과 논쟁을 통해 기원전 1세기부터 기원후 1세기에 걸쳐서 한漢 제국의 어용 학문으로서 지위를 공고화하였다. 경서經書라고 불리는 성스러운 전적典籍에 더해 위서緯書라고 불리는 새로 나온 텍스트군을 거느리고 사상 체계를 만들어 낸 교학敎學, 그것이 바로 유교의 성립이다. 더불어 이번에는 유교 내부의 대립(주로 경서의 텍스트를 둘러싼 금문학파와 고문학파의 대립)을 거쳐 7세기 당唐 초기에 이르면 『오경정의五經正義』라 불리는 고정固定 주석서를 만들고 교의敎義의 통일을 도모하였다.

인의를 중시하는 주자학의 탄생

하지만 당 제국의 힘이 쇠퇴함에 따라 (혹은 그와 반비례하여) 사상계는 다시금 활황을 맞이하는데, 유교 교의에 관해서도 새로운 견해가 등장한다. 그 담당자 중 한 사람이 문인으로서 저명한 한유韓愈였다. 한유는 맹자를 현창하며 맹자야말로 공자의 정통 계승자였다고 주장한다. 그는 그동안 유교가 예禮라는 외면에 치우쳤다고 보고, 내면의 중시를 강조하여 맹자가 주창한 인의仁義를 재평가한 것이다.

이러한 움직임은 한유로부터 300년 후, 11세기 후반에는 기세가 더 커진다. 왕조는 이미 송宋으로 바뀌었다. 정치 개혁가로서 유명한 왕안석王安石, 다재다능한 문화인으로 알려진 소식蘇軾도 그 담당자였는데, 이윽고 정호程顥·정이程頤 형제의 계통이 주류가 되고, 그 내부에서 주희朱熹가 등장한다. 그는 공자·맹자 등과 나란히 '주자朱子'라는 경칭으로 불리게 된다. 주자학의 집대성자이다.

리와 기를 결합한 세계관

주자학에서는 세계를 성립시키는 원리로서 '리理'라는 것을 상정한다[본디 '원리原理'라는 일본어가 이 영향을 받았다]. 리 그 자체에는 형체가 없다. 세계의 존재물은 리에 근거하여 리를 내재하도록 되어 있다. 존재물을 구성하고 있는 것은 음양오행의 다종다양한 조합이며, 그 근원이 되는 것이 '기氣'이다. 기는 중국 고대부터 있던 사유 방식인데, 그것을 리와 연결하여 설명하고 정밀한 세계상을 그려 낸 데 주자학의 의의가 있었다.

그리고 주자학에서는 다른 사물과 똑같이 인간도 기의 집합이고, 리를 내재하고 있다고 상정한다. 리의 구체적 내용은 부모에 대한 효孝, 군주에 대한 충忠이라는 윤리적 덕목이고, 그것들은 인위적으로 누가 마음대로 결정한 것이 아니라, 자연계의 법칙과 동일하다. 주자학에서는 어떤 인물이 불효하거나 불충한 것은 그가 사악한 기(욕망 등)의 방해를 받아서 자신에게 내재해 있는 본래의 리를 잃어버리고, 그 리에서 일탈한 것이 원인이라고 설명한다.

따라서 주자학의 사상사적 특질은 한대漢代의 유교보다도 개개인의 내면 수양을 중시하는 데 있다. 한대 유교가 이를 소홀히 한 것은 결코 아니지만, 주자학자들에게는 그렇게 보였던 것이다. 특히 위서緯書의 이용이 공자·맹자의 본래 뜻에서 벗어난 사도邪道라 하여 비판을 받았다. 경서의 해석에서도 위서적인 해석을 일소하고 독자의 주체성에 호소하려는 경향이 현저해진다. 정씨 형제의 맹우였던 장재張載라는 사상가의 주장인 "만세를 위해 태평을 여는爲萬世開太平"기개, 그의 스승이기도 하고 왕안석의 선배격에 해당하는 개혁가 범중엄范仲淹의 '선우후락先憂後樂'(남보다 먼저 근심하고 나중에 즐거워하라)의 정신이 그 핵심을 이루었다. 그들의 출신 계층은 사대부士大夫로 불린다. 이들은 과거科擧(고급관료 채용시험)를 목표로 하여 경세經世에 뜻을 둔 사람들이었다.

주자학의 교착 상태와 양명학의 탄생

우여곡절 끝에 주자학은 왕조 체제를 지탱하는 역할을 담당하게 된다. 하지만 동서고금의 공통된 폐해이지만, 사상의 교조화와 경직화에 의한 활력 감퇴가 찾아온다. 15세기 말에는 많은 분별 있는 사대부들이 그 폐해의 벽에 부딪혀 고민하였다. 이는 명대 중기의 일이다.

왕수인王守仁(호는 양명)은 처음에 독실한 주자학자로 수행하지만, 그 일을 고민하다 방탕으로 빠져들고, 권력자에 거역하여 외딴곳으로 좌천된다. 그곳에서 하나의 큰 깨달음을 얻는다. "나는 이제까지 주자의 가르침에 따라서 수행으로 리理를 추구하면서도 얻지 못하고 번민하였다. 하지만 리는 우리 마음에 내재해 있는 것이지, 바깥 세계에 있는 것은 아니다."

주자학 자체가 원래 내면 중시의 교설이었을 터이나, 양명학은 그것을 더욱 밀고 나가서 개개인이 자신의 마음의 본래 상태를 되찾는 것을 강조한다.

일본에 주자학을 전한 선승들

주자학·양명학 모두 불교의 선禪 사상과 깊이 관련되어 있다. 이 둘은 때로는 선을 배우고, 때로는 선을 비판한다. 또 때로는 선 쪽에서 이 둘로부터 힌트를 얻으면서 중국 근세 사상사가 전개되었다.[이 밖에 도교의 동향도 밀접하게 얽혀 있지만, 일본에 직접적 영향은 적었기 때문에 여기서는 생략한다.] 일본에 주자학·양명학이 선불교 도입의 일부로 전해진 것은, 바로 이러한 사정에서 비롯된 것이다.

에이사이榮西 선사禪師는 두 번이나 송나라를 방문했는데, 그때는 마침 주희가 활약하던 시기였다. 그렇지만 두 사람이 직접 대면한 적은 없다. 에이사이에 의해 임제종臨濟宗이 일본에 이입되고 난 후,

13세기부터 14세기에 걸쳐서 마찬가지로 송나라에서 선을 배우고 일본에 그것을 전하거나, 본디부터 송나라 선승이 일본에 와서 활약하는 일은 계속되었다. 주자학은 바로 이들에 의해 일본에 전해진 것이다.

다시 말하면 일본의 유자儒者가 직접 송나라에 유학하여 주자학을 배워서 그것을 들여왔던 것이 아니다. 이것이 중국이나 한국의 주자학과 일본의 주자학 수용과의 결정적인 차이점이었다. 그리고 몽골제국 시대에 정치적인 권력 관계도 있는 터라 북경에 가지 않을 수 없었던 한국의 고려 왕조에서도 주자학의 담당자는 유교를 생활신조로 삼은 사대부들이었다.

에도 시대 선종에서 독립한 주자학

그런데 일본에서는 선종의 승려들이 중국에서 유학하는 가운데 이른바 부전공으로 주자학을 습득한 뒤 고국에 전파하였다. 그래서 유교의 근간을 이루는 '예禮'의 실천이 뿌리내리지 못하였다. 구체적으로는 관혼상제의 방식이 그것이다. 선승은 불교식 주자학을 중국에서 전할 뿐, 주자학풍의 의례를 실천하지는 않았다. 다만 가지 노부유키加地伸行가 『유교란 무엇인가』(1990)에서 강조하듯이, 중국 불교의 관혼상제 자체가 원래는 유교 의례였다.

에도 시대 주자학은 점차 선종 사원을 벗어나 교육과 연구를 시작한다. 후지와라 세이카藤原惺窩, 하야시 라잔林羅山, 야마자키 안사이山崎闇齋 등 17세기 주자학자들은 원래 선종 사원에서 배운 경험이 있었다. 그들이 제자를 기르게 되면서 주자학은 선종으로부터 자립한다. 그리고 곧이어 이토 진사이伊藤仁齊나 오규 소라이荻生徂徠처럼 주자학에 의문을 품고 독자적인 교설을 주창하는 사상가들이 등장하게 된다.

도막운동의 정신적 지주가 된 양명학

한편 주자학의 변종인 양명학도 (학자들이 일본에 방문한 것이 아니라) 서적을 통해 지식으로 널리 퍼졌다. 나카에 도주中江藤樹는 처음에 주자학을 공부했는데, 얼마 안 있어 주자학에 의문을 품고 만년(만년이라 해도 그는 40세에 죽었으니 30대)에 양명학을 접한 뒤 이에 몰두한다. 즉 그 자신은 왕양명처럼 또한 이토 진사이나 오규 소라이와 마찬가지로(시기적으로는 나카에 도주가 선배이지만) 우선 주자학을 익히고, 그 후에 주자학을 떠나 양명학의 길을 걸었다.

나카에 도주(1608~1648)

막부 말기의 사상가 요시다 쇼인吉田松陰이나 사이고 다카모리西鄕隆盛도 에도 시대의 유학이 가진 그러한 성격의 체현자였다. 두 인물 모두 양명학에 심취했다고 알려져 있고, 이노우에 데쓰지로井上哲次郎의 『일본 양명학파의 철학日本陽明學派之哲學』(1900) 이래, 막말幕末을 대표하는 양명학자로 언급되어 왔다. 게다가 (이것도 이노우에 등의 이야기이지만) 양명학이 본래 가지고 있던 혁신적인 경향은 그들이 담당한 도막운동倒幕運動의 정신적 배경이 되었다고 한다.

나는 이 '이야기'를 상대화하려는 시도로 이미 『근대 일본의 양명학』(2006)을 썼다. 양명학이 막말·메이지 이후 어떻게 이야기되어 왔는지를 정리해 본 것이다. 요시다 쇼인과 사이고 다카모리(쇼인과 마찬가지로 호로 부른다면 사이고 난슈西鄕南洲라고 해야 하겠지만)의 사상을 양명학이라고 규정할 때, 그렇게 평가하는 측이 거기에 어떤 생각을 담아 왔느냐에 역점을 두었다.

유신을 가능케 한 주자학 대 양명학의 단순 도식

일본이 아시아 국가 중에서 가장 일찍 서양식 근대 국가로 탈피를 이룩한 배경에는 확실히 양명학적인 정신의 존재가 있다. '도막倒幕'이라는 엉뚱한 발상, 가마쿠라鎌倉 막부 이래의 무가 정권武家政權의 구조를 무사 자신이 부수려고 하는 운동은 양명학 사상에 친화적이었다. 하지만 그것은 "그들이 양명학자이기 때문에 진취적 혁신의 기풍이 풍부했다"는 것이 아니라, "사회 개혁에 뜻이 있는 사람들이기 때문에 양명학에 심취했다"고 해야 될 것이다. 일본의 주자학·양명학 수용은 구체적인 '예禮'의 세계를 갖추지 않고 단지 관념적으로 사상을 이야기해 왔을 뿐이다. 또 '체제 수호=주자학, 변혁 운동=양명학'이라는 단순한 도식으로 막말 유신기를 파악하는 것을 가능케 해 주는 상황을 만들어 냈던 것이다.

주자학(송학宋學이라고도 함)은 에도 막부의 체제 교학으로서 마루야마 마사오나 시바 료타로를 포함한 많은 논객들로부터 비판받아 왔다. 하지만 애초에 에도 막부의 민중 지배를 지탱해 온 것은 불교(테라우케寺請 제도)[1]이며, 주자학은 가끔 아라이 하쿠세키新井白石나

오쿠보 도시미치(1830~1878)

마쓰다이라 사다노부松平定信와 같은 위정자의 이념으로 작용하고 있었을 뿐이다. 오히려 난학蘭學 도입의 기초가 되는 학술적 지식으로서 근대 서양의 학문 체계를 이입하는 배양기培養基로서의 역할을 한 면에 주목해야 할 것이다. 메이지 시대의 능리能吏(유능한 관리) 중에는 주자학적 소양을 갖춘 자들이 많았다. 일본의 근대화를 실제로 담당한 이들은 양명학풍의 기개와 도량이 장대한 혁명가가 아니라 주자학풍의 착실하고 냉정한 실무가였다. '리理'는 자신의 마음속에서가 아니라 역시 바깥 세계에서 찾아야 하는 것이기 때문일 터이다.

현대의 거울로서 막말 유신

그 대표적 인물이 오쿠보 도시미치大久保利通[2]와 이토 히로부미伊藤博文이다. 오쿠보는 사이고 다카모리의 맹우이고, 이토는 요시다 쇼인의 문하생이다. 사이고와 오쿠보의 기질이 상반된 것은 시바 료타로의 『나는 듯이翔ぶがごとく』를 예로 들 필요도 없이 자주 언급되고 있다. 그리고 오쿠보가 암살당한 뒤, 사실상 그 후계자가 되어 메이지 국가를 키운 이가 이토 히로부미였다. 요시다 쇼인은 쇼카손주

1) 에도 막부가 농민이 기독교를 믿지 못하도록 모든 농민을 절에서 보증하게 한 제도.
2) 에도 막부 말기와 일본 제국 초기의 정치인으로 초대 내무경內務卿.

쿠松下村塾에서 일찍부터 '주선가周旋家(협상가) 이토 리스케伊藤利助'의 기질을 꿰뚫어 보았다. '주자학 대 양명학'이라는 틀에서 말하면, 오쿠보와 이토는 분명히 주자학적인 심성과 신조의 소유자였다.

메이지 국가가 근대화를 달성할 수 있었던 것은 양명학적인 지사들이 (요시다 쇼인의 사형, 사이고 다카모리의 반란 등으로) 일찍 퇴장하고, 주자학적인 능리가 (오쿠보 암살은 있었더라도) 정부의 중추를 차지했기 때문일지도 모른다. 이는 비정한 아이러니이긴 하지만.

미시마 유키오三島由紀夫는 1970년의 할복 사건에 즈음하여 양명학자 오시오 헤이하치로大塩平八郎에게 자기를 투영한 적이 있다. 그는 도쿄대 고마바駒場 캠퍼스에서 전공투全共闘[3]와 대화를 나누었는데, 나는 이것이 양자 모두 양명학적 심성을 공유했기 때문이라고 해석하고 있다. 미시마는 학생들에게 자신과 같은 냄새를 느끼는 후각이 있었던 것이다. 우선 이 문제는 일단 제쳐 두고, 내 생각에 전공투는 막말의 도막파倒幕派 지사들처럼 '양명학적'이었다. 그들이 적으로 간주한 체제는 '주자학적'인 관료 체제였다. 그리고 그것은 50년의 시간이 지났어도 그들의 기질로 지속되고 있는 것은 아닐까.

'정치 주도'라는 그럴싸한 표현이 주자학적인 능리들을 물리치고, 막말 유신기에 버금가는 미증유의 국난을 타파하는 데 정확한 국가 운영을 할 수 없는 상황을 초래하고 있다면 참으로 두려운 일이다. 사이고 다카모리에게는 오쿠보 도시미치를 평가하는 안목과 담력이 있었다. 막말 유신기는 우리에게 본보기일지도 모른다.

---

3) 전학학생공동투쟁회의. 1960년대 일본의 대학생 운동권 연합체.

2. 중국 탄생의 지사적 사상

『논어』의 확산

> 지사志士와 인인仁人은 삶을 구하여 인을 해치는 일은 없고, 몸을 죽여 인仁을 이루는 일은 있다. (志士仁人 無求生以害仁 有殺身以成仁)
>
> 『논어』 위령공[1]

> 지사는 구렁에 시체로 버려질 것을 잊지 않고, 용사勇士는 자신의 목이 잘릴 것을 잊지 않는다. (志士不忘在溝壑 勇士不忘喪其元)
>
> 『맹자』 등문공 하[2]

지사란 막부 말기의 젊은이들이 자신도 그렇게 살고 싶다고 동경한 삶의 방식이다.

서기 2세기 후한의 맹자 주석가 조기趙岐는 '지사란 의義를 지키는 자'라 하고, 그로부터 천년 후, 남송의 논어 주석가 주희朱熹(주자)는 '지사란 뜻이 있는 자'라 했다. 높은 뜻을 품고 의를 지키는 인물, 그것이 지사였다.

『논어』나 『맹자』는 예로부터 일본에서 읽혔다. 『논어』는 『고사기古事記』에 오진應神 천황[4] 때 백제로부터 전해졌다고 기록되어 있는데, 그것은 역사적 사실이 아닐 것이라고 하는 것이 현재 일본 역사학계의 통설이다. 그렇다 해도 상당히 오래전부터 귀족들 사이에서 읽어 온 것만은 확실하다.

또 18세기 국학자 우에다 아키나리上田秋成의 『우게쓰 이야기雨月物語』에는 사이교西行 법사가 한 말로 "『맹자』를 실은 배가 신들의 노여움을 사서 바다에 가라앉아 일본에는 당도하지 못하였다"고 되어 있지만, 실제로는 헤이안平安 시대의 궁정에 이미 반입되었다. 이른바 국풍문화國風文化라는 것도 이러한 한적漢籍의 소양을 바탕으로 비로소 꽃피운 것이다. 다만 그것은 교토京都의 상류계급 사이에서의 이야기에 지나지 않으며, 『논어』와 『맹자』는 일본 열도에 사는 대다수의 사람들과는 무관한 책이었다. 따라서 '지사'라는 말도 전혀 중요하지 않았다.

14세기 남북조南北朝 시대에 쓰여진 작자 미상의 군기 이야기軍記物語[5] 『태평기太平記』에 고지마 다카노리兒島高德란 인물이 등장한다. 가공의 인물이 아니냐는 설도 있지만, 그가 한창 활약하는 장면의 대사 중에 위의 『논어』 한 구절이 인용되어 있다. 그 구절은, 가마쿠

4) 201~310. 고훈古墳 시대에 활동한 일본의 15대 천황.
5) 전기모노가타리戰記物語. 전쟁을 주제로 하여 서사시적으로 엮은 역사 소설.

일본외사

라 막부군에게 포로로 잡힌 고다이고後醍醐 천황을 구출할 계획을 세우면서, 자신의 생명을 희생하더라도 꼭 실현하고자 하는 결의 표명으로서 말해지는 것이다.

19세기 초, 라이 산요賴山陽는 『일본외사日本外史』에 『다이헤이키』에 보이는 고지마 다카노리의 대사를 수록하였다. 『일본외사』는 당시의 무사가 자신들 무사의 역사를 학습한 서적이다. 또 이 무렵 주자학이 보급되면서 『논어』와 『맹자』도 귀족(공가公家)6)이나 승려들의 독점물이 아니라, 무사 및 부유한 농민, 조닌町人7)에 의해 폭넓게 읽히게 되었다. 당시의 젊은이들은 이렇게 해서 천황 폐하를 위해 악한 자를 응징하는 '지사'의 모습에 자기를 투영하게 된 것이다.

서민의 시선으로 중국 사상을 해석하다

유교 경전의 하나에 『춘추春秋』라는 역사서가 있는데, 이는 공자가 편찬했다고 알려져 있다. 역사서이기 때문에 갖가지 사건을 기록한 것일 뿐이지만, 공자는 그 기록 방식을 궁구한 결과, 사건의 당사자들을 비평한 것이라고 생각하였다. 예를 들면 주군 살해를 보고도

6) 공가公家(구게)는 일본의 조정에서 봉직하는 귀족과 관리의 총칭.
7) 에도 시대에 도시에 거주하던 장인·상인. 조町는 '도시', '도회지'의 뜻.

보지 않은 척한 대신은 마치 그가 범인인 것처럼 기록된다. 이렇게 해서 정의의 소재를 분명히 밝히는 서적으로서 『춘추』는 동아시아에서 역사서의 전형적 모범이 되었다. 『일본외사』도 그와 같은 사상을 계승하고 있는 것이다.

『춘추』의 본문을 해석하는 학술을 춘추학이라고 부른다. 춘추학은 시대에 따라 변천을 거듭했는데, 주희에 의해 집대성된 주자학에서는 대의명분론을 역설하기에 이른다. 군주는 항상 존엄하고, 중화의 문명은 지켜지지 않으면 안 된다. 춘추학 속에서 배양된 '존왕양이尊王攘夷'라는 사유 방식은 주자학 속에서 특별히 강조되었다. "왕을 높이고 오랑캐를 물리침", 이것은 원래 『춘추』에서는 주周 왕조를 부흥시키면서 한족漢族 이외의 이민족들을 중국의 중심지[중원]에 가까이 오지 못하도록 하는 것을 의미하였다. 주희 때에 이 말은 한족의 송 왕조야말로 정통이고, 이민족이 세운 요遼와 금金 및 몽고(원) 왕조를 배척하기 위해 사용되었다. 그리고 19세기 일본에서는 "쇼군將軍이 아니라 천황이야말로 왕이었고, 한자나 유학을 모르는 서양인을 열도에 못 오게 하는 것"을 의미하게 되었다. 왕으로서의 천황에게 충성을 다 바치는 일을 강조한 의미인 '근왕勤王'도 유행어가 된다. 주周 왕조와 달리 군주의 칭호가 '왕'이 아니라 '천황'이기 때문이라는 이유로 '존황尊皇'과 '근황勤皇'이라는 한자 표현도 탄생하였다.(본고에서는 이하 '왕'을 사용한다).

존왕양이의 지사 가운데 한 사람, 요시다 쇼인은 '초망굴기草莽崛起'를 주장하였다. 이는 상류계급의 지배층에게 맡기는 것이 아니라, 백성[民]이라 불려온 보통 사람들이 정치적 의식에 눈을 뜨고, 천황을 중심으로 하는 일본 본래의 국가 형태(국체國體라고 불림)를 되찾기 위해 들고 일어나야 함을 역설한 것이다. '초망'은 『춘추』의 주석서 『춘추좌씨전春秋左氏傳』에도 몇 번인가 등장하는 말인데, 요시다 쇼인이 염두에 두었던 것은 주로 다음의 『맹자』 문구였다.

> 나라 안에 있으면 시정지신市井之臣이라 하고, 들판에 있으면 초망지신草莽之臣이라 하니 모두가 서민이다.
>
> (在國曰市井之臣 在野曰草莽之臣 皆謂庶人), 『맹자』 만장 하

맹자의 시대, '국國'이란 제후의 도성都城을 의미하였다. 도시에 있는 이가 시정의 백성, 농촌에 있는 이가 초망의 백성이다. 맹자가 말한 원래 뜻은 그러한 서민도 제후를 섬기는 자들이니 소중히 여겨야 한다는, 위정자를 위한 발언이었다. 그러나 주자학에서 해석의 전환을 거치면서 이 문구는 서민이라 하더라도 신하로서의 자각을 갖춰야 한다는, 일반 독자를 위한 발언으로 변질되었다. 16세기에 탄생한 양명학에서는 한 걸음 더 나아가 '재야在野'의 사람이라도 국가의 일을 논할 자격이 있다고 주장하는 경향이 생겨났다.

요시다 쇼인은 에도江戶나 교토京都가 아니라 (시정市井이라고 해야 할) 조슈長州(현 야마구치현)의 하기萩에 살았던 자신의 동포와 동료를 '초망'이라고 표현하였다. 그리고 위와 같은 중국에서의 『맹자』 해석 역사의 연장선상에서 그들의 '굴기崛起'를 제창하였다. 요시다 쇼인이 『맹자』 강독회를 주최한 일은 아직도 유명하다.

우에다 아키나리는 『우게쓰 이야기』에서 사이교 법사의 입을 빌려 일본의 국민성은 혁명에 어울리지 않기 때문에 혁명을 시인하는 『맹자』는 신들의 뜻에 따르지 않았다고 설파하였다. 하지만 막말기

고잇신 메이지궁 정전에서 대일본제국 헌법 발포식(1889)

에는 서민들이 들고 일어나 세상을 변혁하자고 주장하게 된다.

"어쩔 수 없는 야마토다마시이大和魂"로부터 로쥬老中[8] 암살 계획을 도모하여, 요시다 쇼인은 정치범으로 처형당한다. 그 정신은 제자들에게 이어지고, 조슈번長州藩을 중심으로 한 막부 타도 운동이 마침내 성공한다. 그러나 그들은 그것을 '혁명'이라 부르지 않았다. 유교에서 '혁명'이란 왕조 교체를 의미한다. 천황의 정치 복권에 불과한 이상, 이 용어는 적합하지 않다. 당초 '고잇신御一新'[9]이라고 불렀던 체제 변혁을 결국 '유신維新'이라고 표현하게 된 것이다.

'유신'의 출전은 『시경詩經』에 실려 있는 주나라 왕실을 찬양하는 시구이다. '유維'는 발어사發語辭로 특별한 의미는 없다. 훈독하면 '이것은 새롭다これあらたなり'가 된다.[10] 따라서 이른바 숙어는 아니

8) 에도 막부의 직명 중 하나로, 전국의 통치 관련 업무를 총괄하는 최고직.
9) 왕정복고를 이룩하고 근대 국가로 나아가기 위해 실시한 메이지유신의 별칭.
10) 『시경』「대아大雅·문왕文王」편에 "주가 비록 오래된 나라이지만, 그 천명만큼은

지만, 이 두 글자는 '혁명'과는 다른 뜻이며, 다이카개신大化改新11)이나 겐무중흥建武中興12)과 비슷한 종류의 표현으로서 정부에 의해 채택된 것이다. 출전은 『시경』이지만, 이 구절을 인용하고 있는 『대학』이라는 책이 주자학에서 필독 입문서의 역할을 하고 있었던 것이, 이 말이 선택된 큰 이유일 것이다.[3,4] '국체'와 '유신'의 어의 변천에 관해서는 졸저 『증보 야스쿠니 사관』(2014)에서 상세히 서술했기 때문에 꼭 읽어 보길 바란다.

중국 문명의 영향

존왕양이 운동의 사상적 연원으로 유학(유교·한학)과 나란히 꼽을 수 있는 것이 국학國學이다. 국학에서는 일본이 아마테라스 오미카미天照大神13)의 신칙神勅에 의해 만세일계万世一系14)의 천황을 군주로 위에 옹립하고, 다른 모든 나라와 비교할 수 없는 국체를 갖추고 있으며, 8백만의 신들이 수호하는 우수한 나라라고 한다. 원래는 중국 기원의 유교나 인도 기원의 불교에 대항하여 일본의 특수성과 신

오직 새롭다(周雖舊邦 其命維新)"고 나온다. 일본어 훈독은 "周は舊邦といえども、その命(めい)は維(これ)新(あらた)なり"

11) 7세기 중엽, 일본에서 중국의 율령제를 모방하여 천황을 정점으로 한 중앙집권적 정치 체제를 구축하기 위해 이루어진 정치 개혁.

12) 겐무신정建武新政. 일본의 고다이고後醍醐 천황이 1333년 가마쿠라鎌倉 막부를 타도하고 천황 친정親政 체제를 추진한 정치 개혁.

13) 일본 고유의 종교인 신토神道 최고의 신.

14) 일본 황실의 혈통이 단 한 번도 단절된 적이 없다는 뜻으로, 1867년 이와쿠라 도모미岩倉具視가 처음 사용하였다. 만세일계 주장은 메이지유신 이후 천황을 절대적인 존재로 부각시키는 과정에서 크게 중요시되었는데, 일본 제국 헌법의 제1조 1항에도 만세일계라는 용어를 써서 법적으로 강조하였다.

성성을 주장하는 문맥에서 등장한 사고방식이었다.

그렇지만 19세기 중엽에는 난학蘭學을 통해 일본에서도 알려지게 된 서양 문명을 적대시하는 사상이 되었고, 특히 막말에는 단호한 쇄국 유지를 주창하는 사람들 사이에서 신봉되기에 이르렀다.

그러나 그 내적 실상은 '일본 고래의 자생적 전통'이 아니다. 국학의 기원은 헤이안平安 시대의 국풍문화로 거슬러 올라갈 수 있을 것이다. 거기에서 중심적 지위를 점하고 있던 것은 '와카의 도敷島の道(시키시마노미치)', 즉 와카和歌의 연구와 실제 작품이었다. 국풍문화·가나문학仮名文學[15]의 시대로 평가되는 헤이안 시대 후반에도 한시문漢詩文의 연구와 실제 작품 쪽이 문화적 지위가 높았고, 와카나 가나는 '국풍國風', 원래 뜻으로는 '지방적 특징을 갖춘 문학'으로서 한 단계 낮게 여겨졌던 것이다. 「국풍」[16]이란 유교 경전 『시경』의 편명이며, '궁중이 아니라 지방의 노래'이다.

정치적 실권이 무가武家의 막부로 옮겨 가자 교토의 공가公家들은 문화의 특화된 형태로 자신들의 존재 의의를 주장하게 된다. 『고금와카집』이나 『겐지 이야기』에서는 공가 속에 그들의 권위라고 자칭으로 자부하는 가문家門을 고정화하고 존속시켰다.

17~18세기가 되면, 게이츄契沖[17], 가다노 아즈마마로荷田春滿, 가모노 마부치賀茂眞淵 등 공가문화와 분명히 구별되는 사람들이 등장

15) 가나仮名를 사용하여 쓴 문학. 한문학漢文學과 대응하여 사용된 용어이고, 가나 이야기仮名物語, 가나 일기仮名日記, 가나 수필仮名随筆 등이라는 것도 있다.

16) 「국풍」에는 『시경』 305편 가운데 민간가요 160편이 들어 있는데, 당시 일반 백성들의 사상과 감정 등을 노래하였다.

17) 1640~1701. 에도 시대 전기의 승려·고전학자. 고전 해석에 새로운 방법을 제시하여 모토오리 노리나가 등의 국학자에게 큰 영향을 끼쳤다.

한다. 가모노 마부치는 그때까지의 『고금와카집』을 존중하는 전통에 맞서 『만엽집万葉集』의 재평가를 제창하였다.

그의 제자를 칭하는 모토오리 노리나가本居宣長는 『겐지 이야기』의 새로운 주해를 저술한 것 외에도 『고사기古事記』를 신전神典으로 삼는 역사관을 확립한다. 그는 '한의漢意(가라고코로)'를 배제하고 '야마토고코로大和心' 혹은 '야마토다마시이和魂'를 제창하였다.

특히 노리나가 몰후의 문인이라고 자칭하는 히라타 아쓰타네平田篤胤 일파는 대외적인 정치적 위기에 민감하게 반응하여 천황을 중심으로 하는 형태를 유지하면서 외국의 영향을 멀리하고, 일본의 독자성과 순수성을 지키고자 하였다. 그 때문인지 존왕양이의 지사들 가운데는 히라타파 국학의 출신자가 많다.

그렇지만 이상에서 서술한 국가의 원류에서 봐도 그러했듯이, 그들의 발상은 결코 '일본 고래의 전통'이 아니다. 애초에 아마테라스오미카미가 일본을 자신의 자손이 영원히 통치함을 선언했다는 신칙(천양무궁天壤無窮[18]의 신칙)은 노리나가가 재평가한 『고사기』에는 실려 있지 않다. 다만 『일본서기日本書紀』에 보이는 단편적 이야기일 뿐이다. 『일본서기』는 정식 한문으로 쓰였기 때문에 노리나가에게 '한의漢意'라고 지탄받았다. 그의 평가는 객관적으로도 옳다. '천양무궁'이라는 말은 그 발상도, 그리고 그 표현(한자 표기)도 중국 문명의 영향을 빼놓을 수 없기 때문이다.

'만세일계万世一系'도 또한 진시황제가 자자손손 황제로서 세계를 계속 통치하겠다고 선언한 발상에서 유래한다. 중국이나 한국에서

---

18) 천양무궁은 하늘과 땅처럼 끝이 없고, 천지와 더불어 끝이 없다는 뜻.

는 왕조 교체가 있지만, 만세일계가 불완전하나마 그런대로 실현된 것은 확실히 일본뿐이었다. 그러한 의미에서 국학파가 말한 것처럼 일본은 특수하다.

하지만 그 가치관은 실은 중국에서도 공유된 것이었다. 10세기 무렵 송 왕조의 궁정을 방문한 죠넨奝然은 『일본서기』에 근거한 천황계도天皇系圖를 조정에 바친다. 그것을 본 송나라 태종 황제는 "아아, 부럽구나!"라고 감탄하였다. 그러니까 만세일계는 일본인만의 가치관이 아니었던 것이다.

이렇게 볼 때 막말의 지사들을 고무시킨 용어의 대부분은 중국 대륙 전래의 사상에 근거하고 있었던 것이다. 모토오리 노리나가와 요시다 쇼인의 '야마토다마시이'는 정신론의 차원에서 사용된 것에 머물러 있었고, 지사들은 '지사'라고 불리는 시점에서 실제로는 유교의 언설 공간, 즉 '한의漢意'와 얽혀 있었던 것이다.

[주]

유교의 사서 『논어』, 『맹자』, 『대학』, 『중용』에 대해

1. 『논어』는 공자(기원전 552~기원전 479)의 언행이나 제자·제후·은자 등과의 문답을 유가 일파가 편집한 책이다. 편찬의 사정은 명확하지 않으며 문인들 사이에서 모아진 기록이 전승되어, 공자의 말이라고 생각하기 어려운 이야기도 들어 있다. 기원전 200년경에 편찬되었다고 알려져 있다. 처세의 도리, 국가·사회적 윤리에 관한 교훈, 올바른 예의 작법의 상태, 정치론, 문인의 공자관 등 내용이 다방면에 걸쳐 있다. 인간 최고의 덕으로서 '인仁'을 설정하고, 거기에 이르는 길을 예禮와 악樂을 배우는 데서 찾는다. 『논어』는 유교의 원초적인 이념, 또 주대周代의 정치·사회 상황을 파악하는 데 가장 기본적인 자료이다.
2. 『맹자』는 공자의 사상을 계승한 맹자(기원전 4세기에 활약)의 언행을 제자들이 편찬한 책이다. 성선설性善說을 중심으로 인의예지仁義禮智를 설파하고, 왕도

정치를 제창하고 있다. 에도 시대 주자학의 유행과 함께 필독서가 되었다. 공자의 인仁 사상을 계승하여 그것을 인의仁義 두 글자로 해석하였다. 성선설을 주창하고, 그 위에 인의를 바탕으로 한 왕도 정치를 강조하였다. 본성과 천天을 강조하는 점에서 관념성이 강했고, 오륜 등의 봉건 윤리를 성행시키는 데 힘을 쏟았지만, 한편으로는 부덕한 군주를 개역改易하자는 주장 등도 있어 봉건 체제하에서 비난도 받았다. 유학 필수 경전이다.

3. 『대학』은 공자와 증자曾子(기원전 510년경~기원전 430년경)의 저작이거나 혹은 증자 및 그 문인들의 저작이라고도 하지만, 실은 기원전 3세기의 저작이다. 원래는 『예기』의 한 편이었는데, 송대 이후 독립하였다. 주희 교정校訂에 의해 현재의 형태로 고정되었다. 북송의 정이程頤는 '공자의 유서遺書'라 하여 누구의 저작인지를 언명하지 않았지만, 남송의 주희는 『대학』을 경經과 전傳으로 나누고 경은 공자, 전은 증자의 것이라 주장하였다. 그러나 이는 근거가 희박하다고 판단된다. 『대학』 교육의 목적을 '명명덕明明德·신민新民·지지선止至善'에 두고, 이것을 달성하는 수양의 순서로 '격물·치지·정의·성심·수신·제가·치국·평천하'를 들어, 최종 목표를 "자기를 닦고 남을 다스린다(修己治人)"에 두었다.

4. 『중용中庸』도 주희가 교정 편찬하여 정본이 된 책이다. 작자나 성립 시기는 확정되지 않았다. 사마천司馬遷의 『사기』에 "공자의 손자 자사子思가 『중용』을 지었다"고 나온다. 그래서 후한의 정현鄭玄도 남송의 주희도 작자를 자사(기원전 483경~기원전 402경)라고 인정해 왔지만, 현재는 의심스러운 것으로 여겨지고 있다. 주희가 33장으로 구분하고 나서 그것이 정본이 되었다. 중용이란 지나침과 모자람(過不及) 없이 평범하고 떳떳하게(平常) 행해야 할 도리라는 뜻이다. 타고난 성질을 '성性'(덕성)이라 하고, 그 성에 따라 행해야 하는 것을 '도道'라 하며, 그 도를 닦는 것을 '교敎'라 한다. 성誠은 하늘의 도이고, 성誠에 이르고자 힘쓰는 것은 사람의 도이다. 성誠이야말로 만물의 근본이니, 군자는 이 성을 소중히 하지 않으면 안 된다고 하여, 중용의 성誠에 도달하는 수양법을 설파하고 있다.

3. 에도 시대의 유교 수용

— 오카야마를 둘러싸고

2월 11일 기원절紀元節에 대해

매년 2월 11일은 건국 기념의 날, 그 옛날의 기원절이다. 이 기원절의 근거는 『일본서기』에 적힌 진무神武 천황의 즉위 날짜에 있다. 즉 "신유년 봄 정월 경신 삭, 천황이 가시하라궁에서 즉위하였다(辛酉年春正月庚辰朔 天皇即帝位於橿原宮)." 초대 천황인 진무 천황이 정월 초하루[元旦]에 즉위했다는 기록이다. 이때의 정월 초하루라는 것은 이른바 구력舊曆(음력), 동아시아의 역법이었다.

메이지유신 후의 메이지 5년(1872), 일본도 서양의 태양력(1582년에 제정된 그레고리오력, 즉 양력)을 채용하기로 결정한다. 이때, 진무 천황이 즉위한 일본국에서 기념해야 할 날 1월 1일을, 기존대로 음력으로 할지, 새롭게 양력으로 바꿀지, 아니면 다른 수단을 취할지를 당시의 정부가 고민하게 되었다.

태정관太政官이란 율령 제도 시대에 존재했던 관청인데, 이것이 메이지 시대가 되면 실질적으로 부활한다. 이 태정관의 포고布告에 "1월 29일(양력)은 진무 천황이 즉위한 날에 해당하는 바, 이날을 공휴일로 정한다"라고 되어 있다. 메이지 6년부터는 양력을 사용하기 시작하지만, 음력의 1월 1일은 메이지 6년의 1월 29일에 해당한다. "진무 천황의 즉위일을 기원절이라 칭한다", 여기서 처음으로 기원절이라는 명칭이 정해졌다.

양력과 음력은 대략 1개월의 차이가 있다. 예를 들어 2010년은 2월 14일이 음력의 1월 1일에 해당하고, 중국이나 대만, 한국 사람들은 지금도 이 음력으로 설 연휴를 보내기 때문에 그 지역에서는 이 날을 중심으로 연말연시 휴가로 들어간다.

방금 전의 태정관 포고는 메이지 6년의 양력 1월 29일이 음력 1월 1일에 해당하는 날이라는 점에서 1월 29일을 진무 천황의 즉위일로서 공휴일로 정하겠다는 포고였던 셈이다. 이것이 줄곧 효력을 지속적으로 유지했다면, 지금도 1월 29일이 건국기념일일 텐데, 그렇게 되지는 않았다.

왜냐하면 메이지 6년 태정관 포고 344호에 의해 기원절을 2월 11일로 정했기 때문이다. 즉 메이지 7년의 경우, 음력 1월 1일이 양력으로 2월 11일에 해당되었던 것이다. 메이지 6년에는 1월 29일, 메이지 7년에는 2월 11일, 이렇게 매년 음력의 새해는 양력으로 다른 날이 되기 때문에 기원절도 매년 바뀌어 버린다. 그러면 불편하다고 해서 이후로는 날짜를 고정하여 양력 2월 11일을 기원절로 정하게 된 것이다. 그러니까 메이지 6년만 1월 29일이 기원절에 해당하는 날이고, 메이지 7년 이후는 오늘날에 이르기까지 2월 11일이 기원절, 즉 건국기념일이 된 것이다.

결국 2월 11일을 건국 기념의 날로 지정한 것은 메이지 7년이 우연히 그렇게 된 것일 뿐이다. 메이지 6년의 날짜를 계속 유지했다면 1월 29일이었을 터인데, 그렇더라도 아무런 지장은 없었으리라.

유학의 대의명분을 널리 퍼뜨린 메이지유신

진무 천황이 즉위했다고 알려진 날은 『일본서기』의 기년紀年에 의하면 서력으로는 기원전 660년에 해당하는 해이다. 19세기 말 역사학자 나카 미치요那河通世(1851~1908)는 이에 대해 '신유辛酉혁명설'이라는 이전부터의 사고방식을 바탕으로 『일본서기』를 편찬했을 무렵의 학자들이 산정한 허구라고 단정하였다. 애당초 기원전 7세기의 일본에는 그때까지도 중국에서 문자나 역법도 전래되지 않았다. 따라서 그해 첫날[元旦]에 진무 천황이 즉위했다는 사실은 역사적으로 볼 때 절대로 생각할 수 없는 일이다.

그런데 에도 시대에는 유학의 대의명분大義名分 사상을 근거로 쇼군이라 하더라도 천황의 신하에 지나지 않는다는 비현실적인 사상 관념이 발생하고 유행하였다. 그리고 이것이 교육을 통해 일반적인 상식이 되어 버린 것이다. 메이지유신이란 것은 이 매우 불가사의한 교설이 가져온 복고적 혁명운동이었다는 것이 나의 메이지유신에 대한 이해이다. 막말의 지사들은 이 복고적 혁명운동이라는 사상에 물든 젊고 푸른 동지들이었다.

그러한 지사들 가운데 현재 가장 인기 있는 인물이 사카모토 료마坂本竜馬이다. 2010년 NHK 대하드라마 〈료마전龍馬傳〉이 그것이다. 드라마 안에서 다케치 한페이타武市半平太(다케치 즈이잔武市瑞山)는 도사근왕당土佐勤王黨을 결성한다. 그는 천황이 일본의 주인이고, 쇼군은 그 가신[家來]에 지나지 않는다는 사고방식을 신봉하여, 도사土佐(고치현高知縣 속함)에서 널리 보급시키는 역할을 담당한 사람이다. 그 다케치 한페이타가 이와사키 야타로岩崎彌太郎에게 다음과 같이 말했는데, 매우 인상 깊은 대화이다. "내 곁에서 『근사록近思錄』을 배워 보지 않겠나?". 다케치 한페이타는 주쿠塾(사설 교육기관)를 열고, 후에 도사근왕당의 멤버가 될 젊은 지사들을 교육했는데, 그곳으로 이와사키 야타로를 초대했을 때의 대화가 이것이다.

내가 전공으로 하는 중국의 유교, 송대의 주자학이라는 유교 학파가 있는데, 『근사록』은 이 주자학 책이다. 대하드라마 〈료마전〉 속에서도 다케치 한페이타가 젊은이들에게 가르쳤던 교과서, 그 교재가 바로 『근사록』이란 사실이 분명히 언급되고 있는 것이다.

한편 이와사키 야타로는 다케치 한페이타의 맞은편에 사숙私塾을 연다. 이는 역사적 사실이 아니라 드라마상 꾸며낸 얘기이다. 다만 그 이와사키 야타로가 근처의 아이들을 불러 모은 사숙에서 무슨 교재를 사용하는지 궁금해서 귀를 기울였더니, 그가 "외사씨外史氏가 말하기를"이라고 소리 내어 책을 읽고 있었다. 이것은 라이 산요의 『일본외사』라는 책이라고 생각한다. 라이 산요는 이 책 속에서 자기 자신을 '외사씨'라고 자칭하고 있는 것이다.

실제로 NHK 대하드라마에서는 『일본외사』가 대활약하였고, 2008년의 〈아쓰히메篤姬〉[19]에서도 주인공이 사쓰마薩摩에 있을 때 이

『일본외사』를 열심히 읽는 장면이 나온다. 내가 보기에 NHK는 여러 제작비를 절약하고 있는 것 같은데, 그렇게 볼 때 〈아쓰히메〉에서 사용된 『일본외사』의 그 책을 그대로 〈료마전〉의 이와사키 야타로의 사숙에서 사용하고 있는 것인지도 모르겠다.

나로서는 아쓰히메가 『일본외사』를 정말로 읽었는지 여부는 잘 모르겠다. 다만 있을 수 있는 일이라고 생각한다. 막말기의 일본에서 『일본외사』는 그때까지 베스트셀러였으니 말이다. 당시의 무사들, 아까 말한 지사들을 중심으로 지사가 아닌 무사도 포함하여 일본의 역사를 배우는 경우에, 먼저 이 『일본외사』를 읽는 것부터 시작했던 듯하다.

에도 시대의 유학자들

그다음 〈료마전〉에는 이와사키 야타로의 소년 시절 선생으로 오카모토 네이호岡本寧浦라는 인물이 등장한다. 1회만 나오고 바로 죽음을 맞이하지만, 그는 도사의 야스다호安田浦 출신이었다. 이 때문에 네이호寧浦라는 호를 썼다고 전해지는데, 원래 정토진종淨土眞宗의 승려였다.

오카모토 네이호는 히로시마의 라이 슌스이賴春水와 라이 교헤이賴杏坪 형제, 후쿠오카의 가메이 난메이亀井南冥)와 가메이 쇼요亀井昭陽 부자에게 배웠다. 라이 슌스이는 앞서 말한 라이 산요의 아버지다. 가메이 난메이와 가메이 쇼요는 후쿠오카 출신의 유학자였다.

---

19) 덴쇼인天璋院(1836~1883)은 막말 및 메이지 시대의 여성으로 도쿠가와 막부 13대 장군 도쿠가와 이에사다德川家定의 정실부인이다. 통칭 아쓰히메篤姬로 불린다.

게다가 에도江戸의 아사카 곤사이安積艮齋는 지금까지도 거의 일반적으로 알려져 있지 않았던 유학자이다. 하지만 이와사키 야타로가 몇 번이고 "에도에는 아사카 곤사이라는 훌륭한 유학자가 있다"고 이야기하는 장면이 있다. 야타로가 아사카 곤사이에 대해 알게 된 것은 자기 고향 도사土佐에서의 스승인 오카모토 네이호한테 들었다고 하는 설정이라고 여겨진다.

이렇게 당시의 쟁쟁한 유학자들에게 배운 사람이 오카모토 네이호였다. 또 이 인물은 오사카에서 방금 전 언급한 『일본외사』의 저자 라이 산요라든가 저 유명한 오시오 헤이하치로大塩平八郎 등과 교유하였다. 일본 각지의 고명한 유학자들과 교류했던 오카모토 네이호, 이 무렵 그의 명성을 자주 듣고 있던 오카야마번岡山藩은 실제로 오카모토岡本가 머물던 곳으로 찾아와 초빙하려는 움직임을 보인다. 이를 알게 된 도사번에서는 인재를 뺏기지 않기 위해 틈도 주지 않고 오카모토를 귀환시켰다고 하는 일화이다. 만일 도사번土佐藩이 그를 불러서 되돌아오게 하지 않았다면 오카모토 네이호는 막말기에 오카야마에 있었을 것이고, 이 땅에서 제자들을 길러 내고 그들이 막말기에 어떠한 형태로든 활약했을지도 모르겠다.

인재를 배출한 막말기의 오카야마

오카모토 네이호를 오카야마번이 초빙하고자 했을 무렵, 지금의 오카야마현에서는 쟁쟁한 학자들이 태어났다. 대충 이름만 소개해 보면 다음과 같다.

우선 야마다 호코쿠山田方谷가 있다. 이 인물은 양명학자로 빗추

마쓰야마번備中松山藩(지금의 다카하시시高梁市)의 집정執政으로 활약하였다. 막말 대정봉환大政奉還[20] 때 로쥬老中였던 인물은 마쓰야마번의 제7대 번주 이타쿠라 가쓰키요板倉勝靜였다. 가쓰키요는 혈연상에도 막부 제8대 쇼군 도쿠가와 요시무네德川吉宗의 후손이다. 이 때문에 야마다 호코쿠도 좌막파佐幕派로 간주되면서 갖가지 고충을 겪는다.

사카타니 로로阪谷朗廬라는 인물도 있다. 그는 오카야마현 남서부, 지금의 이바라시井原市에서 다이칸代官(지방 행정관)의 셋째 아들로 태어났다. 이 인물은 오사카의 오시오 헤이하치로의 문하생이었고, 시부사와 에이이치澁澤榮一의 스승이기도 하다. 시부사와 에이이치는 메이지 시대 재계의 기초를 닦은 매우 유명한 인물로 '일본 자본주의의 아버지'라고 불린다. 이와사키 야타로와는 우편물 선박 회사를 둘러싸고 라이벌 관계에 서게 되는 인물이다. 또 사카타니 로로는 메이로쿠샤明六社라는 계몽주의 사상 그룹의 멤버이기도 하였다.

미시마 츄슈三島中洲는 오카야마 남부 구라시키倉敷 출신이다. 그는 앞에서 말한 야마다 호코쿠에게서 배운 문하생으로 니쇼가쿠샤二松學舍의 창립자이다. 메이지 연간 후반에는 아직 황태자였던 다이쇼大正 천황의 스승이 되었다. 미시마 츄슈의 사상적인 특징으로 '의리합일론義利合一論'이라는 것이 있다. 유교 내부에서는 누차 의·정의라는 것과 이利·돈벌이라는 것은 상반된다는 식으로 생각하는 학자들이 많았다. 하지만 미시마 츄슈는 그렇지 않다고 생각하였다. 즉 본래 의와 이란 것은 일치하는 것이라고 주장한 것이다. 의리합일론의

---

20) 1867년 도쿠가와 막부 15대 쇼군 도쿠가와 요시노부가 메이지 천황에게 통치권을 반납하는 것을 선언한 정치적 사건.

사상은 시부사와 에이이치 등에게도 계승되어 상호 영향을 주고받았다. 시부사와 에이이치는 『논어와 주판』이라는 책을 쓰기도 했는데, 그의 사상과도 통하는 바가 있다. 실제로 시부사와와 미시마는 매우 친하게 교제했던 듯하다.

이상이 유학자라고 분류할 수 있고, 또한 유교를 배운 학자들이다. 하지만 막말기 오카야마는 서양학자 쪽에도 쟁쟁한 인재들이 포진되어 있었는데, 예를 들면 오가타 고안緒方洪庵, 미쓰쿠리 슈헤이箕作秋坪, 쓰다 마미치津田眞道 등 인물들을 다수 배출하였다.

옛날부터 대륙과 연결된 지방 풍토

그들 유학자들의 대선배라고도 해야 할 인물이 기비노 마키비吉備眞備이다. 그는 8세기 중엽, 일본에 율령 제도를 정착시키는 과정에서 큰 공헌을 한 인물이다. 즉 그는 직접 중국에 가서 중국의 율령을 배우고 돌아온다. 지금의 상황과 바꿔 보면, 미국에 가서 미국의 법률 제도를 배우고 이것이 글로벌 스탠더드라고 하여 일본으로 가지고 돌아와 일본의 국가 체제를 정비한 것과 같다. 그 이후 13세기 초에 활약한 에이사이榮西 선사가 있는데, 그는 일본 임제종臨濟宗의 개조이자 『끽다양생기喫茶養生記』로 잘 알려져 있다시피 차茶 세계에서는 일본에 차를 보급한 제1 공로자로 유명하다.

또한 15세기의 셋슈 도요雪舟等楊는 그림을 그리는 승려이다. 이런 사람들이 막말기보다 이전 시점에 직접 중국으로 건너가 갖가지의 문화 관련 상품을 일본으로 가져온 것이다.

다만 에도 시대가 되면 일본인이 외국으로 건너갈 수 없게 된다.

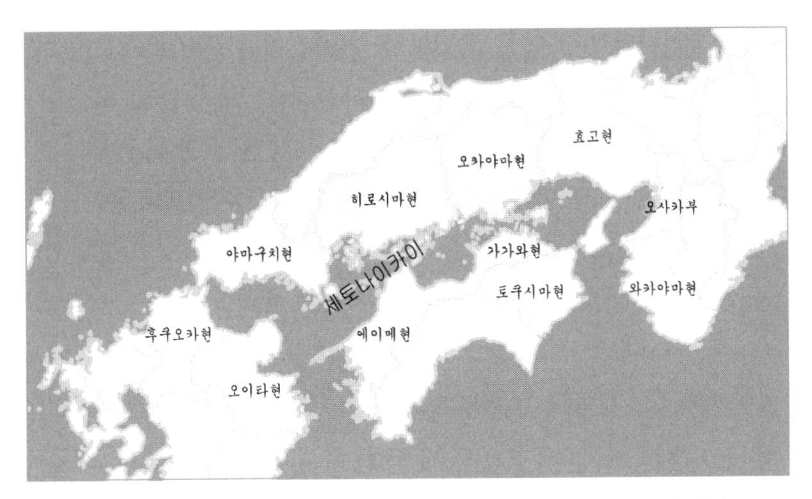

세토나이카이 혼슈 서부, 규슈, 시코쿠로 둘러싸인 일본 최대의 내해

예를 들어 구마자와 반잔熊澤蕃山이 중국에 건너가 직접 양명학을 공부했었다면 나는 그런 얘기를 할 수 있겠지만, 그런 일은 일어나지 않았다. 또 야마다 호코쿠가 직접 중국에 건너가 양명학을 배웠다고 하면 그쪽에서 어떤 경험을 했는가 하고 얘기할 수 있겠지만, 그와 같은 일은 전혀 없었던 것이다. 최근에는 쇄국이라는 말을 연구자들 사이에서 그다지 사용하지 않게 되었지만, 에도 시대에는 이른바 쇄국의 상황하에서 사람들의 왕래가 한정되어 있었다.

단지 오카야마 등의 세토나이카이瀬戸內海 연안에서는 보통 사람들이라도 외국인을 직접 눈으로 접할 수 있는 기회가 드물게는 있었다. 그것이 조선통신사이다. 오카야마에서는 우시마도牛窓가 유명하다. 우시마도는 조선 국왕의 사신으로 에도의 쇼군이 있는 곳으로 가는 사절단이 선단을 이끌고 세토나이카이를 통과하는 도중에 정박하는 항구이다. 사절단이 여기에 도착하면 조선인과 만날 수 있었다.

조선통신사라는 것은 몇십 년에 한 차례뿐이라 그렇게 자주 볼 수 있던 것은 아니다. 하지만 실제로 그 사람들과 접할 수 있는 기회가 오카야마에는 있었던 것이다. 그러한 의미에서 오카야마현이라는 곳은 옛날부터 중국 및 조선과 교류를 지속하고 있던 땅이었다.

미쓰마사에 등용된 구마자와 반잔의 『대학혹문』

오카야마에서 에도 시대 유학의 수용이라는 문제에서 볼 때 누구를 거론해야 할지 꼽는다면, 뭐니 뭐니 해도 당시의 번주藩主 이케다 미쓰마사池田光政(1609~1682)일 것이다. 또 그와 나란히 언급되는 사람은 구마자와 반잔이다. 구마자와 반잔은 1645년부터 1657년까지 미쓰마사의 최측근이 되어 오카야마 번정藩政에 적극적으로 관여한다. 하지만 그의 번정 개혁안이 실패로 돌아간 뒤 스스로 은거에 들어가고, 얼마 동안 오카야마에 머물렀다. 그 이후에는 오카야마에서 추방된다.

이케다 미쓰마사

이와나미 쇼텐岩波書店의 『일본사상대계日本思想大系』(전 67권)라는 시리즈가 있다. 일본의 고대부터 근대 직전까지 사상가들의 각종 대표적 저작을 모아 놓은 책으로 그 제30권이 구마자와 반잔이다. 이 책은 1971년에 초판이 간행되었다. 여기에는 반잔의 주저 중 하나인 『대학혹문大學或問』이란 책이 실려 있다.

이 『대학혹문』은 반잔이 오카야마를 떠나고 나서 쓴 책이며, 여기에서 펼친 그의 주장이 반드시 오카야마 번주 미쓰마사를 보좌할 때 추진한 정책이었다고는 말할 수 없다. 하지만 역시 공통점도 많았다. 당연한 일이겠지만 반잔의 사고방식과 지금부터 소개하는 미쓰마사의 정책은 내용이 중첩되어 있었다. 따라서 그런 것도 포함하여 잠깐 『대학혹문』을 소개하면 다음과 같다.

『대학혹문』은 문답 형식을 취하고 있다. 실제로 질문을 던지고 대답을 한다기보다는 반잔 스스로 가공의 질문자가 되어 물음을 던지고 이에 대해 대답한다는 자문자답의 책이다. 이 책 안에 불법의 부흥에 관한 물음이 있다. "불교를 다시 한 번 부흥시킨다는 일에 대해 선생은 어떻게 생각하십니까?" 그 대답은 지금의 일본, 반잔이 말하고 있는 지금의 일본이란 시점은 17세기 중엽의 일이지만, "지금의 일본에는 절이 많고, 승려도 많으며 외관상 불교가 매우 융성합니다. 그러나 진실로 불법에 따라서 출가한 이는 만 명에 백 명꼴입니다." 결국 진정한 의미에서 승려는 1%밖에 되지 않는다. 불교를 진지하게 수행한다고 하는 외에 대개는 사회적·정치적 이유로 출가한 사람들뿐이었다는 점이다. 그것은 본래의 불교가 그다지 번성하지 못했다고 반잔이 생각한 것이다. 또 반잔의 생각에 의하면 본심에서 우러나 불교를 수행하지 않는 승려는 승려의 직을 그만두게 하고 환속시켜 일하게 하는 편이 낫다. 즉 그러한 편이 불교 자체를 위해서도 좋다는 것을 반잔은 지적하고 있는 것이다.

그럼 왜 그렇게 불교가 번성한 것처럼 보였는가. 승려는 또 17세기 중반에 왜 그리도 많았는가. 반잔의 분석에 의하면, 아니 반잔뿐만 아니라 일반적 통설로 지금도 그렇게 평가되고 있지만, 대對 기독교 정책이 주요 원인이다. 기독교인을 단속하기 위해서 에도 막부는 불교를 적극 활용하였다. 일본 국민은 전원 불교도가 되어야 한다는 것이 에도 막부의 정책이었다. 반대로 말하면 기독교인은 한 사람도 허용할 수 없고 절대 기독교인이어서는 안 된다는 것이다.

불교 사원이 "이 사람은 기독교인이 아니다. 우리 절의 신자이다. 우리 절의 단가檀家(절에 시주하는 집)이다"라는 것을 증명하는 제도를 사청寺請(데라우케) 제도라 한다. 죽으면 모두 승려를 불러 불경을 읊게 하고, 묘지도 불교 사찰의 돌봄을 받고, 그 후 기일 제사도 모두 포함하여 어떤 것이라도 불교의 도움을 받지 않으면 안 된다. 일본 국민의 100%가 불교도라는 것이 그 당시의 상황이었다. 구마자와 반잔의 말을 빌리면 이것이 불교 타락을 초래한 요인이다.

"지금 사청을 폐지하고, 불교를 믿고 안 믿고의 문제를 천하 사람들에게 맡기면 대부분의 절이 단나데라檀那寺[21]의 지위를 갖지 못할 것이다. 그렇게 되면 승려들이 굶주림에 빠지는 것은 아닐까"라는 물음이 있다. 사청 제도를 없애 버리면 승려의 대다수가 실업 상태에 빠지지 않을까라는 질문이다. 이에 대해 반잔의 대답은 다음과 같다. 지금의 말로 표현하면 "뭐, 그렇다면 국고에서 부담하든가, 공공의 예산을 사용하든가 해서 그에 따라 승려들을 부양하면 좋지 않을까. 그다음에 제멋대로 출가하거나, 사실은 별도로 불도를 수행할 속셈이 아닌데도 분명한 이유 없이 무심코 출가해 버리거나 하는 그와 같은 무리들을 금지하면 좋지 않겠는가. 그렇게 하면 진정한 의미에서 승려들이 굶주리고 곤경에 처하는 상황과 같은 일은 없게 될 것이다"고 하는 것이 반잔의 생각이었다.

---

21) 각 가정이 소속된 사찰로서 조상 대대의 위패를 모신 절.

이케다 미쓰마사가 취한 신유일치

그럼 사찰에 대신하여 반잔이 무엇에 기대하고 있었는지에 대해 생각해 보자. 이 물음에 답하여 반잔은 "신도神道가 부흥해야 하는데, 어떠한가?"라고 말하였다. 즉 신도이다. 다만 반잔은 이 신도라는 것도 "지금 세간에서 말하는 신도는 옛날 샤케社家[22]의 법이다. 이것은 신도가 아니다. 단지 신직神職에 있는 사람들이 사용하는 마음의 예법이다"고 하여 반드시 신도 자체를 찬양한 것은 아니었다. 불교와 서로 대립하는 것으로 신도라는 것이 있다. 오카야마번의 경우 이케다 미쓰마사의 정책으로서 앞에 언급한 사청寺請이 아니라 '신직청神職請(신쇼쿠우케)', 즉 신도의 신주에게 신분을 보장해 주는 정책을 채택하고 있다.

이케다 미쓰마사가 오카야마번에서 시행한 종교 정책은 당시의 다른 많은 번藩과 비교하면 어떤 특색이 있다. 신유일치神儒一致, 신불분리神佛分離, 신직청 제도라는 것이 그것이다. 전국적으로는 사청 제도를 시행했는데, 불교 사원에서 어디의 어떤 병위兵衛(호위병)는 불교도, 우리 절의 단가檀家이고, 따라서 기독교인이 아니라는 등의 증명서를 발급하였다. 하지만 오카야마에서는 그 역할을 신사神社에 맡기고, 신도에 의거하여 신직청 제도를 시행한 것이다.

신도라는 것은 그때까지 불교와 불가분의 관계였다. 신도는 애당초 일본 고래부터 존재한 것은 아니다. 앞에서 언급했다시피 에도 시대에 탄생한 신도에 대한 사고방식이 막말기에 대대적으로 선전

22) 신관神官의 직업을 세습으로 하는 집안.

되었고, 메이지 국가에 의해 정식으로 채용된 역사 인식이다. 이로 인해 신도는 일본에 아주 먼 옛날부터 있었던 신앙 체계라고 여겨지게 된 것이다.

에도 시대에는 불교도가 되라는 포고가 전국으로 나갈 정도였기 때문에 불교가 압도적인 힘을 가졌다. 신도는 그 불교와 상호 불가분의 관계에 있었다. 보통 그것을 신불습합神佛習合이라 한다. '습합'이라고 하면 원래 별개인 두 개의 것이 그 뒤에 합쳐지게 된 것 같은 느낌이다. 그렇더라도 사실은 그렇지 않다. 신불습합이라는 것은 특수한 형태가 아니라 불교 전래 이래로 줄곧 일본 종교 본연의 모습이었다.

미쓰마사는 그 신불神佛을 과감히 분리하였다. 신도와 불교는 별개라고 선언한 것이다. 다만 방금 말한 것처럼 신도라는 것은 그때까지 역사적으로 독립하여 존재한 것은 아니다. 그에 따라 어떤 형태로 그 신도라는 것을 만들어 갈 것이냐고 했을 때, 그 해답은 '신유일치'라는 사고방식이었다.

불교가 압도적인 힘을 가졌기에 그때까지도 불교와 신도는 일치하고 있었다. 유교도 불교에 바싹 들러붙는 형태로 유포되고 있었다. 예를 들어 말하면 불교라는 매상 넘버원의 기업이 있다고 치자. 유교와 신도 가운데 어느 쪽이 위인지 알 수 없지만, 여하튼 2위 혹은 3위였다. 이 2위와 3위의 기업이 연합하여 혹은 합병하여 제1위의 불교에 대항하고자 하였다. 그것이 이 신유일치라는 움직임이다. 이것은 무로마치室町 시대까지는 원칙적으로 보이지 않는 현상이다. 없었다고 단언할 수는 없지만, 융성하게 된 계기는 에도 시대가 되고 나서부터이다. 에도 시대 유학 사상의 수용이라는 측면에서 말하면 불교로부터 독립한 형태로 유교가 수용된다. 혹은 그것이 일본 고래의 것이라고 여겨진 신도와 연합 전선을 형성함으로써 일치한다고 생각하게 된 것이다. 이 점이 가장 큰 특징이다.

중국 유교의 영향을 받은 종교 정책

미쓰마사는 음사淫祠 파괴, 즉 정체를 알 수 없다고 그가 생각한 야시로社(신을 모신 사당)를 파괴하였다. 야시로 혹은 호코라祠(사당)라고 하는 것은 어떤 신을 모시고 있기 때문에 넓은 의미에서는 신도 안에 속한다. 하지만 미쓰마사의 눈으로 볼 때 올바른 내력이 있는 신神이 아닌 것에 관해서는 단호히 그와 같은 호코라·야시로를 파괴하는 정책을 취하였다. 또 이와 상응하는 정책으로 몇 개의 신사를 하나로 정리하기도 하였다. 예를 들면 세 곳에서 제각기 혼령을 모시고 제사 지내던 것을 한 장소로 모았다. 그러자 당연히 남겨진 두 곳은 자연스럽게 폐지되었다. 이것이 바로 그의 음사 파괴, 신사 합사合祀의 정책이다.

사실 이것은 중국의 유교 내부에서 줄곧 행해져 온 정책이다. 중국의 왕조 시스템이란 것은 기본적으로 유교에 의해 형성된 것이다. 그 국가 체제 안에서 이러한 정체 모를 사당을 없애는, 혹은 몇 개로 제각기 흩어진 현상에 대해 이것은 본래 하나의 것이어야만 한다고 하여 하나로 합치는 그와 같은 정책을 중국에서는 상당히 이른 시대부터 시행하였다.

오해가 있어서는 안 되기 때문에 한 마디 보충하면 유교도 물론 신을 제사 지낸다. 가장 존귀한 것이 천신天神이고, 이 밖에 지신地神

이나 황제의 조상, 공자孔子 등등, 원래 사람이었던 신도 있다. 이러한 신들을 제사 지내는 시설이 전국에 있었고 이것을 국가가 통제하였다. 야시로라는 한자 사社, 호코라라는 한자 사祠는 원래 중국에서 유교가 설치한 시설의 명칭이다. 일본에서는 그 옛날 신도의 시설에 원래 유교의 용어였던 이들 한자를 적용시킨 것이다. 따라서 신유일치라는 에도 시대의 사고방식은 이러한 배경 하에서 등장했다고 할 수 있겠다.

중국의 경우 유교에서 신들을 어떻게 제사 지내는가? 하는 문제는 중요한 정치 과제이자 사회 정책이었다. 앞에서 언급한 〈료마전〉의 다케치 한페이타의 대사에 나온『근사록』이라는 책에도 그러한 사정이 기록되어 있다. 또 에도 시대 초기의 경우 그러한 서적 등의 지식을 통하여 유교 관련 책을 읽은 사람들 사이에서는 두루 알려져 있었을 터이다. 이케다 미쓰마사도 구마자와 반잔도 중국에 직접 건너가 유학한 경험은 없지만, 그러한 책을 통해 어느 정도의 지식을 갖고 있었다. 따라서 신유일치의 사고방식에 근거한 음사 파괴, 신사 합사의 정책은 미쓰마사나 반잔이 독자적으로 생각해 낸 것이 아니고, 중국 유교의 영향을 받은 것이다. 그러한 의미에서 이것을 유교 사상의 수용이라고 해도 좋을 것이다.

오카야마번에서는 미쓰마사 시대에 신직청 제도에 의해 오히려 불교를 억압하고자 하는 정책을 취했다. 겉으로는 신도라는 얼굴을 하고 있지만, 그 속은 사실 유교이다. 바꿔 말하면 이렇게 유교의 사고방식에 근거하여 형성되었다고 하는 것이 이른바 신도일 것이라는 게 나의 견해이다. 신도라는 것은 2670년 전 진무 천황의 즉위 때부터 있었던 것이 아닌 것이다.

구마자와 반잔은 그 후 에도 막부의 중심인 하야시 라잔林羅山과 그의 아들 하야시 가호林鵞峰로부터 미움을 받아 오카야마에서 추방당하는 신세가 된다. 그렇지만 미쓰마사의 이런 종교 정책은 기본적으로 그의 치세 기간에는 지속되었다. 다만 미쓰마사가 은거하고 사망한 뒤, 아들 이케다 쓰나마사池田綱政의 시대가 되면 에도 막부로부터 간섭도 있었던 탓인지 신직청 제도를 폐지하고 불교의 사청 제도로 전환한다.

이와 같이 그것은 미쓰마사 1대에 한정된 정책이었다. 그러나 미쓰마사가 반잔을 등용하여 이러한 종교 정책을 추진하는 데 유교의 영향이 매우 강하였다. 일본의 에도 시대 초기에 유교 사상 수용의 한 모습으로 이해해야 할 것이다.

유교식 묘를 쓴 이케다 미쓰마사

또, 미쓰마사는 음주를 억제하였다. 내가 보기에 전국戰國(센고쿠) 시대의 사무라이侍라는 것은 날뛰며 술을 마시는 유형의 무리들이 많았다. 따라서 이에 대해 금주禁酒 명령을 내린 것이다. 말하자면 일종의 문명화였다.

본래 유교에서는 음주를 금지하고 있지는 않다. 신도에서도 신주神酒라고 하여 신과 함께 술을 마신다. 사실 오히려 술을 마시면 안 되는 것은 불교이다. 중국이나 한국에서 온 유학생들이 일본에 와서 가장 놀라는 것은 불교의 승려가 아무렇지도 않게 술을 마시는 광경이다. 계율에 따르면 술을 마실 수 없을 터이다.

그런데 미쓰마사는 하나 더 유교적인 종교 정책을 채택한다. 즉 자기 집안의 조상에 대한 제사이다. 미쓰마사의 조부는 오다 노부나가織田信長와 도요토미 히데요시를 섬긴 이케다 데루마사池田輝政이다. 데루마사와 그의 아들 이케다 도시타카池田利隆는 교토의 묘신지妙心寺에 무덤이 있다. 그들은 임제종의 묘신지를 보다이지菩提寺(보리사)[23]로 선택하였다. 그런데 미쓰마사는 묘신지가 화재를 당한 사건을 계기로 조상의 유골을 오카야마에 가지고 돌아와 이장한다. 그때 불교의 사찰이 아니라, 가신 쓰다 나가타다津田永忠에게 명하여 특별히 유교식 묘를 썼다. 이케다 가문의 묘소, '와이다니和意谷'가 그것이다. 지금의 오카야마현 비젠시備前市에 있으며, 국가 공인 문화재로 지정되어 있다. 아까 신직청神職請 이야기를 했는데, 확실히 미쓰마사는 신유일치의 사고방식을 갖고 있어 신도와 유교는 동일하다고 생각하였다. 따라서 유교식 조상묘 설치는 자신의 이케다 가문이 불교가 아니라고 하는 선언이었던 것 같다.

다이묘大名가 유교식 묘를 쓴다는 일은 에도 시대에는 제법 있는 일이었고, 미토 고몬水戸黄門 즉 도쿠가와 미쓰쿠니徳川光圀의 미토번水戸藩도 유교식 묘를 썼다. 이는 미쓰마사와 대체로 같은 시기이다. 다만 수많은 유교식 묘는 에도 시대 후반에야 만들어졌기 때문에 이 미쓰마사의 유교식 묘는 미토의 유교식 묘와 함께 가장 이른 시기의 것이다. 그러나 미쓰마사가 죽은 후 그러한 정책은 수정된다. 그래서 미쓰마사도 사후에는 불교식 계명戒名이 수여되고 불교식 예법으로 모셔졌다.

23) 조상 대대로 위패를 모시는 절.

도쿠가와 미쓰쿠니(1628~1701)

호시나 마사유키(1611~1673)

간분기의 세 명군 — 호시나 마사유키

이 미쓰마사는 도쿠가와 미쓰쿠니德川光圀, 호시나 마사유키保科正之와 함께 제4대 쇼군 도쿠가와 이에쓰나德川家綱 때의 연호를 사용하여 간분기寬文期[24]의 세 명군名君이라고 언급되고 있다. 우선 뒤의 두 인물을 소개하겠다.

호시나 마사유키는 아이즈 마쓰다이라가会津松平家[25]의 초대 번주로 막부에서도 중요한 역할을 담당한 인물이다. 4대 쇼군 도쿠가와 이에쓰나의 보좌역을 맡았던 다이묘大名이다. 그는 2대 쇼군 도쿠가와 히데타다德川秀忠의 사생아, 즉 몰래 다른 곳에서 낳은 아들이다. 히데타다는 이에야스家康의 아들이기 때문에 결국 마사유키는 초대 쇼군 도쿠가와 이에야스의 손자가 되는 셈이다. 그는 야마자키 안사

24) 에도 초기 1661~1673년까지 고자이後西 천황, 레이겐霊元 천황 때의 연호.
25) 아이즈는 지금의 후쿠시마현福島縣 서부에 있다.

이山崎闇齋라는 에도 시대 초기를 대표하는 유학자에게 사사했는데, 안사이는 도사土佐(고치현)에서 공부하고 그곳에서 유학에 눈을 떴다. 이 야마자키 안사이라는 인물도 앞의 미쓰마사의 종교 정책에서 소개한 '신유일치'를 신조로 삼고 있었는데, 유학자이지만 신도 쪽에도 조예가 깊었다. 즉 그가 보기에 유교와 신도는 대략 일치하는 것이었다. 안사이가 제창한 신도의 유파를 스이카신도垂加神道라 부른다. 스이카垂加라는 명칭은 안사이의 신도풍의 호이다. 또 안사이라는 명칭은 유교식 표현이며, 스이카라는 것은 결국 신도풍의 어투인 것이다. 야마자키 안사이 혹은 야마자키 스이카를 호시나 마사유키는 매우 중용하였고, 그러한 사상적인 영향도 있었기에 아이즈번에서는 역시나 신유일치의 정책을 채택한 것이다.

『대일본사』의 편찬을 시작한 도쿠가와 미쓰쿠니

도쿠가와 미쓰쿠니는 굳이 소개할 필요가 없을는지도 모르겠다. TBS 계열의 시대극 〈미토 고몬水戸黄門〉으로도 친숙하다(2017년 10월부터 BS·TBS에서 방송). 그는 초대 미토 번주 도쿠가와 요리후사德川賴房의 3남이다. 요리후사는 이에야스의 아들이기 때문에 미쓰쿠니도 이에야스의 손자이다. 호시나 마사유키와는 사촌 형제 사이다. 그는 중국에서 망명한 유학자 주순수朱舜水에게 심취하였다. 또 역사서 『대일본사大日本史』의 편찬을 시작하였다.

이 『대일본사』도 실은 대하드라마 〈아쓰히메篤姬〉에 나온다. 아쓰히메가 쇼군 도쿠가와 이에사다德川家定의 부인이 되려고 할 때 가장 반대했던 사람이 미토의 9대 번주 도쿠가와 나리아키德川齊昭였다.

나리아키는 미쓰쿠니의 후손이다. 그래서 드라마에서는 아쓰히메가 나리아키의 마음에 들기 위해 『대일본사』를 공부하고 그 앞에서 『대일본사』 얘기를 한다. 결국 아쓰히메는 이에 반한 나리아키의 인정을 받고 쇼군의 아내가 될 수 있었다. 이것도 역사적 사실은 아니라고 생각되나, 다만 여기서 흥미로운 것은 앞서 언급한 것처럼 그녀가 전에 『일본외사』를 읽었다는 설정을 취한 점이다. 이 두 권의 역사서는 공통된 사상적 경향이 있다. 아마도 라이 산요는 『대일본사』의 보급판으로 『일본외사』를 썼다고 해도 좋을지 모르겠다.

애당초 미토의 미쓰쿠니에게 도쿠가와 쇼군가는 본가本家이다. 하지만 도쿠가와 쇼군가라는 것도 천황의 신하에 지나지 않는다. 사실 『대일본사』라는 것도 그와 같은 사고방식과 역사 인식에 근거하여 집필한 역사서이다. 이는 매우 분량이 많은 책이라 일반인들이 통독하기에는 상당히 어려웠다. 이에 비해 『일본외사』는 분량이나 문장 면에서 『대일본사』의 사상을 계승하여 집필한 보급판으로서 막말기에 베스트셀러가 된다. 그렇게 해서 천황이야말로 일본의 왕이라는 역사 인식을 널리 퍼뜨린 것이다.

호시나 마사유키와 이케다 미쓰마사를 드라마의 주인공으로

도쿠가와 미쓰쿠니는 일본의 민방 드라마에서 이미 충분히 유명해진 반면, 호시나 마사유키는 그러한 유명세와는 거리가 멀었다. 이 때문에 그가 젊은 시절 번주로 활동한 나가노현長野縣의 다카토마치高遠町에서는 마사유키와 관련한 대하드라마의 제작을 요구하는 운동이 일어났다.

옛 다카토 번주 호시나 마사유키의 NHK 대하드라마화를 목표로 하고 있는 '명군 호시나 마사유키 공의 대하드라마를 만드는 모임'은 2월 12일, 도쿄도東京都 신주쿠구新宿區 구청에서 전국 조직의 설립 총회를 개최한다. 발족 후 맨 처음 활동은 7번째가 되는 NHK에 대한 요청이다. 마사유키 탄생 400년에 해당하는 2011년까지 드라마화 실현을 목표로 시작한다(2008년 1월 14일자 나가노일보長野日報 기사를 웹사이트에서 인용. 현재는 삭제됨).

실로 유감스러운 일이지만, 2011년의 대하드라마 〈고우~공주들의 전국~江~姫たちの戰國~〉의 주인공은 얄궂게도 호시나 마사유키의 아버지 도쿠가와 히데타다의 정실 '고우江'였다.

드라마를 만드는 모임은 옛 다카토마치가 2004년에 설립하였다. 후쿠시마현福島縣 아이즈와카마쓰시会津若松市, 이나와시로마치猪苗代町 등 마사유키의 연고지와 협력하여 100만 명 목표의 서명 활동을 전개하여 작년 11월에는 목표의 4분의 1에 해당하는 25만 명을 돌파하였다. 전국 조직은 이나시伊那市(나가노현 남부)가 중심이 되어 이제까지의 협력 단체와 나가노·후쿠시마 두 현이 참가하였다. 도쿠가와 300년의 주춧돌을 쌓고, 순사殉死 금지와 다마가와죠스이玉川上水 개통, 대화재 직후 에도의 부흥 등 선정을 베풀고, 에도 시대 초기에 '천하의 삼현三賢'이라 일컬어지는 마사유키의 공적을 전국에 알린다. 설립 총회에는 자치체自治体와 각종 단체의 대표자 약 30명이 출석할 예정인데, 오전 중에 처음 회합을 갖고, 활동 방침과 연간 계획, 임원 등을 결정한다. 오후부터 25만

> 명의 서명을 가지고 NHK의 드라마 제작 부문 책임자에게 취지를 설명하고, 드라마화를 요청한다. 이 모임은 "마사유키 공이 아이즈번에 남긴 가훈에는 배려하는 마음, 백성을 위한 정치, 준법정신 등이 기록되어 있다. 윤리관이 결여되어 있는 요즘 세상이야말로 마사유키의 정신이 시급히 요구되고 있다"고 드라마화의 의의를 밝혔다.

나는 이 "윤리관이 결여되어 있는 요즘 세상이야말로 마사유키의 정신이 시급히 요구되고 있다"고 한 부분에 전적으로 동의한다. 사카모토 료마 혹은 고우江 등과 같은 인물을 주인공으로 하기보다 호시나 마사유키를 주인공으로 한 드라마를 제작하는 편이 교육적으로 매우 좋다고 나는 생각한다.

하지만 이러한 생각은 오랜 시간이 흐른 미래에도 결코 실현될 수 없을 듯하다. 왜냐면 마사유키는 첩의 뱃속에서 태어난 사생아이기 때문이다. 최근 NHK 대하드라마는 현대사회의 윤리 도덕을 그대로 과거로 갖고 들어간 듯한 건전한 일부일처의 노선을 취하고 있다. 2006년의 〈공명의 갈림길巧名が辻〉의 야마우치 가즈토요山内一豊나 2009년의 〈천지인天地人〉의 나오에 가네쓰구直江兼続는 당시로서는 극히 드물게 측실을 두지 않았던 무장이다. 2010년 〈료마전〉의 사카모토 료마도 부인 나라사키 료楢崎龍와 금실이 좋았다. 그리고 2011년의 화제는 단연코 고우江였다. 고우는 천하의 정권을 쥔 남편 히데타다가 다른 여성과 정을 통하는 것을 결코 용납하지 않았던 무서운 아내이다. 이러한 인물을 일부러 주인공으로 선택한 것은 "본처가 아닌 첩의 자식을 인정하지 않는다"고 말하는 것 같다. 이러할진대 호시나 마사유키가 그 능력이 얼마나 뛰어났건 간에 출생의 비밀로 인해 주인공이 될 수 없었던 것이 아닐까 생각한다.

순사 금지는 유교에 의한 문명 개화

에도 시대 초기의 유교 수용 가운데 또 하나의 특징적인 이야기를 해 두고 싶다. 그것은 간분기 세 명군 중 뒤의 두 인물, 호시나 마사유키와 미토의 미쓰쿠니와 관련한 일화인데, 순사殉死의 금지라는 것이다. 순사 금지는 유교에 의한 문명 개화라고 나는 생각한다. 앞에서 나는 이케다 미쓰마사가 음주량을 억제하면서 음주 금지의 포고문을 내렸다고 말했는데, 순사 금지도 이와 같은 맥락이다.

전국 시대는 분위기가 매우 살벌했던 시절이다. 순사라는 것도 그러하지만, 주인과 가신[家來] 관계는 과도할 정도로 친밀하였다. 좀 더 정확히 말하면 주군이 애지중지하는 '가신'이란 것은 육체 관계에 있는 가신이다. 관계를 가진 여성을 아끼는 것은 물론이지만, 마찬가지로 관계를 가진 남성의 가신도 중용하였다. 그러한 예로서 다케다 신겐武田信玄과 고사카 단죠高坂彈正, 오나 노부나가織田信長와 하야시 란마루林蘭丸의 관계는 유명하다. 일부일처제 노선의 NHK는 결코 그렇게 묘사하지 않았지만, 나는 우에스기 가게카쓰上杉景勝[26]와 나오에 가네쓰구直江兼続도 젊은 시절에는 관계를 가졌으리라고 상상하고 있다. 왜냐하면 당시 남색男色은 특별히 이상한 일이라고 여겨지지 않았기 때문이다.

---

26) 1556~1623. 전국 시대부터 에도 시대 초기에 활약한 다이묘大名. 도요토미 히데요시 정권의 고다이로五大老 가운데 한 사람으로 요네자와번米澤藩의 초대 번주.

그러한 사정도 있어서인지 주인이 죽으면 그 뒤를 따라 자살하는 관습이 있었다. 그 관습이 거의 강제적으로 되면 "저 주군에게 그토록 애지중지 아낌을 받았는데도 왜 뒤따라 자살하지 않을까" 하고 주변에서 차가운 눈초리를 받게 되고, 본심은 자살하고 싶지 않은데 어쩔 수 없이 할복하는 사람도 많지 않았겠나 생각한다. 그것을 호시나 마사유키와 도쿠가와 미쓰쿠니는 포고문을 내리면서까지 금지하였다. 이는 그들이 유교를 배웠기 때문일 것이다.

애초에 유교 고전의 하나인 『맹자』에 공자의 말로서 "처음으로 사람 인형을 만든 자는 그 후손이 없으리라(始作俑者其無後乎)"는 문구가 있다. 용俑(사람을 닮은 인형)이라는 것을 최초로 만든 자는 틀림없이 자손이 끊어져 없었을 것이라는 의미이다. 이게 무슨 뜻이냐 하면 용俑이라는 것은 진시황릉의 병마용兵馬俑을 떠올려 보면 될 것이다. 병사 인형 하나하나가 아주 정교하게 인간과 똑같이 만들어져 있다. 공자는 "이렇게 인간을 꼭 닮은 인형을 묘에 매장하는 풍습을 시작한 잔혹한 자는 벌을 받을 게 틀림없다"고 생각했던 것이다.

공자가 살았던 시대보다도 더 옛날 은나라 왕의 묘에서는 대량의 순사자 유골이 나왔다. 정확히 말하면 유골이 나왔기 때문에 이것이 순사자일 것이라고 생각하게 된 것이다.

즉 왕이 죽으면 그 왕을 모시고 있던 사람들을 함께 죽이든가 스스로 목숨을 끊게 하든지 간에 여하튼 묘에 함께 매장하는 관습이 있었다.

이에 반해 공자 시대가 되면 그런 살아 있는 몸의 인간이 아니라, 신체를 대신하는 인형으로서 용俑을 함께 매장하게 된다. 진시황릉의 병마용도 그와 같은 것이다.

공자가 은나라 시대 순사의 관습을 알고 있었는지 어떤지는 확실하지 않다. 그렇더라도 유교의 문맥에서는 왕의 묘 안에 그 왕을 섬기고 있던 인간과 꼭 닮은 인형을 묻는 일조차 공자는 비판하였다. 더구나 살아 있는 몸의 인간을 순사시키는 행위와 같은 일은 인도적으로 당치도 않은 일이라는 게 이 『맹자』라는 책이 세상에 나온 이래 유교 내부에서 줄곧 유지되어 온 사고방식이다.

평화로운 에도 시대에 걸맞은 사도의 확립

그런데 일본의 전국 시대부터 에도 시대 초기에는 방금 언급했다시피 순사殉死라는 행위는 아름다운 관습이라고 여겨져 성행하였다. 메이지·다이쇼 시기에 활동한 모리 오가이森鷗外의 소설에 『오키쓰야고에몬의 유서興津彌五右衛門の遺書』(1912)라든가 순사를 테마로 한 『아베 일족阿部一族』(1913)이라는 소설이 있다. 3대 쇼군 도쿠가와 이에미쓰德川家光 시대에 이와 같은 일이 실제로 벌어진 것이다.

이에 대해 미토의 도쿠가와 미쓰쿠니와 아이즈会津의 호시나 마사유키는 번藩 내에서 순사를 금지하였다. 미쓰쿠니의 경우 선대의 도쿠가와 요리후사가 죽었을 때 순사하고자 했던 가신에게 순사해서는 안 된다고 하면서 금지시켰다. 호시나 마사유키도 자신의 번에서 순사를 금지한다.

막부에서도 4대 쇼군 도쿠가와 이에쓰나德川家綱가 대를 이을 때의 무가제법도武家諸法度[부케쇼핫토][27]의 포고에 맞추어서 구두로 순

27) 에도 막부가 1615년 무가武家, 즉 다이묘와 막부 가신 등의 무사들을 통제하기 위해 제정한 법령.

사를 금지하였다. 마사유키 자신도 배다른 형인 도쿠가와 이에미쓰德川家光의 두터운 신임을 받아 막부 정권의 중추가 되었는데, 조카에 해당하는 4대 쇼군 이에쓰나의 보좌역을 맡으면서 막부의 정치를 사실상 좌지우지하였다. 그 때문에 이 정책은 마사유키의 사고방식이 그대로 반영되었던 것이라고 이해해도 좋을 것이다. 게다가 이것은 마사유키 사후의 일이지만, 5대 쇼군 도쿠가와 쓰나요시德川綱吉 때의 무가제법도에서는 순사 금지가 명문화된다.

그때까지 주종 관계에서 가신은 주군 개인을 섬기고 있었다. 가령 우에스기 겐신上杉謙信이라는 주군이 훌륭하기 때문에 "나는 겐신을 따른다" 혹은 이케다 미쓰마사라는 주군이 훌륭하기 때문에 "나는 미쓰마사를 따른다"는 식이었다. 따라서 "미쓰마사 공이 저 세상으로 가신다면 저도 곧 뒤따라 쫓아가겠다"고 하는 그러한 관계였던 것이다. 그러나 역사는 전국 시대의 살벌한 세상이 끝나고 평화로운 시대가 도래한다. 막부와 번藩이라는 조직이 생겨났고 그것을 중심으로 한 안정된 사회가 된 것이다. 그러자 무사는 주군 개인을 섬기는 것이 아니라, 막부와 번이라는 공적인 기관에 봉사하는 자라는 식으로 그 정체성이 변화되었다. 그 때문에 자신이 섬기던 주군이 죽더라도, 그 자신이 생전의 주군에게 아무리 두터운 신임을 받았더라도 뒤따라 자살하는 것이 아니라, 다음 대의 주군을 보좌한다든지 혹은 다음 세대의 가신단을 연장자의 시각에서 따뜻하게 지켜본다든지 하는 그와 같은 역할을 담당하게 되었다. 전국 시대의 살벌함과는 완전히 다른 평화로운 에도 시대에 어울리는 사무라이의 길, 즉 사도士道라는 정신이 새롭게 요청되었고, 이때 그 선봉에 선 인물이 미쓰쿠니 그리고 마사유키였던 것이다.

사도의 핵심을 이룬 유학

그들이 순사를 금지한 것은 앞에서 언급했다시피 예전부터 이미 유교에 있던 사고방식을 힌트로 해서 받아들였을 것이다. 사무라이 집단 중에도 유교를 일본적으로 수용하여 유교의 도덕을 자신들의 정신세계에 새겨 놓으려는 구상이 에도 시대에 생겨났다. 가마쿠라鎌倉 시대(1185~1333)와 무로마치室町 시대(1336~1573)에도 물론 유교는 있었다. 혹은 좀 더 이전의 율령 제도라는 것도 기비노 마키비吉備眞備 등의 노력으로 당시 중국으로부터 유교를 수용한 것이었다. 그러나 그것은 정부의 중심부에서만 한정되어 배울 수 있었다. 가마쿠라 시대 이후 실권을 장악한 무사들 사이에 유교가 본격적으로 널리 보급되는 것은 에도 시대가 되면서부터이다. 그때 사무라이들의 삶의 길인 사도士道, 그리고 거기에 무武 자를 붙여 무사도라고 부른 것이다. 이 사도의 핵심을 이루는 윤리 도덕으로서 유교가 사용된 것이다.

이윽고 사무라이라는 것은 주군 개인을 섬기는 자들이 아니라, 보다 더 큰 공적인 것, 공공公共의 것을 섬기는 자, 봉사하는 자라는 관념이 널리 퍼지기 시작한다. 이 일본 열도 안에서의 공적 기관, 결국은 일본국 곧 국가의 가장 중핵이 되는 존재로서의 천황이 급부상할 수밖에 없게 된 것이다.

한편 미토번에서의 『대일본사』의 편찬이라든가 라이 산요의 『일본외사』와 같은 역사서, 그 밖에 중국 유교 관련서, 다케치 한페이타의 대사에서 이미 소개한 『근사록』 등과 같은 책들이 자주 읽히게 되자 그러한 일로 인해 천황을 중심으로 해서 일본을 생각하지 않으면 안 된다는 사상이 싹트기 시작하였다. 이것은 에도 시대도 상당히 늦은 시기가 되고 나서부터라고 생각되지만, 막말기에는 사무라이의 그러한 소양·교양이라는 것은 유교를 중심으로 하는 것이 되어 버린 것이다.

방금 전 예로 든 모리 오가이의 소설, 혹은 나쓰메 소세키夏目漱石의 『마음こころ』이 노기 마레스케乃木希典의 순사라는 충동적인 사건을 계기로 했던 작품이라는 것은 모두가 다 알고 있을 것이다. 노기乃木는 메이지 천황을 뒤좇아 국장 당일에 자살을 감행한 인물이다. 이러한 문맥에서 보면 노기 마레스케는 유교적인 문명인이 아니라 전국 시대와 같은 야만인이었다는 논리가 되어 버린다. 다만 노기 자신도 물론 유교적 소양만큼은 갖추었던 인물이다.

2월 11일 기원절이라는 화제로부터 이야기를 시작했는데, 다음날 12일은 '나노하나키菜の花忌', 즉 시바 료타로의 기일이다. 시바 료타로는 사카모토 료마를 국민적 영웅으로 만들어 준 『료마가 간다竜馬がゆく』 등의 소설에서 유교는 봉건적이고 낡아 빠진 도덕이고, 그에 비해 서양의 윤리는 매우 훌륭하다는 역사관을 정립하였다. 그러나 에도 시대에 유교가 담당한 역할은 오히려 '문명 개화' 발전에 크게 이바지했다는 점이다. 나는 그것이 교육의 보급과도 깊이 관련되어 있었다는 점, 막말 유신기 일본 내부에서 수많은 훌륭한 인재가 배출된 것은 이와 같은 유교 교육의 덕분이기도 했다는 점 등을 강조해 두고 싶다.

4. 호시나 마사유키와 그 동지들
—에도 유학의 여명기

호시나 마사유키의 생애

호시나 마사유키保科正之는 서기 1611년 에도에서 태어났다. 부친은 당시에 세이이타이쇼군征夷大將軍 도쿠가와 히데타다(제2대 쇼군), 모친은 가미오씨神尾氏이고 이름은 시즈靜라고 전해진다. 히데타다는 이른바 측실을 두지 않았다. 그 이유는 정실인 고우江(에요江与라고도 함)가 질투가 매우 심했기 때문이라든가, 아버지 이에야스에게 첩들이 많은 탓에 반감을 가졌기 때문이라든가 하는 여러 가지 설이 있지만, 정확한 경위는 확실하지 않다(졸저, 『고우江와 전국 그리고 대하—일본사를 밖에서 다시 묻다』, 2011). 적어도 역사서에 기록된 히데타다의 아들로 고우가 자기 배로 낳지 않은 자식은 마사유키 1명뿐이다.

마사유키는 처음 다케다 신겐의 차녀 겐쇼인見性院에게 맡겨져 자랐는데, 얼마 안 있어 원래는 다케다 가문 후다이譜代[28] 가신이었던 호시나 가문의 대를 잇는 상속자로서 양자가 된다. 이 사이 고우江와는 처음부터 친분이 없었고 히데타다와도 친자로서 면회한 적도 없었기 때문에 쇼군의 사생아로서 인정도 받지 못하였다. 이는 히데타다가 공처가라는 설의 유력한 근거이다.

고우는 아사이 나가마사淺井長政의 딸로 오다 노부나가의 조카딸이다. 하지만 그 이상으로 도요토미 히데요시의 양녀로서 한때 오사카성과 주라쿠다이聚樂第[29]에서 생활했다는 경험에 매우 큰 자부심을 갖고 있었다. 고우의 도쿠가와 가문으로의 출가는 일종의 아랫사람에게 금품을 내리는 하사下賜와 같은 것이고, 그녀와 그녀가 데리고 온 시녀들은 '태합 전하太閤殿下(히데요시)의 딸'로서 에도성의 안쪽에 군림했던 것이다. 애당초 히데타다의 '히데秀'라는 글자는 히데요시秀吉로부터 하사받은 것이고, 히데요시 재임 시에 도쿠가와 친자의 성은 도요토미豊臣였다. 에도 막부 개창 후에도, 오사카 낙성 후에도 고우가 미다이도코로御台所[30]로서 에도성의 여주인이었다는 점은, 부부의 애정 등과 같은 근대적인 이유에서가 아니라 그녀가 '히데요시의 양녀'였기 때문이다. 히데타다가 현대의 가정에서 일반적으로 볼 수 있는 공처가(=애처가)였는지 어떤지는 제쳐 두고라도, 측실을 두지 않았다는 사실은 고우의 정치적 지위의 위력을 보여 주고 있는 것이다.

고우가 낳은 두 명의 사내 아이(이에미쓰家光와 다다나가忠長)는 3대

---

28) 대대로 같은 주군·집안을 섬기는 일이나 또는 그 사람.

29) '천하의 즐거움을 모은 저택'의 뜻으로, 히데요시가 교토에 지은 대저택.

30) 대신大臣·쇼군가 등 귀족들의 부인에 대한 존칭.

쇼군과 통칭 '스루가다이나곤駿河大納言'이 되었다(다만 동생 다다나가는 고우의 사후, 개역改易 처분을 받고 결국은 자진한다). 이에 비해 가신 집안의 대를 잇기 위해 양자로 들어간 마사유키의 처우는 너무나도 달랐다. 호시나 가문은 그를 받아들이고 가문도 날로 번창하여 다이묘大名로 지위가 상승한다.

마사유키는 1631년 양아버지의 유령遺領 신슈다카토信州高遠(나가노현)의 3만 석을 상속받고, 데와야마가타出羽山形(야마가타현)의 20만 석을 거쳐, 1643년에는 아이즈会津로 영지를 옮겼다(23만 석, 그 외 영지 5만 석). 아이즈는 16세기 말 이후, 다케伊達(이다테)→가모蒲生→우에스기上杉, 다시 가모蒲生→가토加藤로 어지럽게 영주가 교체되었다. 이런 잦은 교체는 비옥한 분지를 차지하고자 하는 목적과 전략적 요충지라는 중요한 지역적 특색이 있었기 때문이다. 마사유키의 습봉襲封은 이에미쓰가 (같은 배에서 나온 동생 다다나가의 경우와 달리) 마사유키를 신뢰한 것을 시사해 주고 있다.

1651년 이에미쓰의 유언에 따라 마사유키는 조카인 제4대 쇼군 이에쓰나家綱의 보좌역이 되고 막부 정치를 주재하는 임무를 맡는다. 쇼군 교체에 따른 무가제법도武家諸法度의 개정에서는 할복 순사의 금지를 구두로 명령하고, 1대가 아니라 집안 대대로의 봉공이야말로 무사의 길이라는 사고방식을 천하에 널리 퍼뜨렸다. 1657년 에도를 급습한 '메이레키明暦 대화재'에서는 비상시 지도자의 견본이라고도 해야 할 신속하고도 단호한 조치로 조카마치城下町(성곽도시)의 부흥을 이끌었다. 1668년에는 다년간의 공적에 따라 막부에서 마쓰다이라松平 성씨와 아오이몬葵紋31) 사용을 허가받았지만, 마사유키는 극구 사양하였다. 그 이듬해에는 적자 마사쓰네正経에게 번주직을 물려주고 1672년에 사망했다. 후술하겠지만, 묘소는 그의 사상 신조에 따라 당시 새롭게 발명된 신도의 방식으로 조성되었다(하니쓰레이신 묘비 土津霊神之碑).

그의 자손은 호시나가 아니라 마쓰다이라의 성을 사용하고, 조정으로부터 참의參議에 임명되는 명문가가 되었다(참의의 중국식 호칭은 재상). 마사유키의 유훈으로 쇼군가에 대한 절대적 충성을 일관되게 실천한 일이 1868년의 비극을 초래하지만, 여기에서는 생략하기로 한다.

마사유키 시대의 동아시아 정세와 주순수

마사유키가 활약한 17세기 중반의 동아시아는 일대 격동기였다. 1644년 명나라 수도 북경이 이자성李自成이 이끄는 반란군의 손아귀에 떨어진다. 황제는 목매어 죽고 조정은 와해된다. 이 기회를 틈타 명의 국경 수비대 장군 오삼계吳三桂의 선도 하에 청나라 대군이 내습하여 이자성을 궤멸시킨다. 이후 얼마 안 있어 명나라 망명 정권과 청나라의 군사 항쟁이 이어지지만, 1662년이 되면 청군이 운남과 대만을 공략함으로써 종결을 짓는다. 그런데 이번에는 오삼계 등이 청조에 반기를 들고(삼번三藩의 난)[32], 중국 본토는 또다시 전쟁의 불길에 휩싸인다. 강희제康熙帝라는 희대의 명군 아래서 마침내 청조가 동아시아 지역에 안정된 정치 질서를 회복한 것은 마사유키 사후의 일이었다.

---

31) 도쿠가와 집안의 가문家紋으로 접시꽃 모양의 문양.
32) 1673~81년 오삼계·상지신·경정충 등 삼번이 청나라에 대항하여 일으킨 반란.

정성공鄭成功(국성야國姓爺)이 일본인을 어머니로 둔 인연도 있어, 청나라와 전쟁을 치르기 위해 에도 막부에 원군 출병을 요청한 것은 3대 쇼군 이에미쓰家光 시대이다. 이는 마사유키가 아이즈로 이주한 지 얼마 안 되었을 무렵의 일이다. 막부 내부에서도 진지하게 출병을 논의했지만, 일본의 국익에 도움이 되지 않는다며 관망하게 된다. 만약 이때 출병이 결정되었다면 마사유키의 후반생은 크게 바뀌었을 것이다. 어쩌면 전선 지휘관이 되어 중국 대륙에 건너가 청군을 상대로 매일 전투를 벌였을지도 모르겠다.

『일본사』의 틀에 박힌 구조를 자명시하는 일국사관一國史觀의 시각에서는 도요토미 히데요시의 조선 출병이 일과성의 특수한 사건이며, 도쿠가와 이에야스 등 고다이로五大老 정권에 의한 즉시 철병 결정으로 정상적 상태를 회복했다는 주장은 당연한 결론이다. 물론 결과로서 이후 메이지유신 뒤에 등장하는 정한론征韓論이나 대만 출병까지(류큐와 에조치蝦夷地에 대한 침공을 제외하고) 일본은 해외 파병을 하지 않았다. 그것은 결과를 아는 우리들의 특권에 지나지 않으며, 17세기 중엽에는 또 다른 길도 있었을 것이다.

더불어 중국에서 명청 교체가 단순한 왕조 교체가 아니라 이민족에 의한 중화中華 점령이었다는 사실은 당시의 막부 수뇌부를 자극하였다. 어용학자 하야시 가호林鵞峰(라잔의 아들)는 이것을 '화이변태華夷變態'라고 표현하였다. 오랑캐가 중화를 대신하는 사태의 출현인 것이다. 막부는 일본도 조선에서의 전쟁에서 명조로부터 볼 때 오랑캐로 보인다는 것을 자각하였다. 이 자각 위에서 막부는 만주족의 청을 자신의 동류라 보지 않고, 문화적으로 자기들보다 열등한 위치에 있다고 인식하였다. 거기에는 정성공 외에도 당시 일본에서 명조의 부흥 원조를 지지하는 일련의 인사들이 존재했다는 사실이 작용하고 있다.

그들이 바로 우지宇治 만푸쿠지万福寺의 개산開山 은원융기隱元隆琦, 나고야에 우이로우外郎라는 그 유명한 양갱 과자를 전했다고 알려진 진원윤陳元贇, 그리고 주순수朱舜水이다.

주순수는 왕양명의 출생지인 중국 절강성 여요 출신이다. 1645년 처음으로 나가사키長崎에 내항한 이후 대륙과 7번 왕래하면서 반청反淸 활동을 전개하였다. 하지만 1659년 명조 부활의 조기 실현을 단념한 뒤, 지쿠고筑後(현 후쿠오카현 남부) 야나가와번柳川藩의 유학자인 안도 세이안安東省菴의 비호를 받으면서 나가사키에서 생활하게 된다. 1664년 주순수는 미토 번주 도쿠가와 미쓰쿠니에게 초빙을 받고 다음 해 에도(도쿄)로 이주하였다. 이후 도쿄 고마고메駒込의 미토번 소유의 별저別邸에 거주하게 되었고 83세까지 천수를 누린다. 때마침 미토 번저에서는 『대일본사』 편찬 사업이 시작되었고, 문헌상 증거는 없지만 주순수는 한문으로 쓰인 원고에 대해 비평을 요청받고 자기 눈으로 직접 확인했을 것이다. 고이시카와小石川(도쿄 분쿄구에 위치)의 미토 별저 안에 조성한 공원에 송대의 명재상 범중엄范仲淹의 문장에서 취하여 '고라쿠엔後樂園'이라고 이름 붙인 이가 바로 주순수였다. 실제로는 확실하지 않지만, 고라쿠엔에는 지금도 주순수가 설계했다고 전해지는 아치형의 석교가 남아 있다.

『대일본사』는 남북조 시대의 남조南朝 정통사관에 입각하여 구스노키 마사시게楠木正成와 닛타 요시사다新田義貞를 현창하였다. 주순수도 고마고메 별저와 인접한 도쿄 혼고本鄕 부근에 살던 가가加賀 가나자와金澤(지금의 이시카와현石川縣) 번주 마에다 쓰나노리前田綱紀에게서 구스노키 마사시게의 그림을 보고 충의의 인물로서 마사시게를 현창하는 문장을 지은 적이 있다. 후에 그 문장은 도쿠가와 미쓰쿠니의 지시에 의해 셋쓰攝津(오사카부에 속함) 미나토가와湊川에 있는 마사시게의 묘소에 새겨진다. 묘비 앞면에는 미쓰쿠니 자신이 직접 휘호를 썼는데 묘명은 '오호충신남자지묘嗚呼忠臣楠子之墓'(아아, 추신난시노하카)이다.

주순수(1600~1682)

주순수 자신의 묘는 특별히 미토번 영내에 미쓰쿠니가 조영한 번주 일족을 위한 묘역에 설치되었다. 그는 보다이지菩提寺(보리사)에 안치된 것이 아니라, 신유일치설에 의거한 신도 예법에 따라 명나라의 충신 유학자로서 이국의 땅에 묻힌 것이다.

미토의 도쿠가와 미쓰쿠니, 가나자와의 마에다 쓰나노리, 아이즈의 호시나 마사유키, 거기에 오카야마의 이케다 미쓰마사, 이 네 인물은 유학의 애호가이자 명군으로 후세가 되어서도 병칭되고 있으며 지금도 일본사 교과서에 열거되어 있다. 겐나엔부元和偃武[33]로 인해 다이묘 집단의 내전 종결, '시마바라島原의 난' 평정, 원명援明 출사도 하지 않게 되어 무사는 전쟁터에서 싸울 기회를 상실하였다. 이제 군단 총사령인 각지의 다이묘들은 위정자로서 성격을 강화해 나간다. 그 무렵 경제와 문화를 진흥시키기 위해 적극적으로 배운

33) 겐나元和 연간에 싸움[武]이 그쳤다[偃]는 뜻으로, 1615년 일본 에도 막부가 도요토미 가문을 멸망시킴으로써 오사카 2차전을 마무리하고 오닌의 난 이래로 148년 계속되던 전란의 시대가 끝났음을 선언한 사건.

것이 주자학이었다. 학문을 좋아하는 다이묘들은 앞다투어 우수한 유학자를 초빙한다. 주순수는 유교의 본고장에서 도래한 스타급 학자로 대접받은 것이었다.

앞에서 언급한 대로 할복 순사의 금지는 마사유키의 지령에 의한 것이었는데, 이를 전후하여 미쓰쿠니도 미토 번내에서 할복 금지를 포고하였다. 유학의 윤리라는 충군애국, "천황 폐하의 적자로서 기쁘게 전사하는 일"이라는 오해가 그때까지도 일부 남아 있었지만, 이 발상은 전국 시대의 풍속에서 유래한 무사도의 요소에 지나지 않는다. 무사도의 의미를 "죽는 것이라고 보았다"의 『하가쿠레葉隱』[34]와는 달리 에도 시대 초기의 명군들은 유학에 근거하여 부하를 재교육하고 그 문명 개화를 의도한 것이다. 이는 충의의 대상을 살아 있는 주군에서 번 혹은 막부라는 조직으로 대신하고자 하는 시도였다. 또 그것은 마사유키가 이복형 이에미쓰에게서 지대한 사랑과 돌봄을 받았던 탓에 조카 이에쓰나의 후견인으로서 막부의 운영을 위임받은 마사유키 자신의 삶의 방식이기도 하였다.

이들 학문을 좋아하는 다이묘들은 주자학이 주장한 도덕 정치론, '수기치인修己治人'을 인생의 신조로 삼았다. 수기치인은 말 그대로 "자기 자신의 인격을 수양한 뒤 위정자로서 백성 위에 서서 정치를 행한다"는 뜻이다. 그들은 주자가 설파한 이 규율을 준수한 것이다. '고라쿠엔後樂園', 즉 이것도 "서민들이 모두 안심하고 살 수 있는 세상이 된 후 나중에 자신도 즐거워하기 위한 정원"이라는 뜻이다. 그러한 소신이 어디까지 철저했는지의 문제는 제쳐 두고라도 적어도

34) 전국 시대 직후, 에도 막부 초기에 저술된 사무라이 철학서이자 지침서.

자신의 호화로운 삶을 자랑삼아 '주라쿠다이聚樂第'를 조성한 도요토미 히데요시와의 차이는 명확할 것이다. '히데요시의 양녀'와 마사유키는 여기에서도 '친부모 친자식이 아닌 사이'를 극명하게 보여 주고 있는 것이다.

오카야마번의 경우에는 구마자와 반잔이라는 일반적으로 양명학자로 분류되는 인물이 한 시기 동안 번정에 참여한다. 그러나 그 정책은 주자학을 비판하는 것과 같은 성격을 지닌 것은 아니었다. 애당초 중국 명대의 경우에도 주자학과 양명학에 본질적인 차이점이 있었던 것은 아니다. 또 당시의 일본에서는 양자를 준별하고자 하는 강한 의식은 그때까지도 희박하였다. 하야시 라잔의 스승 후지와라 세이카는 주양朱陽(주자학·양명학) 절충적인 학설을 주창하면서 교토에 '교가쿠京學'라 불리는 학문 유파를 연다. 그 계보로부터 기노시타 준안木下順庵[35]이 나오고, 그는 18세기에 활약하는 아라이 하쿠세키新井白石[36], 아메노모리 호슈雨森芳洲[37], 무로 규소室鳩巣[38] 등의 스승이 되어 가르친다.

유교 내부에서 주자학 비판은 무사들에게 '사도士道'를 제창한 병학자 야마가 소코山鹿素行로부터 생겨났다. 그는 하야시 가문(라잔과 가호鵞峰의 뒤를 이어 세습으로 막부 직속의 유학자가 됨)과의 알력도 있었던 탓에 막부의 실력자 호시나 마사유키의 노여움을 사 약 10년간 아코赤穗(효고현 서남부)에서 유배 생활을 하기도 한다. 소코의 영향력을 어

35) 1621~1698. 마에다 쓰나노리前田綱紀를 섬긴 가가번加賀藩의 유학자.
36) 1657~1725. 직참直参으로 막부 각료가 된 고후번甲府藩의 유학자.
37) 1668~1755. 조선과의 외교를 담당한 쓰시마번對馬藩의 유학자.
38) 1658~1734. 쇼군 도쿠가와 요시무네의 학술 고문.

디까지로 볼 것인지는 평가하기 어렵지만, 1703년 아코 낭사浪士에 의한 기라吉良 저택 습격 사건[39]은 그의 존재가 없었다면 완전히 다른 형태로 나타났을 것이다. 교토에서는 상층 조닌町人(도시 상공업자) 출신의 이토 진사이伊藤仁齋가 주자학자로서의 번민을 거친 뒤 '고의古義'를 기치로 내걸고 주자의 경서 해석을 비판하는 사숙을 열었다. 진사이보다 한층 더 격렬한 주자학 비판을 전개한 오규 소라이荻生徂徠[40]가 활약하는 것은 호시나 마사유키가 사망하고 난 뒤, 55년에 가까운 시간이 지난 후의 일이다.

이토 진사이의 사숙에서 엎어지면 코 닿는 거리에는 야마자키 안사이山崎闇齋가 가르치는 사숙이 있었다. 안사이는 원래 불교 선승이었는데, 고치高知에서 도사번의 집정 노나카 겐잔野中兼山과 알고 지낸 이후부터 주자학에 눈을 뜬다. 그는 "주자 몰후의 주자학자들의 서적은 읽을 가치가 없다"고 말할 정도로 원리주의적으로 주자를 신봉한 인물이다. 다른 한편으로 그는 유학과 신도를 융합하는 신유일치를 주장하여 스이카신도垂加神道를 창설하고 '경敬'을 중시했던 사상가이다. 그리고 마사유키의 브레인으로서 맹우이자 친밀한 동지이기도 하였다.

에도의 하야시 가문, 교가쿠京學의 모쿠몬木門(기노시타 준안 문하), 미토학, 거기에 기몬崎門(야마자키 안사이 문하). 18세기가 되어 주자학 각 유파의 활동은 제각기 미묘한 차이를 내포하면서 활발히 전개된다.

---

39) 에도 시대 중엽 아코번의 낭사들이 기라 요시나카吉良義央와 기라 가문을 대대로 섬기며 호위하는 무사들을 집단 살해한 사건.

40) 1666~1728. 야나기사와 요시야스柳澤吉保의 가신. 도쿠가와 요시무네德川吉宗의 학술 고문.

그리고 이들 주자학 유파는 무쓰노쿠니陸奧國 시라카와번白河藩(현 후쿠시마현 시라카와시)의 번주 마쓰다이라 사다노부松平定信가 추진한 '간세이寬政 개혁'에서 관학官學·정학正學으로서의 지위를 손에 넣는다. 반면 이에 대항하는 진사이학·소라이학·양명학과의 교류, 후발의 국학과의 갈등 등의 학술 담론이 차츰차츰 에도 유학사의 풍경을 색칠해 나간다.

호시나 마사유키는 에도 시대의 사상 문화의 이와 같은 방향성을 결정하게 되는 중요한 시기에 활약하였고, 실제로 동지들과 함께 그 방향을 결정한 것이었다.

5. 동아시아의 시점에서 본 야스쿠니 신사

야스쿠니 신사의 자기소개

야스쿠니靖國 신사의 공식 홈페이지에는 다음과 같은 자기소개가 실려 있다.

> 야스쿠니 신사는 메이지 2년(1869) 6월 29일 메이지 천황의 명령으로 세워진 도쿄 초혼사招魂社가 그 시작이며, 메이지 12년(1879)에 야스쿠니 신사로 개칭되어 오늘에 이르고 있다.
> 야스쿠니 신사는 메이지 7년(1874) 1월 27일에 메이지 천황이 처음으로 초혼사에 참배했을 때 몸소 읊은 "나라를 위해 존귀한 생명을 바친 영령들이여, 그대 영령들의 이름이 무사시노武蔵野의 신성한 울타리 안에 안치되었노라!"고 하는 것에서도 알 수 있듯이 국가를 위해 귀중한 생명을 바친 사람들의 혼령을 위로하고, 그 사

야스쿠니 신사 일본 도쿄도 지요다구 황궁 북쪽에 있다

적事績을 영원히 후세에 전하기 위한 목적으로 창건된 신사이다. '야스쿠니靖國'라는 신사의 명칭도 메이지 천황의 명명에 의한 것으로 '조국을 평안케 함', '평화로운 국가를 건설함'이라고 하는 소망이 담겨 있다.

야스쿠니 신사에는 현재 막말 가에이嘉永 6년(1853) 이후, 메이지 유신, 보신戊辰전쟁[41], 세이난西南전쟁[42], 청일전쟁, 러일전쟁, 만주사변滿洲事變, 지나사변支那事變, 대동아전쟁 등의 국난을 맞아 오로지 '나라의 평안'이라는 일념하에 국가를 지키기 위해 귀중한 생명을 바친 246만 6천여 명의 신령이 있다. (신사에서는) 이들 신령

41) 1868~69년 왕정복고로 수립된 메이지 정부와 옛 막부 세력이 벌인 내전.
42) 1877년 일본 서남부 가고시마鹿兒島의 규슈九州 사족士族인 사이고 다카모리西鄕隆盛를 앞세워 일으킨 반정부 내란.

> 을 신분과 훈공, 남녀 구별 없이 모두 조국을 위해 순절한 존귀한 신령(야스쿠니의 대신大神)으로서 다 같이 모셔 놓고 제사 지내고 있다. (중략)
> 야스쿠니 신사에는 보신전쟁이나 그 후에 일어난 사가佐賀의 난43), 세이난전쟁 등의 국내에서 발생한 전투, 근대 일본의 출발점이 된 메이지유신의 대사업 수행을 위해 목숨을 잃은 사람들을 시작으로 메이지유신의 선구자가 되어 쓰러진 사카모토 료마, 요시다 쇼인, 다카스기 신사쿠高杉晋作, 하시모토 사나이橋本左内 등 역사적으로 저명한 막말의 지사들, 게다가 (중략) 대동아전쟁 종결 시에 이른바 전쟁 범죄인으로서 처형된 사람들 등의 신령도 모셔 놓고 제사 지내고 있다.

그 뒤의 홈페이지에는 '참고 자료'라고 쓰여 있는 곳을 클릭하는 란이 있다. 이 부분을 클릭하면 소위 신정연神政連, 신도정치연맹神道政治連盟의 홈페이지에 자연스럽게 링크되도록 설정되어 있다. 그 신정연의 홈페이지에서는 'A급 전범이란 무엇이다!'는 제목으로 극동군사법정과 샌프란시스코 강화 조약 제11조에 관하여 논하고 있다(내 강연 때 그랬고, 현재는 다른 내용). 내용은 상상한 대로 그것들에 대한 비판이지만, 그 문장을 읽을 수 있도록 링크를 걸어 놓았다. 야스쿠니 홈페이지에서 '이른바 전쟁 범죄인'이라는 표현을 사용하고 있는 이유는 '이른바'를 붙임으로써 야스쿠니 신사는 이에 동의하지 않음을 의미한다. 즉 '전쟁 범죄인'라고 생각하지 않는다는 것을 말하고

43) 1874년 에토 신페이江藤新平, 시마 요시타케島義勇 등의 주도로 사가에서 일어난 메이지 정부에 대한 사족 반란 중 하나.

있는 것이다. 링크를 걸어 놓은 것은 신정연의 홈페이지에 있는 어떤 문장을 읽어 봐 달라는 요청이다. 이는 야스쿠니 신사의 역사 인식에서 볼 때 '쇼와昭和 시대의 순난자殉難者'라는 뜻이다.

야스쿠니 신사의 연혁은 1868년(메이지 원년) 보신전쟁이라 불리는 일본 국내에서 발발한 큰 내전이 있었고, 또 이른바 메이지유신이 성공하는데, 다음 해가 되면 도쿄 초혼사(쇼콘샤)가 설립된 것이 시작이다. 1877년(메이지 10) 사이고 다카모리를 중심으로 하는 세이난 전쟁이 일어나자 이를 계기로 다다음 해(1879)에 야스쿠니 신사라는 이름으로 개칭한다. 신사의 위상·지위는 '별격관폐사別格官幣社'이다. 그 후 여러 경위가 있었고 1945년(쇼와 20) 패전을 맞이하는데, 전쟁에서 진 것이다. 그다음 해 GHQ(연합군 최고사령부)의 정책 등이 있었고, 야스쿠니 신사는 종교 법인이 되었다. 즉 국가에 속하는 기관이 아니라, 독립된 종교 법인이 된 것이다. 그리고 1978년(쇼와 54)에 '쇼와 순난자'를 합사하였다.

결국 야스쿠니 신사는 메이지 초기에 메이지유신을 이어받아 설립되었다는 것이다. 물론 야스쿠니에 모셔져 있는 '신령神靈'(영령英靈이라고도 함)의 대부분은 '이 기간의 전쟁', 야스쿠니 신사의 표현으로는 만주사변·지나사변·대동아전쟁이 되겠지만, 이 기간의 전쟁인 아시아·태평양 전쟁의 사망자가 숫자상에서는 압도적으로 다수를 차지한다. 그러나 양적으로가 아니라 질적으로 생각할 경우 야스쿠니 신사는 메이지유신을 이어받아 만들어진 신사이다. 그러한 흐름에서 아시아·태평양 전쟁, 혹은 쇼와의 순난자까지 연결되어 있는 것이다.

영령의 출전—후지타 도코의 「화문천상정기가」

야스쿠니의 제신祭神을 보통 '영령'44)이라 부른다. 이 영령이라는 용어를 야스쿠니 신사는 미토학자 후지타 도코藤田東湖의 한시 「화문천상정기가和文天祥正氣歌」(문천상의 정기가에 화답하다, 1845)에서 따 왔다. 이 한시에 영령이란 말이 나오는데, "영령은 지금까지도 소멸된 적이 없다(英靈未嘗泯)"고 하는 구절이다.

도대체 이 한시는 어떠한 시일까. 문천상文天祥은 13세기 후반 중국 남송대에 활약한 정치가이다. 남송이 멸망하고 몽골족 원나라로 교체될 때 송나라 재상이었다. 몽골 황제 쿠빌라이는 문천상의 재능을 아껴 자기 신하로 삼고자 했지만, 그는 이를 단호히 거절하고 결국은 사형당한다. 문천상은 그 유명한 한시 「정기가正氣歌」를 지었는데, 이 시는 에도 시대 일본에서도 상당한 인기를 끌었다. 여러 사람들이 이 문천상의 「정기가」의 모방작을 지었는데, 예를 들면 요시다 쇼인에게도 역시 「정기가」라는 한시가 있다. 후지타 도코도 그러한 흐름 속에서 이 한시를 지은 것이다. 후지타 도코는 도쿠가와 가문과 미토번의 가신이다. 당시 번주를 은퇴해서도 힘을 갖고 있던 도쿠가와 나리아키德川齊昭의 측근으로서 활약한 인물이다. 도코의 「문천상의 정기가에 화답하다」는 다음과 같이 시작된다.

---

44) 영령英靈이란 망자, 특히 전쟁에서 죽은 사람의 영혼을 높여 부르는 말이다. 누군가를 영령이라 부르는 것은 그 사람을 긍정적으로 평가한다는 주관이 다분히 포함되어 있기에 논쟁의 대상이 될 수 있다. 한국에서는 호국 영령이란 단어를 실생활에서 자주 쓴다.

천지의 바르고 큰 기운은
꾸밈없이 신주(일본)에 모였구나.
빼어난 산은 둘일 수 없으니
오랜 세월 우뚝 솟아 있네.
흘러서는 큰 바닷물이 되어
드넓게 야시마八洲[45]를 도는구나.
피어서는 수많은 벚꽃이 되니
뭇 꽃들은 함께 짝하기 어렵네.
뭉쳐서는 수없이 단련한 강철이 되니
예리하여 투구를 쪼갤 수 있구나.

天地正大氣 粹然鍾神州. 秀爲不二嶽 巍巍聳千秋. 注爲大瀛水 洋洋環八洲. 發爲萬朶櫻 衆芳難與儔. 凝爲百鍊鐵 鋭利可割鍪.

이 우주에는 올바르고 큰 기운이 있고, 그 순수한 것이 신주神州(일본)에 모여 있다. 서두에서 그 증거로 후지산富士山·망망대해·벚꽃·강철(일본도日本刀의 원료) 등을 일본이 자랑할 만한 자연이라고 읊은 것이다. 이 부분은 문천상의 「정기가」에서 우주와 세계가 기氣로 구성되어 있다고 노래한 바에서 영감을 얻은 것이지만, 도코는 올바른 기[正氣]가 중국보다 일본에 더 모여 있다고 주장하고 있는 것이다. 이는 일본이야말로 세계의 중심·중화라는 사고방식이며, 도코 자신이 속해 있는 미토학파에서 자주 볼 수 있는 견해이다. 원래 일본은 중국에서 보면 이적夷狄이지만, 이 시에서는 일본이야말로 중화라고

45) '여러 개의 섬으로 이루어진 나라'의 뜻으로, 일본을 가리킴.

하여 일본의 양이 사상攘夷思想을 주장하는 전제가 되고 있다.

이하 화제는 자연계로부터 인간계로 옮겨 간다.

> 충신은 모두 무사이고
> 무사는 전부 좋은 동료라네.
> 신주(일본)에 누가 군림하더라도
> 만고토록 천황을 우러르누나.
> 천황의 기풍이 온 천하에 충만하고
> 그 밝은 덕은 태양이나 진배없네.
> 세상에 성쇠가 없지 않건만
> 바른 기운은 제때 빛을 발하는구나.
>
> 藎臣皆熊羆 武夫盡好仇. 神州孰君臨 萬古仰天皇.
> 皇風洽六合 明德侔大陽. 不世無汚隆 正氣時放光.

'신신藎臣'이란 충의의 신하라는 뜻이고 '무부武夫'는 무사이다. 그들이 모두 강하고 훌륭한 것도 올바른 기[正氣]가 일본에 모여 있기 때문이다. 그리고 그 군주로서 자고이래 천황이 있었고, 그의 기풍이 육합六合, 즉 전 국토에 충만하여 태양처럼 비추고 있다는 것이다. 인간계에서 보더라도 일본이야말로 중화라고 하는 주장이다. 다만 때로는 오욕의 시대였기도 하다. 그러한 시대야말로 올바른 기운이 빛을 발산한다고 하는 논리 전개이다.

도코는 이하 그 실례로서 역사상의 인물·사건을 소개해 나간다. 예를 들면 "혹은 가마쿠라의 소굴에 던져져 울분을 토해 내네"라는

세키가하라 전투 부분도 일본 역사에서 도쿠가와 가문의 패권이 확립된 전투

것은 고다이고後醍醐 천황의 황자인 모리요시護良 친왕의 이야기다. 그 다음의 "혹은 사쿠라이역櫻井駅(오사카)에 따라갔는데 유훈이 어찌 겸손함[慇懃]인가"라는 것은 구스노키 마사시게楠木正成가 아들 마사쓰라正行와 사쿠라이역에서 이별했던 사건을 노래한 것이다. 다음은 "혹은 후시미성伏見城(교토)을 지키고 이 한 몸 대군에 대항하네." 이것은 1600년(게이초慶長 5)의 세키가하라關ヶ原 전투 직전에 도쿠가와 이에야스의 신하 도리이 모토타다鳥居元忠가 후시미성을 지키고 있었는데, 그곳을 이시다 미쓰나리石田三成 쪽이 기습하여 모토타다가 전사했던 이야기를 칭송한 것이다.

다음의 "혹은 텐모쿠산天目山(야마나시현山梨縣 고슈시甲州市)에서 목숨을 바치려다 갇힌[幽囚] 몸이 되었어도 주군을 잊지 못하네"라고 읊은 당시 상황은 이렇다. 1582년(텐쇼天正 10) 다케다 가쓰요리武田勝頼(다케다 신겐의 넷째 아들)가 오다 노부나가의 군세에 눌려 공격당하고 텐모쿠산에서 멸살되었다. 그런데 고미야마 도미하루小宮山友晴라는 인물은 가쓰요리의 신하였지만, 어떤 사정이 있었는지 가쓰요리에게서는 멀리 떨어져 있었다. '유수幽囚'라고 썼기 때문에 유폐幽閉된 것이지만, 그렇더라도 주군이 위기를 맞았을 때 급히 덴모쿠산에 달려간 충의의 신하이다. 꼭 엄밀히 말해 시대순은 아니지만, 도리이 모토타다와 고미야마 도미하루의 서술 순서는 20년가량 거꾸로 되어 있다.

한편 세키가하라 전투(1600), '오사카의 진陣'46)을 거쳐 에도 막부 아래서 일본은 평화로운 시대를 맞이한다. "승평承平 이백세", 즉 200년간 평화가 유지되었다는 표현을 쓰고 있다. '오륭汚隆'(성쇠)의 시대에는 올바른 기운을 지닌 충신의 행위가 두드러진다. 그렇지만 "승평 이백세, 이 기운은 항상 뻗어 나가네", 즉 천하태평의 시대는 올바른 기운이 항상 충만해 있기 때문에 오히려 충신의 행위가 눈에 띄지 않는다. 전란 때는 각양각색의 사람들이 충의를 위해 죽어 간다. 이러한 훌륭한 사람들이 있지만 평화로운 시대가 되면 그러한 일도 특별히 없다. 그것을 "승평 이백세, 이 기운이 항상 뻗어 나가네"라고 표현한 것이다. '이 기운[斯氣]', 즉 기氣를 말하고 있다. 애당초 시 제목, 즉 문천상의 시 제목은 「정기가」이다. 이 '기氣'라는 것은 실로 야스쿠니 신사의 영령의 정체를 생각할 때 아주 중요한 키워드이다. 그것은 야스쿠니 신사 측이 스스로 이 시의 영령이란 말을 자신들의 문헌상 근거로 인정하고 있기 때문이다.

에도 시대, 평화로운 시대에는 '기', 올바른 기운으로서 정기正氣는 항상 거침없이 퍼지고 충만하였다. 결코 침울하고 답답하지 않았다. 존왕尊王을 위해 역신 아시카가 다카우지足利尊氏에 의해 가마쿠라의

---

46) 1614~15년 에도 막부가 도요토미 가문을 공격하여 멸망시킨 전투.

동굴에서 붙잡히거나, 그 아시카가 다카우지와의 전투를 위해 사쿠라이역에서 아들과 이별했거나 하는 비상사태는 없다. 대단히 평화로운 세상이었다. 그러나 그다음에 "그렇지만 그 암울함에 처해서는 47인을 낳았구나"라고 하는 구절이 있다. 평화로운 시대이지만, 역시 암울함이 있으면 올바른 기운[正氣]를 위해 죽어 가는 사람들이 나온다. '47인'으로 표현되어 있는 것은 아코赤穗 낭사의 사건을 말한다.

모리요시 친왕, 구스노키 마사시게, 도리이 모토타다, 고미야마 도미하루, 혹은 아코 낭사들에게는 중대한 어떤 일을 위해 죽어간 사람들이라는 공통점이 있다. 그 공통점 때문에 그 기氣라는 것은 어떻게 될까. 이것이 방금 전 문제가 된 부분이다. 즉 "이에 사람은 비록 죽는다는 것을 알지만, 영령은 아직 사라진 적이 없네. 길이 천지 사이에 있어 늠름하게 인륜을 펼치도다"(乃知人雖亡, 英靈未嘗泯. 長在天地間, 凜然敍彝倫). 즉 여기까지 언급한 구체적인 사례에서 볼 때 그 사람은 비록 죽더라도 영령은 사라지지 않는다. 오랫동안 하늘과 땅 사이에 있고, 그것이 밝게 비추는 인간세계에서 영령이야말로 중요한 인륜 도덕이라는 것을 명확히 말하고 있다. 그래서 야스쿠니 신사는 제신祭神을 이 한시에서 따서 '영령'이라고 부르는 것이다. 그 영령의 정체가 무엇이냐고 하면 '기氣'였던 것이다.

이 시의 종반부에서는 후지타 도코가 자신이 놓여 있는 시대 및 그 시대 상황을 노래하고 있다. 즉 그의 주군 도쿠가와 나리아키가 올바르게 존왕양이尊王攘夷에 뜻을 두고 있음에도 정치적으로 매우 불우했다는 점, 자신은 나리아키의 뜻을 성취하기 위해 죽음도 마다하지 않는 결의였음을 선언하고 있다.

이른바 야스쿠니 문제 — 제신은 왜 영령인가

고다이고 천황(1288~1339)

야스쿠니 신사의 제신, 영령은 무엇을 위해 죽은 사람들일까. 그들은 천황을 위해 죽은 사람들이다. 조금 전 후지타 도코의 시에서 말하는 영령은 반드시 천황을 위해 죽었던 것만은 아니다. 모리요시 친왕과 구스노키 마사시게는 저 고다이고 천황에게 충의를 다하고 죽었다는 것이지만, 그 외 도리이 모토타다와 고미야마 도미하루 및 아코 낭사들, 이들은 모두 자신이 직접 모시던 주군을 위해 충의를 다하고 죽었다. 그것을 영령이라고 불렀다. 그러나 야스쿠니 신사에서는 모리요시 친왕과 구스노키 마사시게가 고다이고 천황을 위해 그렇게 했던 바와 같이 영령이 되는 것은 천황을 위해 싸우다 죽은 사람들에게 한정되었다.

대동아전쟁, 즉 태평양전쟁의 개전 조서에 "제국의 존립, 게다가 정말로 위태로움에 처해졌다. 사정이 이미 여기에 이르러 제국은 이제 곧 자존 자위를 위해……"라는 부분이 있다. 즉 조서에 의하면 이 전쟁은 국가의 존립이 위기에 처해 있기 때문에 자위를 위해 미국과 영국 양국에 대항하여 선전 포고한다는 문장이다. 물론 그 이전부터 이미 만주사변과 지나사변이 시작되었는데, 이 조서에 의해 정식으로 개전이 포고된 것이고, 천황의 명령에 따라 종군하여 현지에서 전사하는 사람들이 나온 것이다. 이 전사자들을 야스쿠니 등에서는

'산화散華'라는 아름다운 말로 부르고 있지만, 그 산화한 병사들의 '기'가 영령이다. 따라서 영령은 유족에게 일일이 사전 연락도 없이 야스쿠니 신사의 제신으로서 숭배와 존경의 대상이 되었는데, 야스쿠니는 바로 그런 구조인 것이다.

몇 년 전부터 대만의, 특히 한족이 아닌 사람들이 항의 활동을 야스쿠니 신사에서 행하였다. 당시의 명칭으로 '다카사고의용대高砂義勇隊'[47]라고 불렸던 그 전사자들의 자손과 관계자들이지만, 자신들은 자기 조상이 야스쿠니 신사에 모셔져 제사 지내는 것을 바라지 않는다고 항의하였다. 즉 제사 지내는 것을 중지하라고 하는 운동이다. 일본 국내에도 그러한 사람들이 있다는 것은 이미 알고 있을 것이다. 대만에서는 이러한 사람들이 있는가 하면 다른 한편에서는 이등휘李登輝(리덩후이)처럼 열심히 야스쿠니에 참배했던 사람도 있다. 그는 원래 대일본제국의 '신민'의 신분이었다가 후에 대만, 즉 중화민국 총통이 되었다. 그가 야스쿠니 신사에 참배한 시점에서는 총통직을 퇴임하고 난 뒤의 일이지만, 원래는 국가 원수였던 것이다. 더구나 중화민국이기 때문에 포츠담 선언을 발표한 이른바 전승국 측이다. 그럼 왜 그는 야스쿠니를 참배한 것일까. 그 이유는 그의 형이 야스쿠니의 영령이 되었기 때문이며, 그의 개인적인 심정에 의거하여 영령들에게 참배한 것이다. 이와 같이 야스쿠니를 신봉하고 있는 사람도 있다. 하지만 외국에서도 야스쿠니에 관한 사고방식은 공통의 보편적인 인식은 아니다. 특히 대만이나 한국의 경우에는 일본이 식민지 통치를 하고, 당시는 제국 신민이기도 했기 때문에 미묘한 역사 인식

47) 태평양 전쟁 말기, 대만 원주민에 의해 편성된 일본군의 부대.

문제가 존재하고 있다.

천황이 명한 전쟁에 종군하였고, 천황을 위해 싸우다 죽은 사람이 야스쿠니의 영령으로 모셔졌다. 왜냐면 그 영령의 기氣가 남아 있기 때문이다. 후지타 도코의 시에 있는 '기'가 남아 있는 것이다. 결국 야스쿠니 신사의 영령의 정체는 '기'이다. 그렇다면 '기'란 무엇인가 하는 물음이 있을 수 있다. 이것은 내가 연구 대상으로 삼고 있는 중국 유교의 주자학에서 중시하는 용어이다. 주자학에서는 이 우주, 이 세계는 모두 '기'에 의해 만들어졌다고 하는 식으로 가르치고 있다. '기'로 만들어져 있는 인간은 죽으면 그 '기'가 따로따로 흩어진다. 그러나 후지타 도코의 시에 있는 바와 같이 영령의 경우에는 죽어서도 살아생전 훌륭한 일을 했거나, 혹은 인간세계에서 소중한 일을 위해 죽은 사람의 '기'는 절대로 소멸하지 않는다. 훌륭한 행위를 하고 그 때문에 죽어간 사람들의 '기'를 칭송하고 제사 지내는 것이 야스쿠니 신사이다. 방금 전까지 '기'라는 이 용어를 줄곧 반복해 언급하는 것은 유령이라든가 혹은 기독교에서 말하는 영혼과는 다른 성질의 것이기 때문이다.

더욱이 야스쿠니 신사 측의 설명을 보면 영혼은 개개인 별개의 것이 아니라, 제사 지낸 후는 일체화하여 분리할 수 없게 된다. 따라서 "자신들의 선조를 영령에서 제외시켜 달라"고 하는 대만 사람들의 항의는 야스쿠니 신사의 교의로 보면 불가능한 것이다. 그 자손들이 어떻게 생각하든지, 또 어떤 식으로 항의하든지 간에 관계없는 일이다. 합사合祀에 유족의 승인이 필요 없다고 하는 것은 그러한 사항인 것이다. 위패와 묘지를 만들어 개개의 묘 앞에서 제사를 지내고 기도하는 것과는 그 사정이 다르다. 즉 실상은 완전히 다른 것이었다.

야스쿠니 신사 문제는 국내 문제

한편 정치 레벨에서 야스쿠니 신사가 국제 문제가 되고 있는 것은 잘 알려진 대로이다. 이에 대해 야스쿠니 신사와 관련한 문제는 국내 문제이지, 외국인들이 이러쿵저러쿵 얘기할 내용의 성질이 아니라는 입장을 표명하고 있는 사람들이 있다. 그런 사람들 가운데 오오하라 야스오大原康男는 고쿠가쿠인대학國學院大學 명예교수인데, 야스쿠니 신사와도 깊이 관련되어 있는 종교학자이다. 그는 『소위 'A급 전범' 합사와 야스쿠니 문제에 관하여』(2008)라는 소책자를 쓴 학자이다. 여기에서 그는 야스쿠니에 대해 중국이나 한국에서 이러니저러니 말하는 것은 도리에 벗어난 일이며, 어디까지나 야스쿠니 신사란 것은 국내 문제라고 주장하고 있다. 실은 나도 학술적으로는 그렇다고 생각한다. 나는 이 점에 관해서만큼은 오오하라 교수의 주장을 학술적으로 지지한다. 야스쿠니 신사의 교의 자체는 외국과 관련한 국제적 문제가 있는 것이 아니라, 어디까지나 국내 문제인 것이다. 그것이 어떤 사정이냐 하면, 오오하라 교수는 이렇게 쓰고 있다.

> 우리나라에는 "과거를 강물에 흘려보낸다거나, 죽은 자를 채찍질하지 않는다거나, 무덤을 파헤치지 않는다"고 하는 문화가 있습니다. 이에 반해 중국은 "죽은 자에게 채찍질하고 무덤을 파헤치는"[48] 문화입니다. 일찍이 남송이라는 나라가 있었습니다. 남송

48) 오자서伍子胥가 초楚나라 왕실을 점령한 후에 평왕平王의 묘를 파헤치고 평왕의 시체를 300번이나 채찍질하여 결국 원한을 갚았다는 고사로 『사기史記』 열전, 권66 「오자서열전」에 나온다.

은 이민족 금金나라에게 공격당했을 때 남송의 정치가 진회秦檜는 타협하여 평화 협정을 맺습니다. 이것은 매국 행위라고 격렬하게 비난을 받았고, 지금도 중국인들은 진회와 그 부인의 동상에 침을 뱉고 있습니다. 이것이 중국의 문화입니다.

오오하라 교수가 "야스쿠니 신사는 국내 문제이다"라고 말하고 "과거를 강물에 흘려보내거나, 죽은 자를 채찍질하지 않는 문화가 우리나라에 있다"고 말한 이유는 짐작하겠지만 쇼와 시대의 순난자, 이른바 A급 전범 합사의 문제를 의식한 것으로 추측할 수 있다.

1978년(쇼와 53) 10월, 이 해에 막 취임한 야스쿠니 신사의 제6대 궁사宮司는 마쓰다이라 나가요시松平永芳이다. 그가 중심이 되어 극비리에 야스쿠니 신사 안에 쇼와 시대의 순난자 14인을 합사하였다. 그 14인은 이타가키 세이시로板垣征四郎, 우메즈 요시지로梅津美治郎, 기무라 헤이타로木村兵太郎, 고이소 구니아키小磯國昭, 시라토리 도시오白鳥敏夫, 도이하라 겐지土肥原賢二, 도고 시게노리東郷茂德, 도조 히데키東條英機, 나가노 오사미永野修身, 히라누마 기이치로平沼騏一郎, 히로타 고키廣田弘毅, 마쓰이 이와네松井石根, 마쓰오카 요스케松岡洋右, 무토 아키라武藤章이다.

일반 국민들은 구체적 사정을 모르겠지만, 이듬해 1979년(쇼와 54) 4월에 합사를 시행했다고 하는 사실이 특종으로 보도되었다. 그러나 이 일로 인해 곧바로 국제 문제로 발전해 갔던 것은 아니다.

이것이 외교 문제로 번지기 시작한 것은 1985년(쇼와 60) 8월 15일 패전의 날에 나카소네 야스히로中曾根康弘 수상이 공식 참배를 진행했기 때문이다. 공식 참배라는 것도 상당히 의미가 모호한 표현이지만, 나카소네 수상은 이때 스스로 '공식 참배'라고 단언하였다. 이 소식을 듣고 중국이나 한국에서는 불쾌한 뜻을 표명하였고, 이 일로 인해 외교 문제가 되었다. 이후 야스쿠니 문제라는 오로지 이 문제만을 둘러싸고 논의가 전개된 것이다. 오오하라 교수는 외교 문제가 되었지만, 이는 매우 이상한 현상이라고 말한다. 그는 야스쿠니 신사라는 것은 국내의 문제이며 일본의 문화를 상징하고 있다고 주장하였다. 덧붙이면 일본의 문화에 기인하고 있는 것이기 때문에 외국으로부터 부당하다는 식으로 이야기되는 성질의 사항이 못 된다. 오오하라 교수는 이와 같은 논지를 전개한 것이다. 그러한 의미에서 볼 때 나는 학술적으로 오오하라 교수의 주장에 찬동하는 입장이다. 하지만 이후 오오하라 교수가 말하고 있는 바는 나로서도 학술적으로 납득하기 어려운 점이 있다.

진회와 악비

오오하라 교수는 "진회라는 남송의 정치가는 아직까지도 매국 행위를 한 사람으로 인식되고 있다. 지금도 중국인은 계속해서 침을 뱉고 있다. 이것이 중국 문화이다"라고 서술하고 있다. 문제의 진회 부부의 동상은 항주杭州 서호 호수가에 위치한 악비岳飛라는 영웅을 추모하는 묘 앞에 있다. 악비를 죽음으로 몰아넣은 진회와 그 부인 왕씨王氏, 이 진회 부부가 함께 무릎을 꿇고 앉은 채 상반신 나체의 모습을 하고 있다. 참배자들은 이 두 개의 동상에 침을 뱉거나 하는데 이러한 행위는 이미 관례가 되었다.

위에는 악비묘의 공식적인 주의 사항이 쓰여 있는데, "문명유람

진회(1091~1155) 부부

악비(1103~1142)

청물토담 文明游覧 請勿吐痰"(예의 바르게 관광하시고, 침을 뱉지 마시오)라고 되어 있다. 어디에서도 그렇겠지만, 그렇게 쓰여 있다고 하는 것은 그러한 사람이 끊이지 않고 있다는 뜻이리라. 게다가 직접적으로 이 동상에 위해를 가하지 못하도록 철책으로 둘러싸고 있다. 이것은 진회 부부를 붙잡아 가둔 감옥을 상징하고 있다기보다는 진회 부부의 동상을 관광객에게서 보호하기 위한 철책이 아닐까! 라고 나는 생각한다. 오오하라 교수는 "그것과 일본의 문화는 다르며 일본은 죽은 사람에게 이제는 채찍질을 하지 않는다"고 말하고 있다. 오오하라 교수는 소위 A급 전범을 비난하는 정치적 입장을 취한 사람은 아니었다. 하지만 가령 그러한 식으로 불만을 품은 사람이 있다 하더라도 이제는 죽은 사람이기 때문에 함께 모셔 놓고 제사 지내도 좋지 않을까? 라고 생각하는 것이 일본인이다. 또 이것이 일본인의 문화라는 것이 오오하라 교수의 논지이다. 따라서 그는 "그것이 일본 문화이다. 중국 문화와는 다르다"고 말하고 있는 것이다.

이 진회라는 정치가는 오오하라 교수의 문장에도 나오는 것처럼 금나라와 전쟁을 지속하는 것이 국익에 반한다는 정치적 판단을 내리고 강화 조약의 체결을 단행한 사람이다. 다른 한편에서는 철저하게 금나라와 싸워야 한다고 주장하는 사람들도 있었다. 악비는 그 대표적 인물이었는데, 결국 진회에 의해 체포되어 사형에 처해진다. 하지만 진회의 사후, 주전파 쪽이 주류파가 되자 진회는 역적으로 지탄받게 되었다. 현재의 역사학에서는 진회가 '매국노'라고까지 말하지 않겠지만, 중국인 일반의 진회에 대한 인식으로는 지금도 변함없이 역적의 이미지이다. 따라서 악비 묘에서는 그와 같은 모습의 동상이 된 것이다.

그 주전파의 중심에 도학道學이라는 유파의 사람들이 있었다. 도학은 중국 유교 가운데 하나의 유파이다. 진회는 송나라가 금나라와 싸우고 있던 시기의 인물이지만, 그 무렵 힘을 갖기 시작한 것이 도학파이다. 주자학을 창시한 주희朱熹라는 사람 자체가 도학파에 속해 있던 인물이다. 주자학은 도학파 여러 유파 중의 한 유파였는데, 이윽고 그 밖의 도학 제 유파와 도학 이외의 유교 제 유파도 집어삼키면서 압도적인 힘을 갖게 된다. 후에 이 주자학은 중국뿐만 아니라 한국이나 베트남·일본에까지 널리 전파되었다.

주희 자신도 주전파로서 진회를 역적이라고 하는 입장을 취하는데, 진회가 역적이 된 것은 그러한 반대파에 의한 평가 혹은 레테르[낙인]에 지나지 않는다. 그들은 금나라와의 융화 정책을 취하면서 숙적이어야 할 금나라에 아첨한 진회라는 인물을 철저하게 깎아내렸다. 그때의 중요한 키워드가 '양이攘夷'이다. '양이'라는 말은 중국에서 옛날부터 존재한 용어이지만, 주자학에 의해 중요한 어휘로서 인기를 얻게 된 것이다. 이것은 현실적으로 그러한 문제에 직면해 있었기 때문이라고 생각된다. 당시 송나라는 금이라는 이민족 국가와 전쟁을 치르고 있었다. 그 이민족 국가를 중국 본토로부터 쫓아내야 한다는 것이 양이 사상이다. 이 때문에 '양이'라는 말은 옛날부터 있었다 하더라도 그것이 이 무렵이 되어서야 현실적인 정책 과제로서 표면화한 것이다. 진회는 그 양이에 반대하여 이적과 융화 정책을 취한 것이기 때문에 '양이'의 사고방식에서 보면 역적이라고 하는 논리이다.

내가 보기에 이이 나오스케井伊直弼[49]라는 인물은 그러한 의미에서 볼 때 일본의 진회이며 입장상 매우 비슷하다는 생각을 해 본다. 이이 나오스케는 잘 알려진 대로 미국과 수호통상 조약을 체결한 인물인데, 그것은 야만인에게 굴복한 자라는 식으로 '양이'를 제창하는 사람들이 그에게 반감을 갖고 급기야 그를 암살해 버렸기 때문이다.

한편 그 진회와 대비되는 인물이 방금 전 언급한 악비이다. 악비묘는 악왕 묘岳王墓라고도 불린다. 즉 특별히 왕의 칭호를 부여하고 있다.

악비는 원래 일개 병졸이었다. 금나라와의 전쟁에 의용군으로 참가하였다. 매우 재능이 뛰어난 인물이었기 때문에 순식간에 인정을 받고 장군이 된다. 그리고 주전론을 주장한다. 즉 금나라에 의해 빼앗긴 영토를 회복해야만 된다는 것, 그 영토를 되찾을 때까지 금나라와 전쟁을 멈춰서는 안 된다는 것을 주장하는 장군이었다. 그의 등

---

49) 1816~1860. 히코네번彦根藩(지금의 시가현滋賀縣)의 제13대 번주이자 에도 막부의 다이로大老이다. 미일 수호통상 조약을 체결했고, 그 과정에서 반대파 숙청을 단행했다. 이 때문에 1860년 반대파에게 암살당했다.

이이 나오스케

에는 문신이 있었다고 하는데, '盡忠報國 진충보국'(충성을 다해 나라에 보답함) 네 글자를 문신으로 새겨 넣었다는 것이다. 이는 역사적 사실이 아니라고 생각되지만, 악비와 관련된 전승으로서 나중에 만들어진 가공의 에피소드로 유명해졌다. 그는 진회의 화친 정책에 반대했기 때문에 장군에서 해임되고 체포되어 마침내는 사형에 처해진다. 그러나 진회가 사망한 후, 주전파가 권력을 다시 손에 넣게 되자 악비는 명예를 회복한다. 명예 회복의 일환으로 악비를 신으로 받들고 제사 지내는 묘를 절강성 항주에 만들었다. 이것이 악왕 묘이다. 왜 하필이면 항주에 그 묘가 있었을까 생각해 보면 당시 남송 정부의 소재지가 항주이고 악비도 항주에서 처형되었기 때문일 것이다. 악비는 그 무렵부터 영웅시되었는데, 특히 19세기 말이 되어 중국이 서양 제국과 일본에 의해 침략의 위기에 직면하게 되자 몇백 년 전에 외국의 침략에 저항한 인물로서 악비가 다시금 주목받게 되었다. 외국의 침략에 저항한 영웅, 저항의 상징으로서 또다시 현창되기에 이른 것이다. 사실 그 전부터 악비를 신으로 모시며 제사 지내고 있었다. 악비는 많은 사람들의 숭배와 존경을 받았고, 진회 부부의 동상에는 침을 뱉는다는 관행이 기존에 이미 성립해 있었는데, 특히 19세기 말 이후는 악비를 대대적으로 현창하였다.

악비는 '진충보국'이라는 문신을 새겨 넣었다고 알려져 있는데, 이것은 일본에서도 자주 사용되던 말이었다. 특히 전시 중에 더욱 그러하였다. 예를 들면 1937년(쇼와 12) 9월 9일자 신문에 내각총리대신 공작 고노에 후미마로近衛文麿가 제출한 「내각고유內閣告諭」가 있다. 그 내용은 '진충보국'의 정신을 국민 생활에서 실천하도록 하자는 것이었다. 진충도 보국도 옛날부터 있던 용어이지만, 합쳐서 네 글자의 숙어로 표현되기 시작한 것은 방금 전의 악비의 전승이 크게 작용했으리라는 게 나의 생각이다. 고노에 내각이 반드시 악비의 고사에서 직접적으로 진충보국이란 말을 선택한 것은 아니겠지만, 간접적인 영향 관계는 있었으리라고 생각된다. 충성을 다하여 국가에 보답한다는 이 정신은 악비를 칭송하는 주자학, 그리고 그 주자학을 통해 '진충보국'의 용어가 일본에 흘러들어오고, 이러한 전시 중의 총동원 체제를 정당화하는 문언에 사용되고 있다는 것은 사상사적으로 매우 강하게 연결되어 있다는 것을 짐작할 수 있다.

악비는 외국과 융화 정책을 취하고자 한 정부를 비판하고, 또 그것과 관련된 죄로 사형에 처해지는 운명을 맞이한다. 그러나 그 후 주전파가 주류가 되고 나서 악비는 신으로 받들어 모셔진다. 이러한 시점에서 보면 악비는 요시다 쇼인과 매우 닮아 있다. 요시다 쇼인은 '안세이의 대옥'에서 로쥬老中 암살 계획을 세웠다는 죄목으로 사형에 처해졌는데, 사후에 악비의 경우처럼 신으로 모셔진다. 쇼인 신사가 만들어진 것이다. 아까 그 이름을 언급한 이이 나오스케井伊直弼와 요시다 쇼인은 얄궂은 운명의 관계에 있었고 이미 여러 사람들이 언급하고 있다.

예를 들어 도쿠토미 로카德冨蘆花의 『모반론謀叛論』(1911)이 그것이다. 그 말미에 요즘의 쇼인 신사는 매우 활기차고 붐비고 있는데, 바로 옆에 위치한 고토쿠지豪德寺는 적막할 정도로 쓸쓸하다는 감상이

적혀 있다. 둘 다 현재의 도쿄도東京都 세타가야구世田谷區에 있는데, 요시다 쇼인을 제사 지내고 있는 쇼인 신사의 바로 옆에 히코네彦根 번주 이이井伊 가문의 조상 대대의 보다이지菩提寺(보리사)인 고토쿠지라는 사원이 있는 것이다. 번주의 묘는 본래 히코네에 있어야 하지만, 이이 나오스케는 '사쿠라다문 밖의 변'[50]에서 뜻하지 않은 죽음을 맞이했기 때문에 에도의 고토쿠지에 그 묘가 있다. 즉 요시다 쇼인을 제사 지내는 신사와 이이 나오스케가 묻혀 있는 사원은 바로 옆인 것이다. 도쿠토미 로카는 그것을 언급하는데, 옛날에는 이이 나오스케가 정치가로 권력을 잡고 있으면서 요시다 쇼인을 처형하였다. 하지만 지금 현재는—로카가 이 문장을 쓴 것은 메이지 말기, 이른바 대역사건大逆事件[51]을 겪고 난 뒤의 언설이다—쇼인 신사 쪽이 더 활기차고 붐비는 데에 비하여 이이 나오스케가 묻혀 있는 고토쿠지는 사람들도 거의 방문하지 않는다. 도쿠토미 로카는 이와 같이 세상 속에서 '모반'이라는 것은 어느 쪽이 올바른가의 문제인데, 이는 역사에 의해 변화한다고 기술하고 있다.

야스쿠니 신사는 일찍이 모반자로서 처형된 요시다 쇼인과 같은

50) 櫻田門外の変. 1860년 3월 24일 에도성 사쿠라다문櫻田門 밖에서 미토번의 낭인 무사들, 사쓰마번을 탈번하였던 낭인 무사 한 명이 히코네번에 속하는 다이로大老 이이 나오스케의 행렬을 습격하여 암살한 사건.

51) 일본의 과거 형법에 규정된 천황·황후·황태자 등에 위해를 가하거나 모의한 대역죄에 대한 사건. 여기에서 대역사건은 '고토쿠 사건幸德事件'을 말하는데, 이 사건은 1910년 일본 천황을 암살하려고 했다는 죄목으로 고토쿠 슈스이幸德秋水 등 26명의 사회주의자들이 사형당하거나 감옥에 갇힌 사건이다. 이 사건으로 일본 사회주의 운동은 반국가적인 이념으로 여겨져서 1920년대까지 위축되었으며, 종교적인 사회운동인 기독교 사회주의가 성장하게 된다. 종전 후인 1963년 대역사건 관련자들에 의해 재심이 청구되었다. 일본 사학자들은 대역사건을 사회주의 탄압의 구실을 만들기 위한 날조 사건으로 보기도 한다.

인물들의 명예를 회복시키기 위해 만든 시설이었다. 요시다 쇼인은 존왕양이를 제창하고 로쥬 암살을 계획했는데, 그 일로 인해 죄인으로 처형된다. 그러나 요시다 쇼인의 뜻을 이어받은 사람들이 혁명에 성공하고 메이지 정부를 만들어 낸다. 나는 졸저 『증보 야스쿠니 사관』(2014)에서도 이미 언급한 적이 있지만, 여기에서는 요시하라 야스카즈吉原康和의 『야스쿠니 신사와 막말 유신의 제신들—메이지 국가의 영령 창출』(2014)이라는 책을 소개해 두고 싶다. 사실 요시카와의 책은 나의 『야스쿠니 사관』(증보판 이전의 초판)을 통독한 뒤에 집필했는데, 좀 더 명확하게 실증적으로 조사하고 정리한 단행본이다. 이 책에서 요시카와는 다음과 같이 서술하고 있다.

> 야스쿠니 신사가 만들어진 실제 과정은 존왕양이의 기치를 내걸고 구미열강 제국諸國으로부터 개국을 압박받은 에도 막부에 대적하여 막부로부터 '역적[國賊]'의 신분으로 처형된 희생자를 제사 지냈는데, 즉 천황을 위해 사망한 이들을 '국사 순난자國事殉難者'로 모시고 제사 지낸 일에 있었다.

즉 역적으로 사형에 처해졌지만, 사실은 올바른 일을 했다는 것이다. 천황 폐하를 위해 천황 폐하를 존경하고 이적과 야만인을 내쫓는다는 주의 및 주장을 위해 죽임을 당한 것이기 때문에 그 사람들은 '국사 순난자'이다. 이 사람들을 현창하여 제사 지내는 것이다. 서두에서 소개한 야스쿠니 신사의 홈페이지에 적힌 것처럼 요시다 쇼인 등을 모셔 놓고 제사 지낸다는 것은 애당초 야스쿠니 신사의 성립 경위이다.

고이시카와 젠지礫川全次의 『양이와 우국 — 근대화의 뒤틀림과 날조된 유신사維新史』(2010)에는 '날조된 유신사'라는 부제목이 달려 있다. 이것은 나에게 많은 영감을 주었다. 이 책에는 다음과 같은 서술이 있다.

> 메이지유신은 황국皇國 사상에 근거한 존왕론·양이론의 관념이 이끌어 낸 정치 변혁이었다. (…) 도막운동倒幕運動을 추진한 서남웅번西南雄藩[52]은 입으로는 존왕과 양이를 제창하였지만, 그 속마음은 '개국開國'이었다. (…) 물론 당시 그러한 마음을 도막(막부 타도)의 목적으로 내세울 수는 없었다. (…) 막말의 도막 사상을 지탱한 '황국 사상'은 이렇게 해서 메이지 신체제를 규정했는데, 그것이 뒤틀림을 일으키는 요인이 되었다. 그 영향은 어쩌면 21세기의 오늘날까지 미치고 있을 것이다.

원래 존왕양이를 주장했던 사람들이 정권을 잡자 무엇을 했을까를 생각해 보면 실은 서양 제국과 통상을 시작했다는 것이다. 게다가 옷차림까지 일본의 전통적인 복장을 홱 벗어 던지고, 무더운 몬순 지대의, 한여름에는 얼굴을 돌리지 못할 정도의 복장을 하였다. 즉 메이지 정부의 높으신 양반들이라는 것은 이제 바야흐로 오랑캐의 모습으로 치장하게 되었다는 것이다. 고이시카와 젠지는 그러한 사항도 포함하여 뒤틀림이라는 표현을 사용하고 있다. 그의 생각에

52) 에도 시대 일본의 서남 지역에 위치한 강력한 네 번을 말한다. 즉 사쓰마번薩摩藩·조슈번長州藩·도사번土佐藩·히젠번肥前藩 등 삿초도히薩長土肥 네 번의 총칭이다. 서남웅번은 메이지유신을 추진하여 메이지 정부의 주요 관직에 인재를 공급하였다.

의하면 야스쿠니 신사는 그러한 사상에 근거하여 날조된 것이다.

야스쿠니 신사 비판파만을 언급하는 것은 공정하지 않기 때문에 야스쿠니 옹호파 사람들의 주장도 들어볼 필요가 있다. 다카모리 아키노리高森明勅 편찬의 『일본인이라면 배우고 싶은 야스쿠니 문제』(2011)라는 책이 있다. 이 책의 결론 부분에서 보신전쟁에 대해 언급하는데, 예를 들면 아이즈번을 중심으로 하는 소위 역적이 된 사람들에 관하여 다카모리 아키노리가 말하고 있는 부분이다. 야스쿠니에서는 왜 그러한 사람들을 모시고 제사 지내지 않는가? 라는 질문에 대한 야스쿠니 측으로부터의 변명이다. 그리고 그 사례로 아이즈의 백호대白虎隊를 들고 있다.

> 그들(아이즈의 백호대)은 관군, 즉 정부의 정규군이 아니다. 이 점은 의심의 여지가 없다. 그렇다고 하면 야스쿠니 신사의 제신이 되지 못하는 것은 역시 어쩔 수 없는 일이었다. 야스쿠니 신사의 제신이 되는 요건의 중요한 하나는 전쟁·사변·내전 등을 맞이하여 공적인 직무나 명령과 관련하여 사망하게 되었다는 점에 있다고 생각하기 때문이다.

이 책은 이렇게 끝난다. 다만 곧바로 이에 대한 반격이 있으리라는 것을 다카모리는 예상하고 있었을 터이다. 따라서 그는 마지막에 다음과 같은 말을 괄호 안에서 덧붙이고 있다. 그것은 "막말 순난자만은 약간 사정을 달리한다"는 문장이다. 즉 요시다 쇼인은 다카모리가 규정하고 있는 바와 같이 야스쿠니 신사의 제신이 되는 요건에 맞지 않는다. 그는 테러리스트로 처형되었기 때문에 "관군, 즉 정부의 정규군이 아니다"라는 것이다. 그렇더라도 요시다 쇼인 등 막말 순난자는 야스쿠니의 제신, 즉 영령이다. 제신의 기본은 전사자이고 전쟁·사변 등의 전투 행위로 인해 죽은 사람이지만, 요시다 쇼인은 전쟁에서 죽은 것이 아니다. 하물며 정부군 측이 아니라 도리어 역적으로 처형되었기 때문에 "사정을 달리한다"는 것이다. 다만 이 부분에 대해 다카모리는 초점을 흐리기 위해 애매하게 말하고 싶었는지 "약간 사정을 달리한다"고 표현하였다.

나는 '약간'이 아니라 "완전히 사정을 달리한다"고 생각한다. 그것은 좀 더 한 발자국 나아가면 사정을 달리하는 것이 아니라, 요시하라吉原와 고이시카와礫川가 지적하고 있는 것처럼 야스쿠니 창설의 의도가 애당초 여기에 있었다고 생각하기 때문이다. 다카모리가 야스쿠니 신사의 제신이 되는 요건은 "관군, 즉 정부의 정규군"이라고 먼저 규정해 버렸다는 것, 바로 이 점이 실은 야스쿠니 신사의 기원을 교묘히 은폐하고 있는 것이다. 그것은 막말 순난자야말로 야스쿠니 신사 기원의 이유이기 때문이다. 그런데도 "막말 순난자만은 약간 사정을 달리한다"고 하는 것은 학술적으로도 매우 이상하다. 쇼와 순난자도 전사자가 아니기 때문이다.

야스쿠니 신사 본청이 제작한 『야스쿠니 신사』(2012)는 분명하게 "국사 순난자의 영靈을 제사 지낸다"는 것에서부터 야스쿠니 신사가 시작되었다고 쓰고 있다. 이 책에서 야스쿠니 신사의 연표를 작성한 이는 야스쿠니 신사의 네기禰宜[53] 제무부장祭務部長이었던 누마베 요리아키沼部順明이고 따라서 야스쿠니의 공식적 견해라고 해도 좋을

53) 신직神職 직위의 하나. 신주神主의 차위次位.

것이다. 1862년(분큐文久 2)에 "국사 순난자의 영을 제사 지낸다"는 규정부터 연표가 시작되고, 1869년(메이지 2)의 도쿄 초혼사 진좌제鎮座祭가 '야스쿠니 신사의 창건'이라는 인식을 명시하였다.

야스쿠니의 출전

다음으로 이 야스쿠니라는 말이 어디에서 왔는지를 생각해 보자. 방금 전의 책 속에서 누마베 요리아키가 집필한 「야스쿠니 신사를 배운다」라는 장에서는 "한적漢籍 『춘추좌씨전』(중국 역사서의 주석서)으로부터 야스쿠니 글자를 채택하였다"고 쓰고 있다. 처음에 소개한 야스쿠니 신사의 공식 홈페이지에 있는 바와 같이 명명자는 메이지 천황이다. 물론 메이지 천황이 스스로 선택한 것은 아닐 터이지만, 일단 형식상은 천황 폐하한테 명칭을 받은 것으로 되어 있다.

> 초楚나라 군대가 성득신成得臣[54]이라는 사람을 대장으로 삼아 진陳나라에 공격해 들어왔다. 진나라가 초나라와의 맹약을 배신하고 송宋나라에도 추파를 던졌기 때문이다. 성득신은 초이焦夷를 함락시킨 뒤 돈頓에 성벽을 쌓고 귀환하였다. 자문子文은 이 공적에 의해 성득신을 재상으로 임명하고자 하였다. 현자 숙백淑伯은 "나라를 어떻게 할 생각인가(子若國何)"라고 비판하였고, 이에 자문은 "아냐, 나는 나라를 편안케 할 것이다(吾以靖國也)"고 반론하였다.
>
> (오구라 요시히코小倉芳彦 역, 『춘추좌씨전(상)』, 이와나미 문고)

54) ?~기원전 632. 초나라의 현신 투곡오도鬪穀於菟(자문 子文)의 종제從弟이자 초나라의 3대 유력 가문인 성씨成氏의 개조.

특별히 영령이라든가 뭐라든가 등의 그러한 문제와는 관계없는 문맥이다. 이 '야스쿠니靖國'라는 두 글자도 이러한 장면에서 나오고, 이것이 어원이라고 야스쿠니 신사 측이 말하고 있다. 더 엄밀하게 말하면 야스쿠니 신사의 전 제무부장인 누마베가 기술하고 있는 것이다. 나도 그렇다고 생각한다. 야스쿠니란 "나라를 편안케 한다(靖國)"는 의미이다. 일본어로 훈독하면 그렇게 되는 것이고 특별히 영령이라든가 왕을 위해 싸우다 죽은 사람의 영靈을 이렇게 저렇게 한다는 문맥에서 나오는 말이 아니다. 야스쿠니의 홈페이지에 따르면 야스쿠니라는 것은 "조국을 평안케 하다", "평화로운 국가를 건설한다"는 의미라고 설명하고 있는데, 본래 그러한 의미는 없다. "나라를 편안케 한다"를 확실히 넓은 의미에서 말하면 평화라는 의미라고 말할 수 있을지도 모르겠다. 하지만 단순히 "나라를 평안하고 태평하게 한다"는 의미일 뿐이다. 『춘추좌씨전』의 예에서는 초나라를 군사 강국으로 키워서 점점 더 주위 나라들에게 두려움을 주는 존재로 만들겠다는 의미이다.

평안·평화 등의 야스쿠니 신사가 사용하는 말은 전쟁이 없는 세상을 만든다는 의미를 내포하고 있다. "평화로운 국가를 건설한다"는 것은 확실히 그러하다. 이 표어를 홈페이지에 내세움으로써 평화를 호소하고 야스쿠니 신사는 전쟁을 찬미하는 신사가 아니라는 메시지를 내고 있는 것이다. 그리고 그것은 오오하라大原 교수가 언급했다시피 일본 고래의 문화라는 것, 중국의 문화와는 다른 일본 고래의 문화라는 표현 방식과도 연결되는 것이다. 하지만 정말로 그러한 것일까.

야스쿠니는 일본 고래의 사상에서 기인한 것인가

야스쿠니 신사는 애당초 일본 고래의 신도 교의에서 유래한 것일까. 또 그 위령 방식과 영령의 배향 방식은 일본 독자의 전통에서 기인한 것일까. 나는 그렇지 않다고 생각한다. 이것은 나의 『야스쿠니 사관』에서 이미 말하고 싶었던 바이다. 야스쿠니 신사는 유교, 즉 주자학의 교양을 원류로 하는 시설이다. 그러한 의미에서 중국 전래의 산물이라는 것이다. 오오하라 교수가 말한 것처럼 중국 문화와는 다른 일본 문화, 즉 죽으면 그 사람의 생전의 여러 가지 업적 및 여러 가지 부정적 측면을 지적하지 않으며, 죽으면 강물에 흘려보낸다는 문화가 야스쿠니 신사라는 설명만으로는 전혀 납득이 가지 않는다. 오히려 정반대이다.

일본에서는 특히 에도 시대까지, 즉 메이지유신이라는 사건이 일어나기 전까지 '원친평등怨親平等'[55]이라는 사고방식이 중시되었다. 이것은 불교의 교리 속에 있는 것이다. 그 상징으로서 언급되는 것은 가마쿠라鎌倉[56]에 위치한 엔가쿠지円覺寺이다. 엔가쿠지는 몽고내습[57]의 전사자를 적과 아군 구별 없이, 즉 우리 조국을 지키다 전사한 가마쿠라 무사뿐만 아니라, 침략군이었던 몽고군 병사들(몽골인은 극소수이고 거의 대부분이 중국인·한국인이었지만)과 같은 중국이나 한국

---

55) 불교 사상에서 유래하며, 자기에게 해를 끼치는 자나 사랑을 베푸는 자를 평등하게 대한다는 사상. 즉 원수나 친구를 평등하게 대한다는 의미이다.

56) 가나가와현神奈川縣 미우라반도三浦半島에 있는 도시.

57) 몽고습래蒙古襲來. 원나라 쿠빌라이칸이 1274년과 1281년에 두 번 일본을 정벌하려고 한 전쟁. 그는 자기 사위인 고려 충렬왕에게 고려군의 출정을 강제 요구하여 여몽 연합군을 조직하지만, 일본군의 완강한 방어와 갑작스런 태풍으로 실패하였다.

몽고습래회사蒙古襲來繪詞 원나라 원정군과 일본 무사들의 전투도

으로부터 일본 열도로 공격해 들어와 일본에서 전사한 사람들, 혹은 배가 침몰하여 익사한 사람들도 함께 모셔 놓고 공양하였다. 즉 죽은 자의 명복을 빌고 공양하기 위해 창건된 불교 사원이다. 그리고 이것이, 아니 이것이야말로 일본 고래의 문화이다. 그 의미에서는 죽으면 강물에 흘려보내는 것이다. 침략군이던 몽고군 병사들도 불쌍하게 죽어 버렸기 때문에 함께 모시고 공양해야 되며, 원한은 강물에 흘려보내자고 하는 것이다. 그런 의미에서 오오하라 교수가 주장하는 바는 정확한 것일지도 모르겠다. 그러나 야스쿠니 신사는 원친평등이 아니다. 그 점에서 야스쿠니 신사가 일본 고래의 문화에서 기인했다고는 말할 수 없는 것이다.

야스쿠니라는 용어와 매우 비슷한 숙어로 '안국安國'(일본어 발음도 야스쿠니)이 있다. 훈독하면 이것도 "나라를 편안히 하다"이다. 안국사安國寺(안코쿠지)라는 사원이 있다. 발안자는 남북조 시대 북조의 고곤인光嚴 천황과 아시카가 다카우지足利尊氏, 그리고 무소 소세키夢窓疎石라는 선승이다. 무소 소세키는 엔가쿠지 초대 주지 무학조원無學祖元(1226~1286)의 제자의 제자에 해당한다. 방금 전 소개한 원친평

등의 정신적 계보를 이어받는 인물이다. 무소 소세키의 재세 중에는 가마쿠라 막부 멸망의 전쟁으로부터 남북조의 동란이 진행 중이었는데, 전사한 사람들을 적군과 아군 불문하고, 죽은 자의 명복을 빌고 공양하기 위해 이 안국사라는 사찰을 지었다.

원래는 각 지역에 하나의 사원을 건립할 계획이었지만 도중에 좌절된 것 같다. 그러나 이념으로서는 일국일사一國一寺(하나의 지역마다 하나의 사원)를 지향하였다. 쇼무聖武 천황 때의 고쿠분지國分寺를 모방했다고 알려져 있다. 일국일사의 원칙 아래 안국사라는 사원을 세우거나 이전에 있던 사원을 안국사로 개칭한다는 정책을 세웠다. 그렇게 해서 아시카가 다카우지의 부하만이 아니라, 가마쿠라 막부의 호조 다카토키北條高時, 고다이고 천황과 구스노키 마사시게, 그들의 부하들도 모두 보리 공양의 대상이 되었다. 확실히 '원친평등'의 정신에 근거하고 있는 것이다. 이것이 일본의 전통이고 일본 본래의 '야스쿠니安國' 정신이다.

죽은 자를 신으로 모시고 제사 지내는 관습은 원래 '어령신앙御靈信仰'이라고 불리는 것이었다. 사와라 친왕早良親王이라든가 스가와라노 미치자네菅原道眞와 같이 원한을 꾹 참고 사망한 사람의 영, 즉 '다타리가미祟り神'(재앙신)를 진정시키기 위해 신으로 모시고 제사 지냈던 것이다. 다시 말해 다타리가미가 아니라 영웅, 훌륭한 사람을 신으로 모시고 제사를 지내게 되었다. 대표적인 사례가 도요토미 히데요시의 '도요쿠니다이묘진豊國大明神', 도쿠가와 이에야스의 '도쇼다이곤겐東照大權現'이다. 그들은 공덕을 칭송받고 신이 된 것이다. 원령이 아니다. 그리고 메이지유신 때에는 역사상의 충신들도 신격화되었다. 과거로 거슬러 올라가서 천황을 위해 충성을 다한 충신들도 점차 신이 되어 간다. 그 대표가 미나토가와湊川 신사의 구스노키 마사시게이다.

후지타 도코의 한시 「문천상의 정기가에 화답하다」에도 이 마사시게의 사쿠라이역에서 아들과의 이별 이야기가 인용되어 있는데, 마사시게는 메이지 정부에서 찬양해야 할 무사이자 천황을 위해 충성을 다한 무장이다. 그래서 미나토가와 신사를 대대적으로 조성한 것이었다. 구스노키 마사시게는 야스쿠니의 영령과 동질적이다. 애당초 후지타 도코가 "구스노키 마사시게는 영령이다"고 말했기 때문에 야스쿠니 신사에 모시고 제사 지내는 영령의 원형이 되었던 인물이다. 천황 폐하를 위해 싸우다 목숨을 잃은 군인이다.

역적의 탄생

메이지 시대가 되면 이러한 충신을 신격화하는 동시에 그 뒷면에서는 역신을 역적으로 폄훼하는 현상도 벌어진다. 그 대표적인 예가 다이라노 기요모리平清盛58)이다. 이는 군말할 필요도 없을 것이다. 그리고 또 한 인물, 아시카가 다카우지이다. 왜냐하면 아시카가 다카우지는 고다이고 천황을 배신하고 가짜 허수아비 천황(고묘光明 천황)을 추대했기 때문이다. 남북조 시대 북조의 천황에 대해 가짜라고 하면 좀 심할지 모르겠지만, 메이지 시대가 되면 정말로 정통이 아니라는 평가가 내려지게 된다. 에도 시대부터 그러한 역사 인식이 점차로 등장하였다. 더욱이 다카우지의 손자 아시카가 요시미쓰足利

58) 1118~1181. 헤이안 시대 말기의 무장.

義満는 중국과 통교하고 명나라 황제에게 '일본 국왕'의 칭호를 수여받는다. 그것을 에도 시대가 된 후 시끄럽게 문제 제기를 하는 주자학자들에 의해 일본국의 군주는 천황인데도 천황을 무시하고 이국의 군주로부터 '일본 국왕'에 임명되는 것은 무슨 일인가? 라는 항의에 더해 이는 불충하기 짝이 없다고 하는 평가가 내려지게 된다. 즉 요시미쓰도 이렇게 역신이 되어 버린 것이다.

1863년(분큐 3) 제14대 쇼군 도쿠가와 이에모치德川家茂가 교토로 들어가기 직전에 교토의 무로마치 막부 아시카가 가문의 보다이지(보리사)인 도지인等持院이라는 곳에 모셔져 있던 아시카가 다카우지, 아들 요시아키라義詮, 손자 요시미쓰 등 아시카가 3대 쇼군 목상木像의 목이 뽑힌 채 강변에 버려지는 사건이 발생하였다. 이것은 정이대장군征夷大將軍(세이이타이쇼군)으로 천황의 신하이면서도 아시카가 3대가 천황을 업신여긴 일을 비판하고 은근히 도쿠가와 이에모치를 협박한 것이었다. "너희도 이렇게 되고 싶지 않다면 고메이孝明 천황(1831~1866)에게 충성을 다하고 양이攘夷를 결행하라!"는 의미이다. 존왕양이의 지사라는 무리의 집단은 그러한 일을 하였다. 이 무리들이 생각한 것은 야스쿠니 신사를 만들어 천황을 위해 죽은 사람을 영령으로 모시는 정책으로 연결시켜 가는 것이었다.

충신과 역신을 구별한다는 사고방식은 방금 전의 '원친평등'의 정신과 상반된다. 말하자면 '원친차별怨親差別'이다. 앞에 나온 무소 소세키는 이 용어를 사용하고 원친을 차별하는 일 없이, 즉 적군과 아군을 평등하게 다루어야 한다고 하면서 안국사 건립을 추진하였다. 이에 대해 평등에 반하는 '원친차별'의 사고방식이 강해지기 시작한 것은 에도 시대의 중기부터이다. 충신에 의한 올바른 행위를 극구 칭송하고, 역신에 의한 나쁜 행위를 비방해야만 한다는 것이다.

물론 적과 자기편, 그 입장에 따라서 무엇이 올바른지는 수시로 바뀐다. 남북조 시대로 말하면 남조 쪽의 경우에는 올바른 천황이 고다이고 천황이고, 그를 위해 싸운 구스노키 마사시게와 같은 사람들이 충신, 고다이고 천황을 배신한 아시카가 다카우지는 역신이다. 하지만 북조 쪽의 시점에 서면 북조의 천황을 옹립한 아시카가 다카우지야말로 충신이고, 가짜 천황인 고다이고 천황을 따르고 있는 구스노키 마사시게 쪽이야말로 역신이라는 논리가 될 것이다. 무소 소세키는 이러한 '차별'을 뛰어넘고자 하였고, 방금 전 오오하라 교수의 표현을 빌리면 "과거를 강물에 흘려보낸다"는 것을 권장하고 안국사에서 어느 쪽이든 불문하고 둘 다 모시고 공양하자고 주장한 것이다. 하지만 에도 시대에 주자학의 영향으로 이와는 상반되는 사고방식이 주류가 된다.

그리고 메이지유신 후에 이를 제도화한 것이 야스쿠니 신사이다. 결국 이것은 『고사기古事記』나 『일본서기日本書紀』에는 전혀 보이지 않는 발상이다. 사상적 자원은 주자학이다. 물론 국학도 빼놓을 수 없지만, 나는 국학도 주자학의 영향을 받아서 탄생한 것이라고 생각하고 있다. 이 때문에 그 의미에서는 간접적으로 그쪽 루트에서도 주자학을 기원으로 한다고 말할 수 있는 것이다.

기기記紀, 특히 『일본서기』는 애당초 중국 유교 사상의 영향 아래 편찬되었다. 자신들의 역사를 한문으로 써 보자고 하는 것은 원래 일본에는 없던 발상이다. 그리고 일본은 중국에서 율령을 도입하는데, 율령이란 것도 '예禮'에 근거하여 중국에서 먼저 만들어진 것이었다. 그렇기 때문에 율령을 지탱하는 사상도 유교에서 유래하고 있다.

헤이안 시대에 편찬된 『엔키시키延喜式』(일본 고대 율령집)는 율령의 운용 법규로서 정해진 것인데, 그 안에 조정이 인정한 전국의 신사 명단이 보인다. 『엔키시키』에 실려 있기 때문에 '식내사式內社'로 불리고 있다. 이것은 신사를 서열화하여 국가가 공인한다는 사고방식에 따라 결정한 것인데, 이런 발상도 중국 유교의 영향이라고 여겨진다. 따라서 신도라는 것은 애당초 제도적으로는 유교 사상이 이미 스며들어와 있었다는 것이 된다. 또 신도의 교의에는 도교의 요소도 보인다. 요약하면 신도는 중국 사상의 영향 아래 형성된 것이기 때문에 결코 일본 고래의 관습이 그대로 발전한 것이 아닌 것이다.

그러나 이러한 옛 시대의 신도와 비교하여 야스쿠니 신사는 특별히 색다른 형태이다. 그 이유는 중국 사상 쪽에서도 주자학이라는 새로운 유파가 탄생하고 존왕양이를 강조하게 되었는데, 야스쿠니 신사가 바로 그 영향을 받고 있기 때문이다. 앞에서 이미 언급한 사례로 말하면 남송 때 진회 부부의 석상에 지금도 침을 뱉는 행위와 그 사상, 즉 "죽은 자에게 채찍질하는" 사상이다. 또 에도 시대까지 신도는 불교와 엄밀한 구별이 이루어지지 않았는데, 소위 신불습합神佛習合의 상태였다. 하지만 메이지 정부는 신불의 분리를 시행하였기 때문에 유교에 의한 불교 타도 정책의 일환이라고도 해야 할 것이 야스쿠니 신사에 관한 정책이었다.

메이지 정부는 서양 여러 나라를 모방하여 근대 국가를 건설하는데 즈음하여 국민통합을 위해 역사 인식을 통일하고 정통적인 '국사國史'를 규정하고자 하였다. 하지만 그때 오오하라 교수가 주장했던 바와 같은 "과거를 강물에 흘려보낸다"는 일은 하지 않았다. 오히려 에도 막부를 수호하고자 한 세력, 즉 이이 나오스케 혹은 아이즈번에

"죽은 자에게 채찍질하는" 일을 행하였다. 메이지 정부는 보신전쟁의 동군東軍을 '역적의 군대'라고 낙인을 찍었는데, 그들이 곧 '오우에쓰 열번동맹奥羽越列藩同盟'[59]이다. 보신전쟁의 동군 혹은 유신의 공로자였던 사이고 다카모리는 '세이난의 역'(세이난전쟁西南戰爭)에서 반란군의 수괴로 죽었기 때문에 이러한 사람들은 역적·역신이다. 그래서 충의의 신하가 아니기 때문에 영령으로 모시지 않는다는 야스쿠니의 공식 결정이 내려진 것이다. 물론 사이고 다카모리 개인은 죽은 후에 명예를 회복하여 난슈 신사南洲神社(가고시마현) 등지에 모셔져 신이 되었지만, 끝내 야스쿠니에는 합사되지 못하였다.

오오하라 교수는 "일본인은 죽은 자를 채찍질하지 않는다", "우리들은 중국인처럼 긴 시간이 지나도 언제까지나 진회에게 침을 뱉거나 집요하게 미워하는 짓을 하지 않는다"고 말하고 있지만, 이것은 적어도 야스쿠니 신사에는 해당되지 않는다. 나는 만일 "중국과는 다른 일본 고유의 옛날의 좋은 문화, 관습을 소중히 지키자"고 한다면 우선 이것에 반하는 야스쿠니 신사부터 변해야 할 필요가 있다고 생각한다.

무엇보다도 일본은 기기記紀(나라奈良 시대 편찬) 무렵부터 이미 중국 사상의 영향을 받았기 때문에 '일본 고유의 문화' 등과 같은 것은 존재하지 않았다.

개항지 요코하마横浜가 왜 오늘날에 이르러 그렇게 거대 도시가 되었을까. 그 거대함을 안겨 준 큰 은인은 이이 나오스케井伊直弼이다. 그가 수호통상 조약을 체결했기 때문이다. 그래서 요코하마 시민 가

---

59) 막부 말기 당시 에도 막부를 지지하고 아이즈번·쇼나이번庄内藩을 원조하고자 메이지유신 정부에 대항한 일본 도호쿠東北 지방의 번들의 연합체.

운데 많은 사람들이 메이지의 상당히 이른 시기부터 이이 나오스케의 동상을 요코하마에 만들고 싶다는 의지를 담아 간곡히 청원하였다. 그러나 메이지 정부는 그 청원을 허가하지 않았다. 이윽고 청원이 허가된 것은 1909년(메이지 42)으로 메이지 시기도 말엽이 되고 나서이다. 더욱이 이이 나오스케의 동상을 만들어 칭송하는 것이 말이 되느냐는 반발이 있었고, 당시 원로였던 야마가타 아리토모山縣有朋, 이토 히로부미, 즉 요시다 쇼인 선생 계열의 많은 제자들은 일부러 그 제막식에 불참하였다. 그들은 이이 나오스케를 찬양하는 장소에는 참석하지 않았다. 과거를 강물에 흘려보낸다는 등의 행위는 하지 않은 것이다.

유교 경전 『예기』 「제법祭法」편에는 왕이 제사를 제정할 때 제사 지내는 대상이 되는 사람의 조건을 열거하고 있다. 그 두 번째 조목에 자신의 생명을 희생하여 일에 부지런히 힘쓴 사람, 즉 "죽음으로써 일에 부지런함"이라는 문구가 있다. 그러한 사람은 왕이 제사를 지내고 칭송해야 한다, 즉 신으로 모시고 제사 지낸다고 쓰여 있다. 원문은 '이사근사以死勤事'이다. 덧붙이면 이 부지런히 힘쓴다는 의미의 '근勤' 자는 근왕의 근, 도사근왕당土佐勤王黨[60]의 근이다. 근왕勤王은 존왕과 거의 동의어이지만, 이 '근사勤事'도 동일한 의미이다. 중국에서는 이 규정을 근거로 하여 공적이나 덕행이 있는 사람을 신으로 모시고 제사 지내는 사례가 11세기에 이미 제도화되었다. 11세기라는 것은 방금 전의 진회와 악비의 시기보다는 조금 이전이다. 진회와 악비는 12세기 사람이기 때문에 그보다 수십 년 전인 것이다.

60) 막말에 도사번에서 존왕양이를 내걸고 결성된 집단.

그 후 황제가 그런 사람들을 제사 지내는 사社나 묘廟에 대해 이름을 부여하는 정책을 시행하였다. 제사 지내서는 안 되는 사신邪神을 제사 지내는 부적합한 시설을 음사淫祠라 부르고, 그 음사를 배제하는 것과 표리를 이루는 정책이었다. 메이지 정부의 신사 합사合祀 정책도 그 원류가 실은 중국에서 이미 시행되고 있던 것이다.

그리고 이와 같은 정책은 이미 에도 시대에 지방의 다이묘가 시행하였다. 일본의 고등학교 교과서에서도 예를 들면 야마카와山川 출판사 『상설 일본사 B』에 '호학好學 다이묘'라는 말이 나온다. 몇몇 번藩에서는 번주가 유학자를 고문으로 삼고 번정의 쇄신을 도모하였다. 그 호학 다이묘라 불리는 대표가 도쿠가와 미쓰쿠니, 미토의 도쿠가와 가문이다. '학學'이라는 것은 당시의 감각으로서는 글로벌 스탠더드의 중국 학술이기 때문에 호학이란 즉 유교를 배운다는 일이다. 그들은 학문을 좋아했을 뿐만 아니라, 이에 더해 철저하게 유교를 받아들이고자 하여 불교 사원이 아니라 죽어서도 유교식 묘에 묻히기를 희망하였다. 그래서 이윽고 유교식 묘를 만든다. 미토 도쿠가와 가문에는 즈이류산瑞竜山(이바라키현茨城縣)이란 가문의 묘소가 있다. 그다음 오카야마의 이케다 미쓰마사도 호학 다이묘의 한 사람인데, 그 또한 와이다니和意谷라는 곳에 유교식 묘를 조성하였다. 그리고 세 번째 또 한 명의 호학 다이묘는 호시나 마사유키인데, 그는 미네야마見禰山(후쿠시마현)라는 곳에 묘를 만들었다. 아이즈번의 경우에는 마사유키의 표현 방식으로는 신식神式, 즉 신도식이다. 하지만 그 양식은 유교식이다. 그렇기 때문에 미토 혹은 오카야마와 동일하다고 생각해도 무방할 것이다.

정리—야스쿠니 신사의 목적

한마디로 말하면 호학 다이묘의 한 사람 도쿠가와 미쓰쿠니가 창시한 미토학水戶學의 존왕 사상은 야스쿠니 신사와 연결되어 있다는 것이다. 그 미토학은 주자학에서 유래한다. 야스쿠니 신사라는 명칭은 세이난 전쟁 후, 관군의 의식을 높이기 위해 개칭된 것이다. 단지 초혼사의 초혼이라 하면 혼을 부른다는 의미이다. 이것도 원래는 중국어이다. 초혼招魂은 유교의 용어이며 죽은 자의 혼을 불러들이는, 즉 '다마요바이魂呼ばい'61)를 하는 일이다. 따라서 초혼사는 국학자라면 일본 고유의 와고和語로 "다마요바이의 야시로社"62)라고도 명명해도 좋을 듯한 그러한 곳이다. 그런데 의외로 초혼사라 하여 중국풍으로 유교식 이름을 붙이고 있다. 일본어의 읽는 방법도 음독音讀으로 하고 있는데, 즉 중국어식 '쇼콘샤招魂社'이다. 그리고 이윽고 단순히 다마요바이를 하는 것이 아니라 '나라를 편안케 한다'라는 그럴듯한 명칭을 『춘추좌씨전』으로부터 갖고 온 것은 관군 의식을 고양시키기 위해서이다.

나라를 편안케 한다면 보통은 '안국安國'이라 쓰고 '야스쿠니'로 발음해야 할 것이다. 바로 이것이 보통의 언어 사용법이다. 때문에 '야스쿠니 신사安國神社'로 하면 좋았을 터인데도 왜 그렇게 하지 않았을까. 나의 온전한 추측 또는 억측이지만, 아시카가 다카우지가 안국사安國寺(안코쿠지)를 만들었기 때문은 아니었을까! 라는 생각이 든다.

---

61) 죽은 자의 이름을 불러서 떠나간 혼을 불러들이는 의례. 베갯머리나 지붕 위에서 우물 속을 향해 큰 소리로 부른다.

62) 신을 모신 건물, 신사神社를 말함.

'안코쿠安國'(혹은 야스쿠니)라 하면 역신 아시카가 다카우지을 연상시킨다. 그래서 야스쿠니靖國 뭐라고 하는, 보통은 거의 눈에 띄지 않는 용어를 『춘추좌씨전』에서 찾아 끄집어냈던 것이다.

세이난 전쟁 등의 사족 반란을 진압한 측을 정의의 측에 자리매김시키기 위해 '쇼콘샤(초혼사)'는 '야스쿠니 신사靖國神社'라고 개칭되었다. 그리고 그것은 반란군을 진압하기 위해 싸웠던 사람들을 '영령'으로 모시고 제사 지내는 신사이다. 대만 출병, 청일전쟁 등등은 내전이 아니라 대외 전쟁이다. 하지만 대외 전쟁의 전사자도 영령으로 모시게 된 것이다. 게다가 그 가운데 가장 두드러진 것이 아시아·태평양 전쟁이다.

그러나 본질은 역시 천황 폐하의 군대이다. 즉 황군의 장병을 현창하는 일에 본질이 있으며, 그런 의미에서 조금 전 언급한 것처럼 "야스쿠니 신사는 외교 문제가 아니라 본래 국내 문제이다"는 오오하라 교수의 주장은 일면 타당하다. 그것은 야스쿠니 신사가 창건 이래, "천황에게 충성을 다 바친 전사자·순난자를 제사 지낸다"고 하는 정신으로 일관하고 있기 때문이다. 철저하게 이들은 내심으로 천황 폐하를 위해 싸우고 존왕양이를 목표로 하여 충성을 다 바친 사람들인 것이다. 그렇기 때문에 황군의 병사는 스스로의 목숨이 끊어질 때까지 '천황 폐하 만세'라고 목청 높여 외친 것일까.

자기 생명을 희생하면서까지 근왕勤王을 실천한 행위에 보답해야 하는데, 그 보답은 『예기』에서 말하는 "죽음으로써 일에 부지런히 힘쓰면 이들을 제사 지낸다"는 것이다. 따라서 왕인 천황은 그들을 영령으로 모시고 제사 지내지 않으면 안 된다. 야스쿠니 신사의 교의가 주자학에서 유래했다면 내가 이렇게 생각하는 것도 그 때문이다.

제2장

주자학, 일본에 전해지다

1. 일본적 주자학의 형성

—문화교섭학의 시각에서

오닌의 난 — 일본 역사상의 대전환기

나이토 고난內藤湖南에게는 「오닌應仁의 난에 관하여」라는 강연 기록이 있다. 1921년 8월 교토의 사학지리학회 공회功會(功은 학문을 닦다, 수양하다의 뜻)에서 이루어진 강연인데, 『일본 문화사 연구』(현재는 고단샤 학술문고판도 있음)에 수록되어 있다. 이 논문은 『나이토 고난 전집』 제9권(지쿠마쇼보)에서도 찾아볼 수 있다.

이 논문에서 나이토 고난은 일본사를 크게 두 개로 구분하는 분수령으로 1467년에 시작되는 오닌의 난[1]을 언급한다. 나이토는 "대

---

1) 일본 무로마치 시대인 오닌 원년(1467)에 일어난, 쇼군 후계 문제를 둘러싸고 지방의 슈고守護 다이묘들이 교토에서 벌인 항쟁.

오닌의 난 하극상의 전국시대를 여는 서막으로 11년간이나 지속된 내란

략 오늘의 일본을 알기 위해 일본의 역사를 연구하는 데에는 고대의 역사를 연구할 필요는 거의 없다. 오닌의 난 이후의 역사를 알고 있다면 그것으로 충분하다"고까지 말한다.

『겐지 이야기』에 묘사된 궁정 에마키繪卷(두루마리 그림)도 『헤이케 이야기平家物語』가 대상으로 삼은 '겐페이합전源平合戰'(지쇼주에이治承壽永의 내란)도 '오늘의 일본'(=1921년 시점의 일본)과는 직접적 관련성이 없다고 하는 의미이다.

그는 "아시카가足利 시대(=무로마치 시대)는 완전히 천재가 부재했던 시대였기 때문에 오닌 이후 1백 년간이라는 것은 쟁란이 수습되는 시기도 없이 전란이 끊임없이 잇따랐다. 하지만 이것은 역사상 누차 그러한 일이 발생했다는 것이다. 지나支那(중국)에서도 당唐 시대부터 오대五代 말 무렵까지가 바로 그러한 시대이고, 필시 오늘날의 지나도 그런 식이 되었다고 생각한다"고 말하고 있다. 즉 그의 전공이기도 한 중국사 연구에서 중요한 문제 제기, 이른바 '당송변혁론唐宋變革論'과 연결시켜 주장하고 있는데, 그는 중국 역사상 당송변혁에 상당하는 시대적 획기로서 오닌의 난 이후의 백 년을 생각했던 것이다. 더구나 여기에서 그는 동시에 당시의 중국도 또한 그것들과 나란히 한 혼란과 변혁의 시기라고 규정하고 있다. 신해혁명辛亥革命(1911) 후 이 강연이 이루어진 시점에서는 아직도 군벌할거의 상황이 지속되고 있었다.

나이토는 정치 제도와 사회 조직상의 변혁에 대해서도 언급하고 있는데, 특별히 오닌의 난 뒤의 혼란기에 생겨나기 시작한 새로운 문화 현상에 주목하고 있다. 고전이 고전으로서의 권위가 확립되고 수용되기에 이르렀던 것이 이 시기라는 것이다. 예를 들면 나이토는 『겐지 이야기』에 관한 호소카와 유사이細川幽齋(1534~1610)의 발언을 인용하면서 다음과 같이 논평한다.

> 일체의 모든 것은 『겐지 이야기』로 해결되었다. 당시 학문이라는 것은 『겐지 이야기』 하나만 있으면 그것으로 충분하였다. 그래서 겐지는 요컨대 일반의 세태를 이해하고 세상을 경륜하기 위해서는 유일하고도 가장 중요한 경전이라고 여겨졌던 것이다. 『겐지 이야기』를 가지고 국민 사상을 통일한다는 등의 생각은 오늘날의 문부성 등에서도 생각도 못할 일이다. (청중의 웃음 유발) … (중략) … 이는 곧 일본이 혼란한 시대에도 여전히 그것을 통일로 이끌 수 있는 요인이 존재하고 있다는 것을 보여 주는 것이다.

호소카와 유사이는 휘諱가 후지타카藤孝이고 무로마치室町 막부 '산칸레이케三管領家'[2] 중 하나인 호소카와 가문의 분가 출신이었다. 그는 처음에 15대 쇼군 아시카가 요시아키足利義昭를 보좌하고, 후에 오다 노부나가에게 신종臣從하여 한동안 나가오카長岡라는 성씨를 썼으며, '혼노지本能寺의 변'[3]에서는 아케치 미쓰히데明智光秀와 혼인 관계에 있었는데도 불구하고(그의 아들 타다오키忠興와 미쓰히데의 딸 다마코玉子가 부부), 이에 개의치 않고 도요토미 히데요시를 섬겼다. 세키가하라 전투에서는 도쿠가와 이에야스의 편에 가담하면서 '오오다이묘大大名'로 중용되어 결국 구마모토번熊本藩의 번조藩祖가 되었다. 그는 문화인으로 알려져 있으며 『고금와카집』에 관해서도 유일한 비전秘傳 계승자였다. 이 때문에 이시다 미쓰나리石田三成가 도쿠가와 편에 가담한 그의 거성居城을 공격했을 때 그를 죽이지 말라고 칙명이 내려질 정도였다. 나이토는 이 호소카와 유사이가 『겐지 이야기』야말로 일본 정신의 진수가 있다고 발언한 사료를 바탕으로 문화적 통일이란 문제를 제기하고 있는 것이다.

일본이 일본으로 '통일'되었다는 것은 정치적 혼란에도 불구하고 문화적 규범과 기준, 이 사례에서 말하면 『겐지 이야기』를 고전으로 존중하고 계승해 온 운동이 있었기 때문이라는 것이다. 그리고 이런 관념의 창출이야말로 이 시기의 특징이고 그전에는 희박한 일이었다. 즉 『겐지 이야기』가 소위 국풍문화기(10~11세기)에 고전으로서 부동의 지위를 확립했던 것은 아니라는 것이다.

더구나 여기서 나이토가 "오늘날의 문부성 등에서도 생각도 못할 일이다"는 농담을 던지고 강연장에 모인 청중의 웃음을 유발했다는

---

2) 시바斯波·호소카와細川·하타케야마畠山 세 가문으로, 쇼군을 보좌하여 막정을 통괄하였다. 간레이管領는 무로마치 막부에서 쇼군에 다음가는 최고의 관직이었다.

3) 1582년 음력 6월 2일 혼노지에서 발생한 전국사戰國史의 분수령이 된 사건을 말한다. 아케치 미쓰히데明智光秀의 모반으로 일어난 이 사건으로 오다 노부나가가 죽고 도요토미 히데요시의 세상이 열렸다.

점에 나는 주목하고 싶다. 일본의 문부성이 초등·중등 교육에 국정 교과서를 편찬하도록 한 것은 메이지 말기의 일이고 이 시점에서는 아직 얼마 지나지 않은 시간이었다. 게다가 『겐지 이야기』는 그 내용부터 봐도 청소년을 선도하는 교재로는 전혀 보이지 않았다. 그것이 나이토의 농담이었고 강연장에서 청중의 동감을 이끌어 낸 웃음의 의미였다. 그런데 그 후 호소카와 유사이도 놀랐을 만한 일에 『겐지 이야기』는 일본을 대표하고 자랑할 만한 고전 작품으로서 청소년들에게 깊은 가르침을 주고, 견당사 폐지 후의 '국풍문화'를 상징하는 존재로서 취급받게 된다. 그리고 그러한 일이야말로 일본 일국사관의 특성이기도 하였다.

나이토가 말하는 바와 같이 '통일'이 일본에 자명한 필요성을 갖는다는 것은 나로서는 생각하기 어렵다. 오히려 역사적 전개 속에서 정치적으로는 난세임에도 불구하고 문화적인 상징(예를 들면 『겐지 이야기』)을 발견하고, 그것을 핵심으로 놓고 '일본'이란 일체감을 조성하는 움직임이 오닌의 난 뒤에 생겨난다. 그것이 후세, 특히 어휘와 개념으로는 19세기 후반 이후 소위 근대가 되고 나서 '전통문화'로 이야기되기 시작했다는 것이다. 결국 전통문화는 그 핵심이 되는 소재 자체(=『겐지 이야기』라는 소설)가 쓰인 헤이안 시대에 탄생한 것이 아니라, 이것을 '중요한 경전'으로 숭상하고 거기에 일본 문화의 정수가 있다고 하는 의식이 생겨난 오닌의 난 이후 1백 년간의 시간이 되고 나서 처음으로 형성된 것이다. 내가 '일본 전통문화의 형성'으로 파악하고 싶은 바는 이러한 사건의 현상이다. 따라서 나의 관심은 '경전'이라고 평가받는 작품의 여러 가지 관념이 만들어진 시대의 풍조가 아니다.

그전부터 존재하는 문화적 사상事象을 자신들의 전통으로 다시 파악하는 자세가 중요하다. 그러한 심성이 생겨난 사건으로서 오닌의 난은 일본의 역사를 구분 짓는 획기적인 일이었다.

동아시아의 15~16세기

오닌의 난으로부터 백 년간이라는 시기는 일본 역사상, 전국 시대라고 불리고 있다. 그리고 그것은 단지 일본 국내만의 현상으로 파악해야 할 문제가 아니라, 동아시아 전체의 변동 속에서 그 위상을 평가하면서 살펴볼 필요가 있을 것이다. 그것은 동아시아의 주축을 점하는 중국에서 명조明朝가 동요하는 것과 중첩되기 때문이다.

정확히 15세기의 중간 시기에 해당하는 1449년 명 정통제正統帝는 오이라트의 에센을 공격하기 위해 스스로 출정하여 국경의 토목보土木堡에서 적군에게 포위되어 체포된다.[4] 북경에서는 이 비상사태에 황제의 동생을 급거 옹립하고 국난을 극복하고자 했는데, 정통제는 이윽고 석방되어 귀환한 뒤 1457년 쿠데타를 일으키고 복위한다. 즉 정통제는 제8대 황제에 다시 즉위했는데, 천순제天順帝라고도 한다. 1464년에는 형양荊襄의 난[5]이 발발하였고, 이후 국내에서 간헐적으

4) 1449년 명나라 정통제가 오이라트(몽골 서부의 부족) 족장 에센也先과 토목보(하북성 소재)에서 싸우다가 포로가 된 사건을 토목보의 변이라고 한다. 황제를 포로로 잡은 오이라트의 에센은 유리한 조건으로 송환하려고 하였으나 명나라에서는 경태제景泰帝를 세우고 정통제를 상황으로 삼았다. 에센은 격노하여 명나라에 재침입하고 베이징을 포위하였으나, 명나라가 끝내 굴하지 않으므로 에센은 퇴각한 후, 1450년 정통제는 조건 없이 송환되었다.

5) 명대 중기에 호북성 북서부의 산악 지대를 중심으로 전개한 농민 반란. 형양이란 이 지역의 중심 도시 형주荊州와 양양襄陽의 약칭. 당시 국법을 어기고 입산 금지 지역

로 반란이 잇따르게 된다. 일본의 오닌의 난만큼 대규모 혹은 심각한 것은 아니었다고는 하지만, 1519년에는 황실의 일원이었던 영왕寧王이 황제의 제위를 노리고 군사 봉기를 일으켰는데, 당시 유학자로 유명한 왕수인王守仁(양명)에 의해 난이 진압되었다. 다음 1520년에는 타타르가 산서성 대동大同까지 침공하였다. 1521년에는 방계에서 즉위한 가정제嘉靖帝의 친부 흥헌왕에 대한 존칭을 둘러싸고 '대례大禮의 의議'[6]가 발생한다. 또 포르투갈인이 마카오에 내항한 것은 그러한 와중의 1517년 무렵이었다. 이후 동아시아 교역의 새로운 주역으로 서양인이 등장한다.

1526년은 일본에서 이와미긴잔石見銀山(시마네현에 위치한 은광산)이, 1545년에는 남미 페루에서 포토시 은광산이 발견된다. 그 밖에도 많은 광산이 채굴되어 그곳의 은이 중국산 제품을 구입하는 대가로 명나라, 특히 중국 강남 지방으로 유입되었다. 이러한 사정에 따라 상공업의 발전과 소비문화의 융성이 16세기 후반의 특징이었다. 조세 제도 측면에서도 은납 방식에 의한 일조편법一條鞭法[7]이 시행되었다.

오닌의 난이 일어난 1467년에는 교토에서 하카타博多, 중국 영파寧波를 거쳐 북경으로 향하는 견명사遣明使가 파견되었다. 이때 화승

에 들어간 농민들이 일으킨 난이다.

6) 명나라 가정제嘉靖帝가 1521년 제위에 오른 이후, 내각대학사였던 양정화楊廷和(1459~1529) 등 조정의 대부분을 차지하던 관료들과 황제를 지지하는 관료 세력들이 가정제를 누구의 뒤를 이은 황제로 인정할 것인지를 두고 서로 대립한 사건이다. 이 문제는 단순한 칭호의 문제가 아니라, 가정제가 적장자의 혈통으로 황제의 위를 차지한 것인지, 아니면 방계의 혈통으로 황위에 오른 것인지에 대한 문제였기에 유교가 사회의 주요 이념이었던 명나라에서는 매우 심각한 문제였다.

7) 역역力役을 전부田賦에 포함시켜 은으로 일괄 징수하는 제도.

画僧 셋슈 도요雪舟等楊와 학승學僧 게이안 겐쥬桂庵玄樹도 동행한다. 셋슈가 일본 수묵화 방면에서, 게이안이 일본 주자학과 훈점訓点[8] 방식에서 후세에 본보기로 추앙받은 것은 이미 말한 나이토의 지적과 함께 생각해 보면 매우 상징적이다. 일본 국내에서 국풍[화풍和風]의 고전이 확립되었을 뿐만 아니라 대외적인 문화교섭에서도 새로운 규범이 점점 도입되고 있었다는 것이다. 오닌의 난 당사자 8대 쇼군 아시카가 요시마사足利義政가 정치에 지쳐서 운영한 히가시야마 산장東山山莊(훗날 지쇼지慈照寺, 즉 긴카쿠지銀閣寺)은 동구당東求堂 도진사이同仁齋의 서원 건축 양식으로 일본 주택 건축의 전형적 모범이 된다. 거기에 꾸며진 필기용구와 꽃병 등 도자기 혹은 이와 밀접하게 관련된 차茶 문화는 '일본의 전통'으로 현재도 평가받고 있다.

16세기 중엽 이후 일본에는 은銀의 수출국으로서 중국을 비롯한 여러 외국으로부터 들여온 외래 상품[당물唐物]을 대량으로 구입하는 재력이 생겨났다. 각지의 다이묘들은 오닌의 난으로 황폐해진 교토와는 별도로 자기 지역에 교토를 모방한 도시를 조성하고, 저택(후에는 성城)이나 사원을 건립하여 후스마에襖絵[9]를 그려 놓고, 다실茶室을 꾸미고 당물(당나라에서 수입한 물품) 등을 배치하였다. 지역 특성화 사업을 육성하기 위해 대륙 전래의 기술(이와미긴잔의 회취법灰吹法도 그 하나)을 활용하고, 대하천의 하류 델타지역을 치수하여 농경지로 바꾸고, 대폭적으로 생산력 향상을 도모하였다. 그리고 정치의 장에서도 새로운 사고방식이 도입된다. 그것이 주자학이었다.

8) 한문을 훈독訓讀하기 위하여 찍은 부호.
9) 맹장지에 그린 그림.

주자학의 일본 전래는 오닌의 난을 기점으로 소급하면 250년 이상 전의 일이다. 그 담당자는 중국에서 귀국한 불교의 승려들이었다. 사료적으로 확인할 수 있는 최초의 사례는 1211년 귀국한 진언율종眞言律宗의 슌조俊芿라고 알려져 있다. 그가 주자학 관련의 도서를 가지고 돌아왔기 때문이다. 다만 그에 앞서서 1181년 이후 1206년의 입적까지 도다이지東大寺 재건의 다이칸진大勸進[10] 직무를 맡았던 '입당삼도성인入唐三度聖人'의 조겐重源이나 그 후계자로 두 번의 도항 경력이 있는 에이사이榮西(두 번째는 1191년 귀국)에게도 그 가능성이 있고, 그 밖에 이름이 안 알려진 승려들이 주자학 서적을 가지고 돌아왔을지도 모르겠다. 덧붙여 말하면 슌조는 교토에 돌아와서 곧바로 에이사이 창건의 겐닌지建仁寺(선종, 다만 천태종 교학과 밀교도 겸수)에 거주했는데, 이는 당시 종파의 벽이 그만큼 두껍지 않았다는 것을 보여 주고 있다.

에이사이(1141~1215)

그 후 주로 불교 임제종 도후쿠지東福寺의 개산 엔니円爾와 같은 유학승의 귀국 혹은 겐초지建長寺의 개산 난계도륭蘭溪道隆(란케이 도류)

10) 사원 건립 등을 위해 모금 등의 일에 종사하는 승려 또는 그 책임자.

과 같은 도래승에 의해 주자학 서적과 지식이 일본에 들여져 왔다. 엔니의 경우는 셋칸케攝關家(구조케九條家), 도륭의 경우는 막부의 도쿠슈케得宗家(호조케北條家) 등 정권 중심에 있는 인물들에게 위정자가 갖추어야 할 소양의 일환으로 그들이 갖고 온 주자학의 지식과 견해가 설파되었을 개연성이 높다.

남북조 시대가 되면 1333년 겐무建武의 신정이 개시되었던 해에 전년도 귀국한 주간 엔게쓰中嚴円月가 「원민原民」, 「원승原僧」 두 편의 논문을 고다이고 천황에게 헌상하고 시사 문제에 관해 제언했는데, 그 사상적 골격을 이루는 것은 그가 중국 원나라에서 배워 온 주자학이었다. 고다이고 천황에 관해서는 하나조노花園 천황의 증언에 따르면 주자학을 궁중에서 강의했다고 알려져 있다. 또한 고다이고 천황이나 아시카가 다카우지와 다다요시直義 형제의 보좌역이었던 무소 소세키(그에게는 유학 경험이 없음)도 주자학의 학식을 습득하고 있었고, 다다요시에게 헌상한 『몽중문답집夢中問答集』에 그 편린이 엿보인다. 무소 소세키 문하의 젯카이 츄신絶海中津은 아시카가 요시미쓰에게 『맹자』를 강의할 때 주자학의 창시자 주희朱熹의 주해도 가르쳤다.

이렇게 주자학은 이미 중앙 정부의 요인이 친근하게 여기는 교설이 되었다. 그러나 지방으로 확산되어 가는 것은 오닌의 난 이후였다. 기요하라노 노부카타淸原宣賢는 오닌의 난이 한창일 때 헤이안 시대 이래의 내력 있는 신도가 집안에서 태어나 명경明經 박사 가문의 양자로 들어간다. 그는 16세기 전반 교토뿐만 아니라 에치젠越前(지금의 후쿠이현 동북부) 등지에서도 활약하였다. 불교의 선승들과 교류하면서 주자학류의 경학을 도입하고 선조 대대로 이어 온 고주소古注疏의 학문을 결합하고자 했다. 이 신구 병행은 시모쓰케下野의 아시카가足利 학교(현재의 도치기현栃木縣 아시카가시)에서도 엿보인다.

즉 당초는 고주소본에 따랐던 역학易學에 점차로 주자학 계열의 서적을 추가해 가는 형태였는데, 서적의 난외欄外에 주석을 달아 놓은 기록에서도 엿볼 수 있다. 아시카가 학교 졸업생들의 주요한 취직자리는 전국戰國 다이묘의 군사軍師였다. 군사란 단지 전장에서 작전을 세우는 직책이 아니라, 병참 확보를 위한 재무와 지형·기상에도 통달해야 했고, 평시에는 정치 고문이자 재정 고문이기도 하였다. 앞에서 서술한 농업 토목 기술의 혁신에 관해서는 경위의 상세가 분명하지 않다. 하지만 사회 실천에 유용한 지식이라는 점에서는 그러한 기술과 주자학의 정치 사상과는 동일한 기반 위에 있었다고 생각된다. 그렇다면 선승을 중심으로 한 지식계층에게 다이묘라는 위정자의 그늘 아래에서 활약할 수 있는 장이 제공되었다고 상상해 볼 수 있다.

구체적 양상에 관해서는 사료적 제약이 크기에 확실히 알 수는 없다. 그러나 전체적인 상황으로서는 대륙 전래의 지식에 근거하면서 일본 열도의 실정에 들어맞는 응용이 이루어졌고, 그것이 전국 시대에는 경제의 급성장과 문화의 새로운 전개에 기여했다는 점은 틀림이 없다. 그 중핵을 이루고 있던 것이 무로마치 막부가 정책적으로 조직한 선종 교단의 존재 형태, 즉 '오산십찰五山十刹' 제도였다. 여기에서 배양된 문화(이하, 오산문화五山文化라고 호칭)는 협의의 문화 활동뿐만 아니라 정치와 경제의 면에서도 커다란 역할을 담당하였다.

주자학의 토착화와 왕권 이론의 변질

일본의 주자학 전개사를 중국이나 한국과 비교할 때 최대 특징은 초기 단계의 주역들이 불교의 선종을 이끌던 담당자였다는 점이다. 그것은 일본의 체제 종교가 이 시대에 있어서도(후의 에도 시대조차도) 여전히 불교이고, 또 정치 체제가 무가 정권 아래의 세습 봉건제이며 과거 관료제를 채용하지 않았던 점 등에서 유래하고 있다. 일본에서는 주자학을 전공해도 그 자체로 관직을 얻거나 사회적 위신을 높이는 일은 없었다. 기요하라노 노부카타는 세습의 박사 가문이었다는 연유로 주자학에도 관심을 나타낸 것이지만, 그 밖의 박사 가문의 집단은 고주古注를 고집하고 있었고, 그것마저도 신구 병존이었다. 아시카가 학교의 경우도 주자학 계열의 역학易學 지식은 경서 해석(점쳐서 판단함)의 단편적 정보로 추구했던 것에 지나지 않는다. 중국 삼국 시대 위나라 학자인 왕필王弼과 근본적인 세계관의 차이점이 문제가 된 흔적은 없다. 16세기 단계의 일본 주자학은 사상적 해석으로는 극히 미숙하였다.

17세기를 맞이하고 에도 시대에 들어오면 이런 양상은 일변한다. 도쿠가와 이에야스가 정치 고문으로서 하야시 라잔林羅山을 초빙한 일은 일찍부터 언급되었다시피 주자학의 체제 이데올로기화라는 것이 아니라고 하든 말든 확실히 획기적이었다. 하야시 라잔은 관례에 따라 승려의 모습으로 도슌道春이라는 이름을 갖고 쇼군가에 출사했는데, 그 자신은 이 단계에서도 아직 불교를 신봉하고 있었다. 하지만 실상의 내면은 유학자였고 더구나 박사 가문의 집단과는 달리 순연한 주자학자였다. 이것이 내가 획기적이라고 말한 이유이다. 그는 아내를 두고 있었고, 세습으로 자손에게 그 지위를 상속하였다.

주희(1130~1200)

지방의 다이묘 중에는 보다 적극적으로 주자학을 받아들이고 불교를 대신하는 교학으로 자리매김하려는 움직임도 있었다. 저명한 사례를 들면, 도사의 야마우치山內 가문에서 집정을 하고 있던 노나카 겐잔野中兼山은 어머니의 장례식과 묘제를 주희의 『가례家禮』에 따라 실시하였다. 17세기 말이 되면 호학 다이묘라고 총칭되는 호시나 마사유키, 이케다 미쓰마사, 도쿠가와 미쓰쿠니, 마에다 쓰나노리 등이 나타나서 신유일치를 제창하고 주자학 형식의 장송葬送 의례의 실천을 계획·실행하였다. 다이묘 레벨은 아니긴 하지만, 그 밖에도 이 무렵 『가례』를 실천하고자 했던 사람들이 있었다.

이러한 토양 속에서 쇼군이나 다이묘들과 관계하면서 야마자키 안사이, 아라이 하쿠세키, 무로 규소와 같은 주자학자들이 등장한다. 안사이는 신유일치론(스이카신도垂加神道)이었기 때문에 그 묘는 보통 신도식이라고 알려져 있지만, 발상은 유교 그중에서도 주자학에 기초해 있다. 무로 규소에 이르러서는 특별히 정식 허가를 받고 유교식 묘소를 에도 교외에 조성하였다(오오쓰카 선유 묘소大塚先儒墓所). 주자학이 오산문화五山文化 중 하나의 요소로만 존재했던 16세기 이전과는 다른 국면이 시작된 것이다.

그렇지만 중국이나 한국과는 달리 이러한 사례가 특필해야만 될 드문 일로 얘기되고 전해졌다는 것에 불과하다는 일이야말로 중요하다. 에도 시대를 통틀어 주자학은 끝끝내 국민적 레벨에서 체제 교학이 되지는 못하였다. 일본에서는 여전히 사람이 죽으면 보다이지(보리사)에 묻힌다. 아무리 주희의 『사서집주四書集註』가 폭넓게 읽히게 되었더라도 이점만큼은 어찌할 도리가 없었다. 주희의 교설은 『사서』의 주해로서 도덕적 훈계의 역할에만 머물렀다. 하지만 그 세계관, 특히 인간의 생사에 관한 불교 비판은 에도 시대의 일본에서 일반적인 습속의 기반이 되지 못했다. 주자학 수용의 양태가 미술사 등의 분야에서 논의되는 '선택적 수용'과 동질적인 것인지 혹은 별도의 논리가 작용했는지는 나중에 신중한 검토가 필요하다.

다만 주자학의 왕권으로의 침투 방식은 결코 빼놓고 볼 수 없는 문제이다. 그 가장 현저한 사례는 17세기 후반 도쿠가와 미쓰쿠니가 주창하기 시작한 『대일본사』 편찬 사업이다. 거기에는 그가 받아들인 두 중국인 주순수와 동고심월東皐心越[11]의 영향도 있었으리라.

이들 명나라 유민의 절의 정신에 근거하여 『대일본사』는 14세기 남조(요시노吉野 조정)의 멸망으로 끝나는(엄밀히는 양조 합일 후의 북조계 고코마쓰後小松 천황까지) 구성을 취하고 있다. 그 의도를 둘러싸고는 여전히 여러 학설이 병존하는 상황인데, 미쓰쿠니 자신도 꼭 남조 정통론자는 아니었다고 하는 견해도 있다. 하지만 이 책이 남북조 시대(1336~1392)를 남조 중심으로 묘사하고 북조에 대한 흡수 합병으로 끝맺었다는 점은 독자에 대한 메시지로 충분할 것이다.

그들이 좋아한 원나라 증선지曾先之의 『십팔사략十八史略』이 남송 멸망으로 종결되고 있다는 점(증선지가 원대 사람이기 때문에 그렇게 되지

11) 1639~1696. 일본명 도코 신에쓰. 에도 시대 초기에 명나라에서 온 선승.

않을 수 없는 면도 강했지만)과의 비교를 통해 본다면 남조 멸망이 '역사의 끝'을 의미한다고 해석되는 것도 당연하다. 이 책은 주자학적 대의명분론이 일관되면서 헤이안 시대 중엽 이후의 '제帝'들을 특별히 '천황'이라 부르고, '가마쿠라도노鎌倉殿'를 '쇼군'이라 불렀다. 그것은 그들의 동시대에 교토에 주재한 '긴리禁裏'(천황의 주거) — 북조계라 하더라도 — 가 천황으로서 일본의 군주이고, 에도에 있는 '고기公儀'는 '쇼군'으로서 그 신하에 지나지 않는다는 것을 인지시키는 효과가 있었다.

중국이나 한국에서는 황제 혹은 국왕이 일원적으로 왕권을 떠맡고 있었는데, 예를 들면 청조와 같은 복잡한 왕권에서도 몽골족이나 티베트족 대상의 티베트 불교를 비호하는 왕으로서의 체면과는 달리, 한족이나 한자 문화권의 조공국(조선과 류큐)을 대상으로 한 체면으로서는 주자학적인 '황제'로 일관하였다. 이런 형식으로 설명할 수 있는 데에 주자학의 존재 의의가 있었던 것이다. 그런데 일본의 경우, 무가武家의 동량인 실질적인 왕(명조로부터 '일본 국왕'이라고 인정받은 왕권) 외에 고대 이래 옛날 왕도 여전히 남아서 병존하고 있었다. 이를 주자학의 논리로 설명하기 위해서는 아라이 하쿠세키나 오규 소라이가 지향한 것처럼 에도의 왕권을 제도상 확고한 것으로 할지, 아니면 미토학처럼 에도에 있는 것은 단지 '쇼군'에 지나지 않음을 세상에 공개할지의 양자택일이었다. 그리고 대세는 18세기부터 19세기에 걸쳐 후자로 기울어진다.

18세기 말 가모 군페이蒲生君平는 역대 천황의 묘를 고증하는 『산릉지山陵志』(1808)를 저술하였다. 이미 1천 년 이래 일본 왕가王家에서는 불교가 사자의 명복을 빌고 공양을 담당하였다. 그런데 가모

군페이의 이 저작 등이 계기가 되어 그때까지 방치되었던 고대의 왕묘에 대한 관심이 높아진다. 그리고 마침내 '천황' 호칭이 부활하고 옛 전통의 부흥이라 칭하며 신도식의 장례식과 능묘가 조성되기에 이르렀다. 그것은 신불습합 및 불법과 왕법의 상호 의존에 근거하여 수립한 왕권 이론의 변질을 촉구하였고, 메이지유신이라는 '근대'와 접합하는 움직임이었다. 또 그 연원은 불교와는 다른 왕권 이론을 재구축하려는 17세기의 주자학 자립운동에 있었다. 따라서 근대 천황제의 성립은 오산문화의 한 요소로 수용된 주자학의 전개사로도 파악해 볼 수 있는 것이다.

종래 일본사의 범위 안에서 처리되어 온 이러한 여러 현상들을 앞으로 문화교섭학의 시점에서 재검토해 볼 필요가 있을 것이다.

2. 일본의 주자학·양명학 수용

한당 훈고학

여기에서는 일본에 주자학과 양명학이 어떻게 전해지고, 어떻게 보급되었는지를 주제로 논의한다. 우선 중국에서 어떠한 양상으로 주자학·양명학이 탄생했는지부터 이야기를 시작해 보자.

주자학·양명학, 이 용어는 어느 쪽이든 유교의 유파에 부여된 명칭이다. 주자학은 주희의 교설을 신봉하는 유파이다. 공자·맹자 시기의 '자子'는 선생의 존칭인데, 그것과 나란히 하여 개조인 주희를 '주자朱子'로 부른 후부터 주자학이라고 한 것이다. 한편 양명학은 왕수인王守仁이 주장한 내용을 계승하는 유파이다. 그의 호가 '양명陽明'이기 때문에 양명학이라 불리고 있다.

유교는 한漢(기원전 202~기원후 220) 시대에 교학으로서 집대성되었다. 사실 이렇게 말하면 한대가 개조라고 생각할 수 있을 것이다. 하지만 나의 개인적 견해이자 언어 사용법으로는 공자 때는 아직 유가儒家에 머물렀고, 정식으로 유교라는 명칭에 적합한 형태로 정비되는 것은 한대漢代가 되고 나서부터이다. 사료상에서도 '유교'라는 말이 나오는 시기는 좀 더 이후이고 한대에서도 아직 등장하지 않았다. 서기 5세기 무렵이 되고 나서부터 '유교'라는 용어가 나오게 되는 것이다. 도교·불교가 그 무렵 성립하였고 그러한 명칭으로 불리게 된 것과 함께 '유儒의 가르침[教]', 즉 '유교'라는 용어가 탄생하였다.

유교는 한대에 집대성되었다고 하지만, 그 내용은 공자가 편찬했다고 알려진 경서經書이다. 역사적 사실은 그렇지 않지만, 유교 안에서는 공자가 편찬한 것으로 되어 있다. 그들은 경서 해석을 통해 이상적 국가상을 제기하였고, 한나라 시대에는 실제 국정을 좌우하는 권력을 갖게 되었던 것이다.

그 상징적 사례가 전한의 왕망王莽(기원전 45~기원후 23)으로 『헤이케 이야기』의 첫머리 「기원정사祇園精舍의 종소리」에 등장하는 인물이다. 그는 한을 대체하는 새로운 왕조 '신新'이라는 왕조를 세운다. 다만 왕망은 유교의 사고방식에 따라 너무 현실과 동떨어진 탁상공론에 의한 통치를 시도했다. 이 때문에 민심은 이반하고 명색이 신왕조일 뿐 왕망 일대 15년 만에 멸망한다.

이 혼란을 수습한 것이 한 고조高祖의 피를 이어받은 인물이었다. 즉 광무제光武帝(기원전 6~기원후 57)가 즉위하여 다시 한 왕조를 부흥시킨다. 역사상 이 광무제 이후를 후한後漢, 왕망이 멸망시킨 그전의 한 왕조를 전한前漢이라 부르며 시대적으로 구별하고 있다.

이 광무제부터 시작되는 후한 시대에 유교는 더 정교하고 치밀한 이론화 작업이 진행되었고, 마침내 체제 교학으로 기능한다. 그리고 공자가 편찬했다고 하여 권위가 있던 경서의 문장도 한 글자씩 치밀하게 해석하는 학술이 전개되었다. 이러한 학술을 '경학經學'이라고 부른다. 이는 당시부터 지금까지 사용되는 명칭이다.

참고로 경서나 경학을 '경經'(일본어로 케이けい)이라 부르고 있지만, 불교에서 말하는 '경'(일본어로 쿄오우きょう)과 실태는 동일하다. 현재 중국에서는 둘 모두 '징jing'이라 발음하고 구별하지 않는다. 그러나 일본에서는 어느 시기부터인가 불교 관계의 용어는 오음呉音 읽기를 하고, 유교는 불교에 대항하여 특별히 한음漢音[12]으로 읽기 시작하였다. 같은 '경'자를 불교 쪽에서는 오음으로 '쿄오우'라 읽고, 유교에서는 한음으로 '케이', 도교는 양쪽 모두 읽기 가능한데 연구자마다 자기 생각에 따라 읽고 있다. 여하튼 실태는 동일한 것이다. 나는 유교 연구자이기 때문에 기본적으로는 '케이'라고 읽는다.

한 왕조가 멸망한 뒤 『삼국지』 시대가 되고, 다시 그 후 그 시대를 포함하여 역사학에서는 위진남북조 시대(220~589)라고 부르고 있다. 이 무렵 불교가 본격적으로 중국으로 들어온다. 그리고 불전을 산스크리트어에서 중국어로 번역하는 사업이 진행되었다. 산스크리트어 경전 독해가 행해지면서 그 산스크리트어를 이해하는 일에 의해 처음으로 중국인들은 중국어를 하나의 언어로서 의식하였다.

또 그로 인해서 중국인들은 자신들의 언어 자체에 대한 검토를 진행하게 된다. 유교에서는 별도로 산스크리트어를 읽을 필요는 없었지만, 유교의 경학에서도 불교 측의 영향을 받으면서 자신들의 언어인 중국어를 재검토하는 일이 의식적으로 행해졌다.

---

12) 일본 한자음漢字音은 일본어에서 한자의 음을 읽는 소리다. 중국어의 한자음 발음에서 유래하여 오음呉音·한음漢音·당음唐音 등 세 종류가 있다.

이를 통하여 문자 의미에 대한 해석의 방법이 더 한층 심화되어 간다. 위진남북조 시대를 통합한 것이 수隋(589~618), 이 수 왕조는 단명으로 끝나지만 이 시기를 거친 뒤 당唐(618~907) 왕조가 300년간 지속된다. 이 당 시대의 초기에 후한 이후 경학의 정화精華를 집대성한 『오경정의五經正義』를 국가사업으로 편찬하였다. 불교사에서 보면 정확히 현장玄奘 법사가 불전佛典의 새로운 번역을 하고 있을 때와 같은 시기이다.

여기에서 말하는 유교의 경학은 문자의 해석에 중점을 둔다는 점에서 '한당 훈고학漢唐訓詁學'이라 부른다. 훈고라는 것은 문자 해석이다. 그러나 755년에 발발한 '안녹산安祿山의 난'으로 인해 당 왕조 권력은 쇠퇴한다. 그렇게 되자 국가·정부가 규정한 『오경정의』와는 다르게 경서 해석을 시도하려는 움직임이 생겨나기 시작하였다. 그 담당자들도 특별히 반反체제파, 즉 국가에 반역하고자 하는 사람들이 아니라, 오히려 당 왕조를 지지하는 관료(사대부)의 일원이었다. 다만 후한 이래의 경학이 축적한 결과를 재검토한 상태 위에서 공자가 애당초 경서를 편찬한 본래 의도에 관하여 새롭게 다시 자신들의 머리로 생각하고 스스로 탐구해 보자고 하는 의도였던 것이다.

주자학과 양명학의 탄생

당 왕조가 멸망한 후, 오대五代라고 불리는 단명 왕조가 수십 년간 지속되던 시대를 거쳐 이윽고 송宋(960~1276) 왕조 시대가 열린다. 송은 300년 이상 장수한 왕조이다. 송나라 시대, 조정에서는 『오경정의』를 답습한 후에 거기에는 수록되지 않은 다른 경서 7권을 증보

하는데, 당시 실용화되기 시작한 인쇄 기술을 이용해 간행한다. 사실 당나라 시대에는 아직 인쇄가 보급되지 않았다. 그래서 '인쇄된다'고 하는 것은 매우 큰 사건이다. 인쇄라는 것은 대량 복제가 가능하게 되었다는 일로 한 권씩 책을 손으로 베껴 쓸 필요가 없어진 것이다. 사본寫本이라는 것은 아무리 잘해도 틀린 글자가 나오기 마련인데 인쇄된 것은 모두 똑같다.

송대 초엽에 간행된 경서를 『십삼경주소十三經注疏』라고 부른다. 실은 이 단계에서 『맹자』는 아직 경서에 들어가 있지 않았기 때문에 정확히는 '십이경'이다. 그중에 『춘추』라는 공자가 편찬했다고 알려진 역사 서적이 있는데, 이에 관한 해석은 세 가지 유파가 있다. 경서로서 『춘추』는 하나이지만, 이 세 가지 유파를 '삼전三傳'이라 한다. 따라서 경서의 수도 사실은 십이(12)가 아니다. 당시의 방식, 즉 송나라 초기에 인쇄되었을 때의 호칭 방식으로는 성스러운 숫자라고 알려진 구(9)를 사용하여 『구경정의九經正義』라고 불렀다. 현재 우리는 이것을 『십삼경주소』라고 부르지만, 당시의 명칭은 아니다.

그리고 그렇게 『오경정의』의 해석을 계승하는 서적이 송대 초엽 10세기 말에 간행되었다. 다른 한편으로 방금 전 소개한 당대 후반부터 시작된 한당 훈고학를 비판하는 새로운 경학의 움직임도 이 직후부터 다시금 활기를 띠기 시작한다. 그 중심인물이 구양수歐陽脩(1007~1072)이다. 그 이름은 중국문학 쪽에서 더 유명하지만, 동아시아 유교사에서도 특히 경학사 분야에서 매우 중요한 인물이다.

게다가 구양수의 뒤를 이어 그다음 세대에 속하는 인물이 왕안석王安石(1021~1086)이다. 이 인물도 동아시아 정치사에서 볼 때 상당한 거목이다. 그로부터 정이程頤, 소식蘇軾 등이 새로운 경학을 체계화하고 수많은 유파가 서로 경쟁하는 상황이 벌어진다. 학술상의 견해 차이는 정치적인 대립과도 연동하여 '당쟁'이라 불리는 항쟁을 불러 일으켰다. 북방 민족 금金의 침입으로 인해 송이 남쪽으로 천도하자 정이의 학맥을 이으면서 도학道學이라 불리는 유파가 태동하고, 그 유파 내부에서 주희가 등장한다.

주자학의 특성은 이기론理氣論을 수립했다는 점에 있다. 이 세계를 구성하고 있는, 즉 기라고 불리는 것의 생성과 운동에는 보편적 법칙성으로서 리理라고 불리는 것이 있다. 이 때문에 인간사회에서의 개개인 혹은 정부의 행위·행동도 이 보편적 법칙성인 리에 따라서 이루어져야 한다는 이론이다. 그것은 각 개인에게도 리가 부여되어 있기 때문이다(성즉리性卽理). 다시 말해 '성'이란 곧 '리'인 것이다. 주희의 사후 주자학은 단순히 사상 체계로서 이론적으로 우수했기 때문뿐만 아니라, 사회적인 몇 개의 조건에 적합한 바에 의해 다른 제 유파보다 탁월한 위치를 점하게 된다.

송대 이후 몽골, 즉 원元 왕조가 발흥한다. 원 왕조를 거쳐 명 왕조(1368~1644)가 그 뒤를 잇는데, 이 명 왕조도 당이나 송과 마찬가지로 300년 이상 지속한 장수 왕조이다. 명대에 이르자 과거시험의 답안 작성에는 주자학의 견해를 채용하는 것이 제도화되고, 그 때문에 『사서오경성리대전四書五經性理大全』이 편찬된다. 결국은 당대 초기의 『오경정의』를 대신한 것이다. 『오경정의』가 한당 훈고학의 집대성인 반면, 『사서오경성리대전』은 주자학 입장에서의 집대성이다.

다만 이것이 편찬되자 처음에는 한당 훈고학을 비판하기 시작했어야 할 터인데도 주자학의 체제 교학화로 인해 재차 그 교설이 고정화된다. 사상사라는 것은 보통 이와 같은 반복이다. 어떤 학설이 탄생하여 그것이 정당하게 인정받고 공인화된 정설로서 서적이 편찬되면 그 서적에 의해 학설은 고정화되어 버린다.

이러한 분위기 속에서도 주희에 의한 경서 해석에 부분적으로 의구심을 품은 학자들이 주희 학설의 일부 수정이라는 형태로 자설을 주장하였다. 그중에서도 최대의 수정을 주장한 인물이 왕수인이다. 주희는 학습 과정을 단계적·점진적인 것으로 제시하였다. 주희의 입장은 "내가 처음으로 그렇게 생각하였다"는 것이 아니라, 공자가 그렇게 주장했다고 하는 입장이다. 자신이 올바른 것을 생각해 낸 것이 아니라, 교조教祖가 원래 그렇게 말씀하셨다는 것이고 그때까지 사람들이 잘못된 해석을 했다고 주장한다. 주희도 그렇게 주장했지만, 왕수인은 그 주희의 주장도 틀렸다고 말하는 것이다.

양명학에 의하면 주희의 '성즉리' 입장을 취한 학설은 마음의 생기 넘치는 활발함을 멸살해 버리는 것이 된다. 양명학에서는 마음의 본래적 움직임을 긍정하는 것이야말로 가장 중요하다. 이것이 '심즉리'이다.

왕수인의 경우도 "내가 그렇게 생각해 낸 것이다"가 아니라, "공자님과 맹자님이 그렇게 말씀하였다. 한당 훈고학의 무리들은 그것을 틀리게 해석하였다. 주희도 틀리게 해석하였다"고 하는 입장에서 나온 주장이다.

한편 그 양명학이란 것은 16세기에 탄생하게 되는데, 이는 당시의 중국, 즉 명대 후반의 경제적 활황과 이에 동반한 사회적 동요라는 배경에서 탄생했다고 하는 평가가 가장 일반적이다.

이러한 경제·사회 상황 속에서 사회적 유동성을 지닌 불안한 상황, 다른 한편으로는 경제적으로 매우 좋은 상황이 이어지고 있는 가운데 양명학은 많은 사람들의 마음을 사로잡았던 것이다. 그러나 1644년 명조가 멸망하고 청으로 교체됨으로써 청 왕조가 중국을 통치하게 된다. 그러자 양명학의 운명도 유파로서는 점차 소멸해 간다.

청조의 중국 지배를 지탱한 사상은 명조와 같은 주자학이다. 다만 그 와중에 학술적으로 한당 훈고학의 방법을 부활·계승하자는 유파가 생겨났다. 이를 청조 고증학考證學이라 부른다. 중국에서는 지금도 주자학·양명학을 하나로 뭉뚱그려 '송명이학宋明理學'이라는 용어를 사용하고 있는데, 이 송명이학을 비판한 것이 청조 고증학이다.

견당사 시대의 유교 이입

최초로 일본에 주자학을 전한 인물이 누구인지를 확정하는 문제는 매우 어렵다. 예로부터 몇몇 사람들이 거론되었는데, 한 사람으로 특정하기는 어려웠고 특히 거기에 어떤 의미가 있는지도 생각하지 않았다. 왜냐하면 주자학이란 것은 일본의 유교 학자가 자각적으로 주자학을 배워서 돌아온 뒤 "저쪽에서는 이런 학설로 바뀌었지요!"라는 것을 소개한 것이 아니라, 불교의 승려가 말하자면 전문이 아닌 취미로 가져온 것이기 때문이다.

여기에서 또 이야기는 거슬러 올라가지만, 서기 7~8세기에 일본의 국가 건설이 진행되는 과정에서 본받아야 할 모범이 되었던 것은 당 왕조였다. 잘 알려진 대로 '견당사遣唐使'에는 당의 학술·사상을 배우겠다는 사명감을 가진 유학생들이 동행하였다. 유학생 중에서도 유명한 기비노 마키비(695~775)는 18년 동안 중국에 체재한다. 이 인물은 게다가 만년이 되고 나서 사절단을 이끄는 입장으로 다시

견당사 일본 조정은 13회에 걸쳐 당나라에 대규모 사절단을 파견하였다

한 번 당나라에 들어갔다. 기비노 마키비의 업적에 대해서 작금의 학계에서는 철학·음악학·역사학·천문학·군사학 등을 중국에서 대량으로 습득한 뒤 일본에 가지고 돌아왔다는 평가를 내리고 있다.

확실히 현재의 학문 구분법으로는 이와 같이 나열하면 '다양한 학문'이라고 부를 수 있겠지만, 당시의 인식으로는 지금 언급한 이들 학문은 한마디로 유교라고 한데 묶어 정리할 수 있을 것이다. 마키비와 함께 당나라에 건너간 승려에 겐보玄昉(?~746)가 있다. 그런데 겐보 혹은 9세기 초엽 당나라에 건너간 저 유명한 사이초最澄·구카이空海 등의 승려들도 결코 좁은 의미에서의 불교 교의만을 갖고 들아온 것은 아니다. 예를 들면 구카이(774~835)는 시코쿠四國 지방의 관개용 저수지(가가와현香川縣 남부) 수복 공사로 잘 알려져 있다. 치수治水 기술은 지금의 시점에서 말하면 공학 계열이고 문학부의 인도 철학 연구실에서는 가르치지 않는다. 그렇더라도 옛날에는 이러한 지식을 포함하여 불교가 모든 것을 포괄하였다.

이와 마찬가지로 유교도 폭 좁게 철학·윤리학에 한정되지 않았다. 애당초 율령이라는 것 자체, 중국에서는 유교적인 예禮의 이념에 근거한 통치 수단으로서 제정되었고, 기비노 마키비의 담당은 그 입장으로부터 일본의 율령 제도를 깊이 있게 궁구하는 일이었다. 이 시점에서 율령은 이미 일본에서 만들어져 있었는데, 실제로 그 율령을 어떻게 운용하면 좋을지, 그러한 운용에 관하여 새롭게 공부한 인물이 기비노 마키비이다. 그는 18년 동안이나 당나라에 유학하면서 그러한 지식 등을 습득하고 일본에 돌아와 널리 보급시킨 것이다. 일본사 연구자 오오쓰 도오루大津透는 『율령제란 무엇인가』(2013)에서 위와 같은 내용을 서술하고 있다.

그렇게 하여 마키비와 같은 유학생들, 즉 그 전문가들에 의해 한당 훈고학은 일본에 전해진 것이다. 마키비도 당연히 한당 훈고학을 배웠다. 9세기에 견당사가 폐지되자 일본의 유자들이 직접 중국에 건너가 유학하는 일은 사라져 버린다. 이후 일본 국내에서 세대 간의 재생산이 특정의 가문에서 행해진다. 스가와라菅原·오오에大江·기요하라淸原·나카하라中原 혹은 후지와라藤原씨 중에서도 섭관가攝關家[셋칸케] 정도가 아닌 낮은 신분의 가문에서 세습적으로 이러한 학문을 전수하였다. 이를 박사가博士家(하카세케)라고 부른다. 그 박사가 중에서 한당 훈고학의 독특한 방법에 의한 경학은 그대로 전수되어 정착한다.

한편 불교 쪽에서는 견당사 폐지 후에도 인적 교류가 지속되었다. 그것은 민간의 상선에 승려들이 편승하여 왕래했기 때문인데, 이는 단순한 편승이 아니라 오히려 불교 교단이 경제력을 갖추고 있었기 때문이다. 그 무렵 불교 교단은 장원莊園을 다수 보유하고 있으면서 상업 활동도 하고 있었던 것이다. 그렇다면 우리는 그러한 경제력을 갖추고 있던 불교 교단이 중국인들과의 커넥션을 이용하여 국제 무역에 관여하고 있었다고 봐야 할 것이다.

9세기 말엽에 당 왕조 세력이 쇠퇴하고 지방 정권의 수립이 진행되는데, 그렇게 되자 현재의 중국 절강성 지역에 오월吳越이라는 나라가 생겨난다. 일본은 이 오월국과 전적으로 교류하고자 하였다. 그 이유는 규슈에서 배로 출발하여 동지나해를 횡단하면 바로 건너편 바닷가가 오월국(현 절강성) 지역이었다. 그러한 항로가 이미 견당사 시절부터 정착되어 있었다는 것이 하나의 이유이다. 또 다른 하나는 사이초가 전파한 천태종의 성지 천태산天台山이 오월국의 영역 내에 있었다는 것을 그 이유로 생각해 볼 수 있다. 이처럼 그때까지 역사적인 문맥에서 보면 일찍부터 일본은 오월국과 교류가 있었다.

오월국은 10세기 말에 송宋에 흡수된다. 그 후에는 종래의 교류 빈도와 비교하면 승려의 교류 상황을 보여 주는 사료가 점점 적어진다. 이것이 실제로 교류가 줄어든 것인지, 현재까지 남은, 확인할 수 있는 문헌 사료가 적어진 것뿐인지는 판단하기 어려운 문제이다. 나는 그 양쪽의 요소가 모두 있으리라고 추측해 본다.

그러나 그렇더라도 세세하게나마 중국과 연결되어 있었다는 점에서는 유교 측과 질적으로 다른 것이다. 유교 쪽에서는 기비노 마키비가 전문가로서 중국에 체재하면서 유교를 공부하고 돌아오는 것과 같은 사례는 견당사 폐지 이후 전무하다. 예를 들면 미나모토노 요리토모源頼朝를 보좌한 오오에노 히로모토大江廣元는 박사가 출신인데, 그가 직접 중국에 건너가 본고장의 새로운 학문을 배우고 돌아오는 일은 결코 없었다.

이렇게 견당사 폐지 후의 불교와 유교의 차이점, 단적으로 말하면 그쪽에 학생들을 보내는 재력이 있었는지 없었는지의 문제이지만, 그러한 차이점이 일본에 주자학을 들여온 역할을 불교 승려가 담당하게 된 이유이다.

선의 흥성

송나라 시대 불교의 특징으로는 선禪의 흥성을 언급할 수 있다. 잘 알려진 바와 같이 선은 달마대사達磨大師가 남북조 시대인 6세기 무렵 중국으로 가져온 뒤, 불교 교단 및 선종의 내부에서 전승되었다. 하지만 달마의 실상은 명확하지 않으며 갑작스럽게 역사적 사실이라고는 확정하기 어렵다. 분명한 사실은 당나라 시대에 달마의 계보를 잇는다고 자칭하는 승려들이 활약하였고, 그들은 정부 조정에도 수시로 드나들었다는 것이다. 그리고 845년 당대 후반에 '회창會昌의 폐불廢佛'[13]이 행해지자 불교 교단 전체에서 선의 비중이 상대적으로 높아진다. 그리고 송나라가 시작되었다.

송대에서도 물론 지례知禮(천태종 제14대조, 960~1028)와 같이 천태종의 승려로 선에는 속하지 않는 고승도 있었다. 하지만 송대의 승

---

13) 당나라 무종武宗의 회창 연간에 있었던 불교 탄압.

려로 지금도 이름이 전해지는 사람들은 거의 대부분이 선승이다. 예를 들면 그 가운데 북송 초기의 불일계숭佛日契嵩(1007~1072)이 있다. 계숭은 태어난 해와 사망한 해가 구양수와 완전히 동일하다. 우연한 일이겠지만 동시대성이 있는 것이다.

이 계숭은 『보교편輔教編』을 저술했는데, 그 안에서 그는 선승이기 때문에 선을 중심으로 쓰고 있다. 하지만 선이 마음을 다스린다는 점에서 정치에 도움이 된다고까지 주장하였다.

구양수 등이 새로운 유교의 경학을 제창하고 있던 시기에 불교 측에서도 선승들이 새로운 불교의 방법을 모색하고 있었던 것이다. 이렇게 하여 유학자와 선승은 서로 교류하였다. 유교 내부에서도 정이程頤에서 시작되어 주희가 집대성한 것은 주자학이다. 이 도학道學이라는 유파는 불교 배척론을 표면적으로 내세웠지만, 실제로는 많은 도학자가 선종 신앙을 갖고 있었다. 주희 자신도 실은 그러한 환경에서 성장하였고, 부친과 그 친구들도 선과 깊은 관련을 맺고 있었다. 다시 말해 주희는 그와 같은 환경에서 교육을 받고 성장하면서 사상을 체계화하고 주자학을 만들었던 것이다.

무엇보다 주희는 자기 교설을 주장하면서 선을 비판하였다. 그는 같은 도학파 안에서도 자신과 견해를 달리한 육구연陸九淵(1139~1192)에 대해 "육구연 저 자는 선에 가까우니 안돼! 저 자가 말하는 것은 선과 똑같아!"라는 식으로 비난한 것이다. 결국 주자학에서 선禪이란 말은 마이너스 이미지였고, 특히 상대방을 비난할 때 사용하던 용어였다.

다만 도학 및 넓게 말해서 송대의 새로운 유교를 배운 유학자들은 선에 친근감이 있었고, 인적으로도 교류하면서 교우 관계를 맺었다.

그에 따라서 우리는 거꾸로 선종 사원 중에서도 도학 계열의 전적을 읽는 일이 빈번했다고 추측해 볼 수 있는 것이다.

불교의 깨달음을 연다고 하는 것은 선의 목적이다. 그 때문에 이 점에서 보면 유교의 경서를 읽고 경서의 해석을 배우는 일은 불필요한 학습이라고도 여겨진다. 하지만 선승들도 중국인이기에 중국인으로서 필수 교양을 몸에 익혔던 것은 아닐까. 현대 일본의 대학에 억지로 적용시켜 말하면 교양 교육이 그것일 것이다.

전문지식, 이것은 선승에게는 선이다. 하지만 깨닫기만 하면 되었다고 하는 것이 아니라, 깨달음에 이르는 과정에서 소양으로서, 목적을 달성하기 위한 소양으로서 이러한 폭넓은 교양이 필요했던 것은 아닐까.

선승에 의한 주자학 도입

한편 12세기 일본에 헤이시平氏 정권이 성립하자 중국 명주明州(현 영파寧波)를 통한 교역이 활발해진다. 요조葉上 에이사이榮西(1141~1215)는 두 차례 중국에 건너갔고(1168, 1187~1191), 슌조보俊乘房 조겐重源(1121~1206)은 '입당삼도성인入唐三度聖人'이라 자칭하고 있다. 당唐이라 말하고 있지만, 실제로는 물론 송宋이다. 이 '삼도三度'(세 번)에 관해서도 학계에서는 의견이 분분하다. 정말로 3회인지 그렇지 않으면 몇 회인지, 혹은 '삼도'라는 말을 사용했기 때문에 3회인지 어떤지는 알 수 없다고 하는 주장 등이 그것이다. 하여간 여러 차례라는 것은 틀림없다.

13세기가 되면 교토 센뉴지泉涌寺 승려 슌조俊芿(1166~1227) 이외

선종 쪽에서는 도겐道元(1200~1253), 엔니円爾(1201~1280) 등이 송나라에 유학하여 현지 불교계의 새로운 동향을 일본에 전하는 역할을 담당하였다. 그 일환으로 주자학이 전해져 온 것이다.

엔니는 송나라에서 유학했는데, 그쪽은 이미 이 시대에 인쇄의 시대로 접어들었기 때문에 필사한 책보다는 인쇄된 책을 구매해 돌아왔다. 또 그 무렵 일반 사람들이 들여온 책들도 많았을 것이다. 그가 개산開山이 된 사원에 현재의 교토 도후쿠지東福寺가 있다. 이 엔니가 현지에서 청하여 가져온 서적 가운데 도후쿠지에 최종적으로 수납된 것은 그의 몰후 도후쿠지의 승려들에 의해 「보문원경론장소어록유서등목록普門院經論章疏語錄儒書等目錄」으로 정리되었다. 이것은 수납된 서적들의 리스트이다.

실물 대부분은 화재 등으로 유실되었으나, 그 목록의 존재로 인해 어떤 책이 있었는지는 알 수 있게 되었다. 그리고 그 가운데 주희의 『사서집주』을 비롯하여 주자학 관련의 책들이 상당수 포함되어 있었다는 사실을 알 수 있었다. 현재로서는 주자학 자체의 서적이 현존하지 않는다. 다만 도학 관련으로 장구성張九成[14]이 사서의 하나인 『중용』에 주석을 단 책이 현재도 남아 있다. 이는 남송대에 인쇄된 것이다. 그러한 연유로 이 책은 현재 일본의 중요 문화재로 지정되어 있다.

물론 책을 소장하고 있는 일과 그 책을 읽었다고 하는 일은 별개 사항이다. 솔직히 고백하면, 나를 포함하여 연구자들이 실제로는 자신이 갖고 있는 책의 절반도 읽지 못했다. 그렇기 때문에 엔니 혹은

14) 1092~1159. 남송대 항주杭州 전당錢塘 사람. 자는 자소子韶, 호는 횡포거사橫浦居士. 정주의 이학理學과 육구연 심학의 교량 역할을 한 인물로 평가된다.

그 제자들이 주희의 『사서집주』를 갖고 있었기 때문에 그것을 구석구석까지 샅샅이 학습했는지는 나도 잘 모르겠다. 이는 다른 승려들에 관해서도 마찬가지이다. 다만 현지에서 서적을 청하여 구해 왔기 때문에 그들은 주자학에 관하여 대략 알고 있었을 것이다. 엔니뿐만 아니라 다른 승려들에 관해서도 이와 비슷한 일이 있었을 터이지만, 엔니에 관해서는 목록이 남아 있기 때문에 실증적으로 말할 수 있는 것이다.

그러한 사람들 중 엔니가 중국 유학 중에 사사했던 무준사범無準師範(?~1249)[15]이라는 스승의 제자에 해당하는 인물, 즉 형제 제자인 난계도륭蘭溪道隆(1213~1278, 현 중경重慶 출신)이 1246년 남송에서 규슈 하카타博多로 들어온다. 이윽고 당시의 집권執權 호조 도키요리北條時賴로부터 초빙을 받고 가마쿠라로 이주하여 겐초지建長寺를 창건한다. 그리고 이곳을 선의 포교·교육 활동의 거점으로 삼는다. 그 후 비슷한 경위로 무학조원無學祖元(1226~1286, 무가쿠 소겐)이라는 중국 출신 승려도 들어오는데, 이 인물은 겐초지 옆에 있는 엔가쿠지円覺寺의 개산이 된다.

에이사이 혹은 엔니의 교설의 단계에서는 선만을 '특권화'하는 것이 아니라 교敎·밀密도 합쳐서 함께 배우는 일을 주장하였다. 그것에 대하여 난계나 무학의 경우는 '순수선純粹禪'을 일본에 가져왔다고 하는 학설이 불교학자들에 의해 제창되었다.

다만 그 후 난계나 무학의 유파가 구축한 오산문화[16]는 폭넓은

---

15) ?~1249. 남송 임제종의 승려. 성은 옹雍. 촉蜀나라 재동梓潼 출생. 중생 교화와 유·불·도 3교를 융합하는 데 힘썼다.

16) 오산五山(고잔)은 일본 선종에서 최고의 다섯 사찰로 교토와 가마쿠라에 각각 5

교양을 갖추어야 함을 승려들에게 요구하였는데, 우리는 그러한 교육이 어쩌면 이미 그 당시의 겐초지나 엔가쿠지에서 이루어졌을 것이라고 추측해 볼 수 있다. 따라서 그들이 오로지 선만을 추구했었다고는 말할 수 없을 것이다. 애당초 선에 있어 '순수'란 본래적 문제이다.

난계 등의 역할이 중요한 것은 무라이 쇼스케村井章介 교수가 '도래승의 세기'라고 명명했듯이 난계를 비롯하여 13세기 후반부터 14세기 전반에 걸쳐서 많은 중국인 승려들이 일본에 건너왔다는 사실이다.

그들은 한 사람 한 사람 단독으로 일본에 건너온 것은 아니다. 8세기에 감진화상鑑眞和尙(688~763, 강소성 양주 출신)이 일본에 들어오는데, 그도 혼자서 온 것이 아니라 많은 제자들을 데리고 건너왔다. 그 제자들도 학문승을 포함하여 불상을 조각하는 전문 조각가, 건물을 축조하는 건축 기술자 등 다양한 사람들이 있었는데, 이들도 함께 데리고 왔다. 그 때문에 도쇼다이지唐招提寺가 창건된 것이다(759년). 난계도 몇몇 중국 승려들을 데리고 들어왔다고 전해진다.

그 결과로서 겐초지 혹은 엔가쿠지는 당시 중국의 건축 양식, 즉 송풍宋風 건축에 의거하여 설계·건립되었다. 따라서 난계나 무학이 혼자서 도일하여 혼자 힘으로 도면을 그리고 혼자서 사원을 지었던 것은 아닌 것이다. 결국 이와 같은 집단 이주에 의해 겐초지나 엔가

사가 있었다. 오산문학은 가마쿠라 말기와 남북조 시대를 중심으로 행해진 가마쿠라 및 교토 오산의 선승들이 지은 한시문을 가리키며, 넓은 의미로는 동시대 선림 문학을 총칭한다. 일기·어록·한문·한시가 있으며 고칸 시렌虎關師錬, 기도 슈신義堂周信 등 다수의 작가가 나와 에도 시대에 유학 부흥의 바탕이 되었다.

도쇼다이지

쿠지가 만들어졌다. 이 일에 관하여 무쥬無住(1227~1312)는 『잡담집雜談集』에 "겐초지 안은 마치 이국異國과 같다"고 썼다. 거기서는 중국어가 난무하였다. 난계도륭은 일본어를 조금 공부한 듯하나, 일상생활에서는 중국어를 사용했을 것이다.

송나라에 '오산五山'17) 제도가 있다는 정보도 어쩌면 그들에 의해 가마쿠라 막부 중추부에 보고되었으리라. 그것을 모방하여 겐초지 혹은 엔가쿠지 등이 일본의 오산으로 지정된다.

가마쿠라 막부가 멸망하고 무로마치 막부 시대가 되자 무로마치 막부를 개창한 아시카가 다카우지·다다요시 형제는 무학조원의 손자뻘 제자에 해당하는 무소 소세키(1275~1351)에게 깊이 귀의하였다. 그리고 무소의 제안을 바탕으로 무로마치 막부는 북조의 고곤 상황光嚴上皇의 이름으로 전국에 안국사安國寺·이생탑利生塔(사리탑) 건립을 기획한다. 하지만 이것은 전국 구석구석까지 빠짐없이 실현하는 데까지는 이르지 못한 것 같다. 그에 대신하여 가마쿠라 시대 이래 오산 제도의 정비가 무소의 주도로 진행되었고, 이후 그의 문파(무소파)와 도후쿠지를 거점으로 하는 엔니의 문파(쇼이치파聖一派)를 구분 짓

17) 중국 선종禪宗에서 가장 높은 위치에 있는 다섯 사찰. 정부가 주지를 임명하는 관제官制 사찰이다. 지금의 항주杭州에 있는 경산사徑山寺, 영은사靈隱寺, 정자사淨慈寺 그리고 영파寧波에 있는 천동사天童寺, 아육왕사阿育王寺 등 5개 절이다.

는 대립적 형태로 오산 제도가 무로마치 시대의 선종을 지탱한다. 그래서 이렇게 시작된 문화를 '오산문화'라고 부른다. 이와 관련한 자세한 이야기는 『동아시아 해역으로 배를 젓다 4: 동아시아 속의 오산문화』(시마오 아라타島尾新 편, 고지마 쓰요시 감수, 2014)를 참조하기 바란다.

당시 명과의 외교를 담당한 것도 이 오산승들이다. 그들은 막부의 학술·정치 고문으로 활약하였다. 방금 전의 무소 소세키의 제자였던 기도 슈신義堂周信(1325~1388)에게 당시의 쇼군 아시카가 요시미쓰足利義満가 『맹자』의 주석서에 관하여 질문했을 때 기도는 "중국에는 신구新舊 두 개의 유파가 있어서 내용이 다릅니다"라는 식으로 대답했다는 기록이 남아 있다. 이 신구 두 개의 유파라는 것은 후한 때 조기趙岐에 의한 주석과 주희의 새로운 집주集注를 가리킨다.

즉 한당 훈고학의 계통과 주자학의 계통과는 내용 해석이 상당히 다르다는 것을 기도 슈신은 이미 알고 있었다. 무소 소세키도 그러했지만, 기도 슈신도 중국에 직접 건너간 경험은 없다. 다만 같은 문하의 무소 소세키의 제자이자 또 한 사람의 유명한 젯카이 츄신絶海中津이라는 인물은 10년 동안 중국에서 유학했는데, 그가 유학을 시작한 최초의 해가 명조 건국의 해와 동일한 1368년이다. 이 때문에 젯카이는 건국한 지 얼마 안 된 명 왕조의 기풍을 직접 체험할 수 있었다.

이와 같이 13~14세기에 걸친 일본의 주자학 수용은 전적으로 불교의 선승들에 의해 이루어졌다. 이 점이 한국과의 결정적인 차이점이다. 한국에서는 고려 왕조 시대에 이미 송나라의 제도를 따라 배워서 과거 관료제를 정비하였다. 그 결과 유교의 경전에 관한 지식을 학력시험으로 테스트하고, 그 시험 결과에 따라 선발된 우수한 인재들은 스스로 정계에서 활약할 수 있는 기반을 만들 수 있었던 것이다. 그리고 차차 고려 말기가 되면 주자학도 들어오는데, 특히 몽고의 군사 침공으로 인해 고려가 부득이하게 복속국이 되자 고려의 관료들이 몽고(원나라)의 도읍지 북경에 가게 된다. 그 무렵 북경에서는 본고장 중국의 주자학이 이미 번성해 있었다. 이 때문에 고려 유학자들은 중국의 유학자들로부터 직접 가르침을 받는 기회를 얻을 수 있었던 것이다.

명대가 되자 이러한 추세는 더 한층 가속화되었고, 1392년 성립한 조선 왕조는 처음부터 주자학을 국교로 정하게 된다. 이에 대해 일본도 마찬가지로 명과 교류하면서 국교를 맺었지만, 외교 사절단은 불교의 선승 주도였기 때문에 유학자들 사이에서의 교류 기회는 없었던 것이다. 나는 이런 사정이 국가 장례나 관혼상제 등 예제禮制 방면에서 주자학의 새로운 요소가 일본에 전래되는 것을 훨씬 늦추게 한 요인의 하나였지 않을까? 하는 생각을 해 본다. 그렇기 때문에 선승들은 유교식 의례 도입에 대해 적극적 역할을 맡을 턱이 없었던 것이다. 한국의 경우는 유학자들에 의해 적극적으로 주자학 자체가 수용되었다는 특징이 있는데, 여기에 일본과 한국의 주자학 수용의 차이점이 있는 것이다.

한 마디 더 덧붙이면 중국 불교에서의 국가 의례나 관혼상제라는 것은 그전부터 중국에 존재했던 유교와 도교의 요소를 받아들이고 그것들을 재편성하여 만들어 낸 것이다. 그 때문에 본래 있었던 것(유교)을 다시 고치면 그 또한 유교식이라는 논리이다.

에도 시대의 주자학 자립과 양명학

주자학의 학습자가 불교의 선승이 아니라 유학자 자신들이 배우는 학문이 된 것은 에도 시대가 되고 나서부터이다. 그것을 상징하는 사례가 에도 시대 초기에 활약한 세 명의 학자, 후지와라 세이카, 하야시 라잔, 야마자키 안사이의 경력이다. 즉 세이카는 원래 쇼코쿠지相國寺(교토 오산 제2위)의 승려였다가 후에 환속한다. 라잔은 소년 시절에 겐닌지建仁寺(교토 오산 제3위)에서 학문을 닦았는데, 젊은 시절의 라잔은 출가를 거부하고 집으로 돌아온다. 야마자키 안사이는 묘신지妙心寺(오산과는 거리가 있는 교토의 임제종 사원) 출신으로 승려였는데 도사土佐에서 환속한 인물이다. 즉 환속하여 유학자가 된 것이다.

얄궂은 일이지만 라잔은 이미 소년 시절에 주자학자를 목표로 했는데, 그는 출가를 거부하고 주자학을 배우고자 일부러 후지와라 세이카의 문하에 입문한다. 하지만 도쿠가와 이에야스의 막부에 출사할 때 머리를 밀고 승복을 걸친 뒤 도슌道春이라는 승명으로 바꾸게 된다. 왜냐하면 무가 정권 중심에 출사하는 학자는 승려가 아니면 안 된다는 관례가 그때까지도 살아 있었기 때문이다. 가마쿠라 막부 이래의 전통이 에도 막부 초기에도 그대로 남아 있었던 것이다.

하야시 라잔은 이 행적에 대해 이윽고 연하인 나카에 도주中江藤樹(1608~1648)라는 유학자에게 비판을 받는다. "선생은 유학자인데도 왜 승려의 모습을 하고 있습니까?"라는 비판이었다. 나카에 도주의 세대가 되면 주자학으로 입신양명하는 학자는 승려가 아니라 일반 속인이어야 한다고 요구되었다. 이로부터 조금 뒤늦게 이토 진사이伊藤仁齊가 등장한다. 이 인물도 역시 교토의 시가지에서 일반 민중의 윤리 규범으로 유교를 주장하게 된다.

메이지 시대가 되면 이노우에 데쓰지로井上哲次郎라는 연구자가 등장하는데, 이 이노우에 데쓰지로 등 메이지 시기 연구자들이 진행한 학파 분류법에 의해 나카에 도주는 양명학파, 이토 진사이는 고학파古學派로 규정되었다. 즉 이들의 학문은 주자학과는 다르다는 유파 분류가 이루어진 것이다. 그러나 진사이도 젊은 시절에는 주자학을 공부하였다. 하지만 두 인물 모두 이윽고 주자학에 대하여 의심의 눈초리를 보내게 되고, 주자학으로부터 튀어나온다. 그 후 현재의 분류법에 적합한 학문적 활동을 하는 데까지 이르렀던 것이다.

나카에 도주는 그 짧은 생애의 만년에 왕수인 및 그 제자인 왕기王畿의 주장에 공감했지만, 그것은 도주 자신의 학설이 형성되고 난 뒤 왕양명의 책을 읽고 "아아, 나와 같은 생각이구나!"라고 느꼈다는 일일 뿐이다. 실제로 도주의 사상은 중국의 양명학과는 약간 그 양상을 달리하고 있다.

이노우에의 『일본 양명학파의 철학』(1900)에서는 확실히 나카에 도주, 구마자와 반잔, 미와 싯사이三輪執齋, 사토 잇사이佐藤一齋, 오시오 주사이大塩中齋 등을 한데 묶어 양명학파로 규정하고 있다.

그럼 이 책 속에서 나카에 도주를 소개할 때 어떠한 명칭·제목이 사용되고 있는지를 살펴보면 그것은 도주학파이고, 오시오에 관해서는 츄사이학파라는 호칭이 붙어 있다. 그러나 실제로 이들 사이에 무슨 계보 관계가 있어서 줄곧 이어졌던 것은 아니다. 지금 이름을 언급한 인물들 가운데 유일하게 사제師弟 관계가 있었던 것은 나카에 도주와 구마자와 반잔뿐이다. 다만 이 두 사람 사이에서도 그 사상은 상당한 차이가 있었다. 애당초 반잔은 도주 문하라는 것 외에 내가 보는 한 "아아, 과연 양명학자구나!"라고 생각할 수 있는 내용은 그다지 없다. 에도 유학 속에서 양명학의 계보를 찾아내고자 하는 시도는 후의 시대, 즉 메이지 이후의 연구자들이 그렇게 소망했기 때문이다. 따라서 당시 실태를 정확히 보여 주고 있는 것은 아니다. 이에 관해서는 졸저 『근대 일본의 양명학』(2006)에서 상세히 서술하였다.

또 이에 대해서는 사실 중국의 양명학에도 정확히 들어맞는 측면이 있다고 나는 생각한다. 현재도 '육왕심학陸王心學'이라는 일괄 묶음의 용어를 자주 볼 수 있다. 이 '육陸'은 방금 전 소개했던 주희의 논적 육구연陸九淵(1139~1192)이고 그의 사상은 심학이라고 평가받고 있다. 이 심학의 계보가 육구연에서 왕수인으로 연결되어 있다는 것이 학술사의 묘사 방식이다.

확실히 왕수인은 '심즉리心卽理'라는 말을 제창하는 데 맞추어 그 선인으로 육구연을 현창하였다. 또 이들을 이어받아 황종희黃宗羲는 『송원학안宋元學案』, 『명유학안明儒學案』이라는 송·원·명 유학사·유교사에 관한 서적을 집필한다. 여기에서 황종희는 주朱와 육陸의 대립이 송대 이래로 줄곧 이어지고 있으며, 그것이 이윽고 주자학과 양명학의 대립이 된 것이라는 대체적인 줄거리로 이 두 권의 책을 썼던 것이다. 이 줄거리의 구성은 후대까지 크나큰 영향을 미치면서 지금도 사용되고 있다. 하지만 실제로 육구연의 계보가 줄곧 이어졌던 것은 아니며, 게다가 육구연이 커다란 역할을 맡았다는 흔적조차도 찾아보기 힘들다. 내가 보기에는 그저 주희에게 대항하는 기치로서 심학이라는 용어가 사용되고 새로운 관심을 불러일으키는 데에 지나지 않았다.

그보다 중요한 것은 주자학적인 수양 방법에 의심의 마음을 품은 사람들이 끊이지 않고 존재했었다는 사실이다. 그들은 주자학을 배우는 과정에서 "이 주장은 틀리지 않는가?"라는 의심을 스스로 품게 된 것이다. 그리고 후대로 이어지면 학자들은 여러모로 탐구하는 와중에 "그렇게 말하면 주자학과 다른 말을 한 사람이 과거에도 있었다"고 하면서 그와 같은 인물을 찾아낸다. 그리고 역사적으로 그런 인물을 발견하는 과정을 끊이지 않고 되풀이하였다.

그래서 종국에는 그들을 나란히 배열하였고, 그것이 육구연에서 왕수인에 이르는 하나의 계보, 즉 '육왕심학'을 만들어 낸 것이다. 이노우에 데쓰지로가 『일본 양명학파의 철학』 속에서 에도 시대의 '양명학자'들을 연결시킨 것도 그것과 동일한 작업이었을 것이다.

여하튼 이 계보를 비판하는 입장, 즉 자신을 정통적인 주자학자라고 인식하는 측에서는 중국에서도 일본에서도 심학·양명학적인 인물들에 대해서는 '선禪'이라는 용어로 비판의 레테르(상표)를 뒤집어 씌웠다. 조금 전 언급했다시피 이것은 주희가 애당초 육구연을 비판하는 전형적 방법이었다. 또 왕수인이 주자학의 고정된 틀에서 뛰쳐나와 자신의 교설을 주창하게 되자, 주자학 측에서는 곧바로 이 방법을 상기하였고 왕수인에 대한 비난의 용어로서 사용한다. 이것은 역으로 말하면 선禪에 친근감을 갖고 있는 입장의 사람들 혹은 친근감은 물론 선에 완전히 빠져 있는 선승들의 경우는 양명학에 대하여 더욱 친근감을 갖게 되었다.

중국에서는 명대 후반, 16세기부터 17세기 전반에는 양명학자와 선승과의 교류가 매우 활발하였다. 이는 주자학 등장 이전에 송대의 새로운 유교 담당자들과 당시 선승들의 교류가 빈번한 것과 완전히 동일하다. 그렇기 때문에 양명학의 일본 전파 과정도 불교의 선승을 통했다는 것은 결코 이상한 일이 아닌 것이다.

이 과정에서는 주자학·양명학의 차이점이나 첨예한 대립과 같은 현상이 전혀 보이지 않는다. 애초에 중국에서도 양자는 그 정도까지 이질적인 학문 유형이었던 것은 아니다. 하지만 둘 모두 한당 훈고학과는 큰 차이가 있다. 그래서 한당 훈고학의 계보를 잇는다고 자부하는 청조 고증학과도 이질적이다. 주자학도 양명학도 훈고학이나 고증학에서 보면 똑같이 보인다. 따라서 고증학 측에서는 주자학이나 양명학을 모두 합쳐서 비판하는 것이다.

더욱이 일본의 경우, 무로마치 시대에는 불교 선승들이 주체적인 역할을 맡았기 때문에 주자학과 양명학의 이론적인 차이점에 대해 깊이 사색하는 데까지는 이르지 못하였다. 일본에서 유학자로 주자학을 자립시킨 제1세대·제2세대의 특색으로서 후지와라 세이카나 나카에 도주는 주왕절충朱王折衷, 즉 주자학과 양명학 양쪽을 섞은 듯한 주장을 펼쳤다고 평가받는다. 이것도 의도적으로 혼합한 것이라기보다는 그러한 형태로 일본에서는 이해되었던 것이다. 나카에 도주가 양명학과 만나게 된 것도 그러한 흐름이다.

한편 하야시 라잔은 주자학 일존을 주장했지만, 그 모습은 역시나 승려였다. 이러한 상황 속에서 주자학자라는 입장을 순수하게 지키고자 했던 인물이 야마자키 안사이山崎闇齋이다. 그와 그의 제자들은 『주자가례』의 실천에 힘썼고, 일본 고래의 신도와 결합하여 유교식이면서도 동시에 신도식이기도 한 듯한 묘지를 만들었다.

이 『주자가례』는 의견이 분분하지만, 주희가 편찬했다는 사실만은 확실하다. 주희가 편찬한 집안 내에서의 예법(예)이라는 것은 『주자가례』에 쓰여 있듯이 구체적으로는 관혼상제이다. 그 가운데 일본에서 중시된 것은 장葬과 제祭, 즉 장례식과 조상 제사이다.

원래 일본에는 고래로부터 불교식이 아닌 장의葬儀, 불교식이 아닌 묘지가 존재하였다. 이것은 율령 안에 정해져 있는 방식 등에 따른 것이었다. 애당초 율령이라는 것은 유교의 예의禮儀를 '법문화法文化'한 것이고, 한당 훈고학의 영향을 받았다. 결국 한마디로 말하면 유교식이었던 것이다. 일본 고대의 제도에서 불교식도 있지만, 다른 한편으로는 유교식도 있었기 때문에 에도 시대의 신도와 유교가 일치한다는 주장은 사실 본래부터 원류를 같이 하는 두 개의 유파가 새삼스럽게 다시금 서로 유사하다는 점을 말했던 것에 불과한 것은 아닐까. 즉 그 본원을 더듬으면 똑같은 것이었기 때문이다. 야마자키 안사이 등이 '신도식'이라고 말하는 일본 고대의 신도식이라는 것은 원래 중국 유교의 영향을 받아서 만들어진 것이다. 그 때문에 그들이 주자학의 『주자가례』를 배우고 새롭게 유교식이라는 간판을 가지고 들어왔을 때, "일본 고래의 신도식과 매우 유사하다"고 주장했던 것이지만, 그렇게 닮아 있는 것은 당연한 일이었다.

라잔이나 안사이 등이 '신유일치神儒一致'를 강조한 것은 그 당시의 시점에서 일본의 주류 세력이 불교였기 때문이다. 불교에 대항하는 의식 차원에서 말하자면 그것은 2위와 3위의 연합, 즉 2위와 3위가 함께 힘을 합쳐 대항하자는 것이 아니었을까 생각한다.

에도 시대가 되면 후에 '호학 다이묘'로 불리는 유교 애호가들이 나타난다. 그들이 바로 이케다 미쓰마사(오카야마번), 호시나 마사유키(아이즈번), 도쿠가와 미쓰쿠니(미토번), 마에다 쓰나노리(가가번) 등이다. 후에 쇼군이 되는 도쿠가와 쓰나요시德川綱吉나 도쿠가와 이에

노부德川家宣 등의 사람들도 다테바야시館林(군마현 남동부)와 고후甲府(야마나시현)에서 각각 아직 다이묘였던 시절부터 주자학에 친근감을 갖고 있었다. 일찍이 무로마치 시대에 쇼군·다이묘 곁에는 오산의 승려들이 있었다면, 에도 시대에 쇼군·다이묘 곁에는 주자학자들이 있었다는 것이다.

하야시 라잔의 경우는 부자 3대, 라잔이 승려의 모습으로 출사하기 시작한 뒤 도쿠가와 쓰나요시의 시대가 되고 나서 하야시 가문의 3대째인 하야시 호코林鳳岡(1644~1732)에게 머리를 다시 기르는(蓄髮) 출사가 허가되었다. 이후 하야시 가문 역대의 현재 주인[當主]은 다이가쿠노카미大學頭18)로서 주자학을 강의하고 막부의 어용학자 역할을 담당한다. 유명한 아라이 하쿠세키新井白石(1657~1725), 무로 규소室鳩巣(1658~1734)도 이 무렵 등장하는데, 그들은 둘 모두 기노시타 준안木下順庵(1621~1699)의 문하생이다. 기노시타 준안은 후지와라 세이카의 손자뻘 되는 제자이기 때문에 하쿠세키와 규소는 증손자뻘 제자에 해당한다. 이들은 하야시 가문과는 조금 다른 학풍이지만 역시나 주자학이다.

그다음에 오규 소라이荻生徂徠(1666~1728)라는 일본 사상사의 거물급 학자가 있다. 소라이는 독학으로 출세한 인물인데, 그가 배웠던 것도 주자학이다. 그리고 주자학의 지식으로 도쿠가와 쓰나요시의 측근 야나기사와 요시야스柳澤吉保에게 발탁된다. 그는 만년에 주자학을 방법적으로 비판하고 에도 유학의 큰 유파로 일컬어지는 고문

18) 일본 율령제에서 다이가쿠료大学寮의 장관으로 학생들의 시험과 석전釈奠의 예를 관장하였다. 에도 시대는 쇼헤이자카 학문소昌平坂学問所의 장관이 되는데, 1691년(겐로쿠元禄 4) 하야시 호코가 임명되었고, 이후 대대로 하야시 가문이 세습하였다.

사학古文辭學을 수립한다.

이렇게 해서 에도 시대 중기에 이르면 주자학은 불교의 선종 사원에서 완전히 독립한다. 또 각각의 문파, 즉 하야시 가문은 후에 정학正學이라 불리는 주자학, 기노시타 준안의 계통은 그들 자신의 계통, 이토 진사이는 진사이학, 오규 소라이는 소라이학, 나카에 도주는 도주학이라고 하는 바와 같이 각각의 학파마다 세대 간 계승이 분명해진다.

19세기가 되면 원래 중국의 주자학에서 사용되었던 존왕양이 등의 뒤숭숭하고 위험한 용어가 일본에서도 주자학을 공부하는 사람들 사이에 폭넓게 침투한다. 즉 요시다 쇼인이 주창한 '초망굴기草莽崛起'라는 말을 빌리면, 정말로 초망(초야)에까지 존왕양이란 용어가 정착하였다. 그로 인해 존왕양이를 주장하면서 막부의 다이로大老 혹은 로쥬老中의 암살을 기획하거나 서양인을 살상하거나 하는 위험한 무리들이 등장한다. 그리고 마침내 막부를 타도하고 메이지유신을 성공시킨 것이다.

3. 오산문화 연구에 대한 서론

> 오산문학五山文學은 완전히 문학계의 고아이며, 천애고독天涯孤獨을 한탄했을 뿐이다. (다마무라 다케지玉村竹二)

다마무라 다케지의 한탄

위에 소개한 인용문은 다마무라 다케지의 문장이다. 다마무라는 도쿄대학 사료편찬소의 『대일본사료大日本史料』 편찬 사업에서 제7편 「무로마치 시대 전반의 기타야마北山 시대」를 담당한 연구자이다. 그는 1차 사료로 다이토쿠지大德寺 문서(교토 소재)를 비롯한 오산五山 관련 문서와 서적 등을 조사했는데, 그 연장선상에서 『오산문학신집五山文學新集』 전 6권, 별권 2권을 편집하였다. 말하자면 그는 일본사 연구자의 입장에서 오산문학의 중요성을 통감했던 인물이었다. 그가 『오산문학신집』[1] 전체의 「서문」에서 토로한 것이 바로 이 한탄이다.

다마무라에 의하면 오산문학은 중국 연구, 불교 연구, 일본 연구 등 세 영역에서 다 버림받아 중시되지 않았다. 오산문학의 시문에는 불교어가 대량 사용되고 있다. "이것 하나만으로 중국문학 전문가로부터는 중시되지 못하였고 삼류 작품의 레테르가 씌워졌는데, '불교 냄새가 난다'고 하는 한 마디 말로 정리되었다." 거꾸로 '선종의 종지宗旨 연구자'에게 오산문학은 중국 승려의 한시문과 일본 승려의 와분和文(일문) 사이에 끼어 있기 때문에 중시되지 못하였다. 즉 "한문적 표현은 기본적인 중국의 조록祖錄[19]뿐이고, 그것도 너무 많아 그 중간에 위치하는 오산문학 작품은 여기서도 의붓자식 취급(따돌림)을 당하고 전혀 관심조차 받지 못했다"는 것이다. 그리고 일본문학 연구에서는 "그 문체가 한문이기 때문에 아무리 해도 국문학 정통의 흐름에 합류하지 못하는 것 같다"는 것이었다.

다시 말해 일본인 선승들이 한문으로 써서 남긴 시문을 정면에서 다루며 검토하는 의의를 중국 연구에서도 불교 연구에서도 일본 연구(국문학)에서도 전혀 의식지 않았다는 것이다. 그 결과가 위에 말한 "이렇게 되면 오산문학은 완전히 문학계의 고아이며, 천애고독을 한탄했을 뿐이다"는 탄식이 된다. 역사학계만이 "오직 한 사람, 이에 연민을 품고, 음과 양으로 구원의 손길을 내민 것이다"고 다마무라는 말한다.

다마무라의 이 「서문」의 날짜는 1967년(쇼와 12) 3월 19일, 지금으로부터 50년 전의 일이다. 이 사이 다마무라 자신을 비롯한 여러 연구자의 공적에 의해 오산문학은 차츰차츰 흥미와 관심을 불러일

19) 조사祖師가 찬술한 것, 또는 그 언행 등의 기록.

으키는 연구 대상으로 인식되기 시작하였다. 그러나 그것은 오산문학의 개별 작가나 작품에 대한 검토가 심화되었다는 것일 뿐, 오산문학의 역사적 위상, 오산문학이란 무엇인가? 라는 그 본질적 해명 등은 아직까지도 다마무라가 탄식한 시점과 그다지 바뀐 것이 없는 듯이 보인다. 기도 슈신, 젯카이 츄신으로 대표되는 소위 무소파夢窓派에 의한 오산 주류의 정통적인 작품군과 잇큐 소준一休宗純에 의한 이단적인 작품 둘 모두를 포괄하는 형태에서의 오산문학론, 애당초 '오산문학'이라는 한 묶음이 유효한 것인가? 라는 점도 포함하여 다양한 논의는 아직도 충분히 이루어지지 않았다.[2]

다마무라가 역사학 연구자였다는 점과 마찬가지로 나도 문학을 전공하는 사람이 아니다. 더욱이 나의 경우 연구의 주요한 대상은 (다마무라가 그러했듯이) 일본이 아니라, 중국 사상에 지나지 않는다. 그러한 내가 오산 연구에 관하여 문제 제기를 한다는 것도 주제넘은 일이다. 다만 오산문화에 대한 공동 연구[3]에 참가하는 과정에서 얻은 식견을 발표하는 이유는 최근 몇 년 동안 개인적인 생각을 종합한 결과에 따른 것으로 감히 '당랑지부'[20]의 마음으로 논의해 보고 싶었기 때문이다.

가마쿠라 신불교와 오산

지금도 고등학교 일본사와 윤리 과목에서는 "처음으로 임제종臨濟宗을 일본에 전파한 사람은 에이사이榮西"라고 가르치고 있다. 그러

20) 螳螂之斧. 자기 분수를 모르고 상대가 되지 않는 사람이나 사물과 대적함.

나 이 문장 표현은 여러 가지 유보 조건을 덧붙인 상태가 아니라면 사실에 반하는 기술이 될 우려가 있다.[4]

애당초 현재 '임제종'이라는 명칭 하에 있는 모든 사원은 몇몇 유파로 나누어지고, 제각기 일본에서의 역사적 전개와 관련한 개별적 이야기를 갖고 있다. 예를 들면 '임제종 도후쿠지파東福寺派'의 경우 중국에서 일본에 그 가르침을 가져온 인물은 무준사범無準師範 밑에서 유학한 엔니이고 계보상 에이사이는 관계가 없다. 또 '임제종 겐초지파建長寺派'에서는 난계도륭이 이 종파의 조사이고 여기에서도 에이사이는 등장하지 않는다. 난계도륭의 후임으로 가마쿠라 막부의 부름을 받은 무학조원은 '임제종 엔가쿠지파円覺寺派'의 개산이 되었다. 결국 에이사이는 '임제종 겐닌지파建仁寺派'의 조사에 지나지 않는 것이다.[5]

에이사이의 이름으로 임제종 전체를 대표하게 만든 이야기의 실마리가 학교 교육의 현장으로 침투해 간 것은 '가마쿠라 신불교'라는 관념이 성립했던 바에 의한 영향이 클 것이다. 주지하다시피 헤이안 불교와 이질적인 새로운 불교의 종파로서 통상 다음의 6가지가 '가마쿠라 신불교'로 인구에 회자되었다. 그리고 그 각각에 한 사람씩의 개조를 할당하는 형식으로 채택되었다. 즉 정토 계열 신흥 종파로서 호넨法然의 정토종淨土宗, 신란親鸞의 정토진종, 잇펜一遍의 시종時宗 등 3가지, 천태교학의 '탈脫밀교화' 운동으로 탄생한 니치렌日蓮의 법화종法華宗, 그리고 새롭게 들어온 선불교로서 에이사이의 임제종과 도겐道元의 조동종曹洞宗이 그것이다.

애당초 이 '가마쿠라 신불교'라는 개념 자체는 서구의 16세기 종교개혁을 모방하여 가마쿠라 시대를 불교 혁신 시대로 파악하는 하나의 가설에 불과하였다.[6] 그 때문에 거기에서는 기독교적 프로테스탄티즘과의 비교에 의해 '개인 영혼의 구원'이라든가 '정치권력과의 거리'라든가 하는 바에 높은 가치를 부여하고, 그것에 의해 정치적·사회적으로 구체제를 지탱하던 헤이안 불교와의 차별화를 시도하였다. 이것에 의해 정토 계열에서는 세 종파 가운데 특별히 정토진종을 중시하였다.

또한 『탄이초歎異抄』(탄니쇼)[21]의 공개 출판이나 1917년(다이쇼 6) 간행된 구라다 햐쿠조倉田百三의 『출가와 그 제자』의 영향력도 있어 근대 사회에서도 의미를 갖는 교설로서 신란이 재평가를 받게 되었다. 천태종의 개혁파였던 니치렌에 관해서도 막부로부터 탄압받은 경력이 플러스로 작용하여 '반反권력적'이라는 긍정적 평가가 내려졌다.

선종 계통에서는 막부 권력과 거리를 두면서 '지관타좌只管打坐'[22]를 설파한 조동종의 개조 도겐의 교설이 주목받았다. 그 상징이 20세기 일본 인문학의 대표적 석학 와쓰지 데쓰로和辻哲郎의 「사문沙門 도겐」이란 논문일 것이다. 이 논고는 1926년(다이쇼 15) 간행된 『일본 정신사 연구』에 수록됨으로써 일약 유명해지게 되었다. 임제종에서는 린케林下의 다이토쿠지大德寺(교토 소재)에서 활약한 반골의 승려 잇큐一休가 에도 시대 이래 서민적 인기도 있어서인지 높은 평가를 받게 된다.

---

21) 13세기 말 신란親鸞의 법어를 담은 불교 서적. 신란의 제자 이엔唯圓이 편찬한 책으로, 신란의 법어法語를 수록하고 옹호하였다.

22) 지관只管은 '오로지 또는 한결같이'의 뜻. 즉 지관타좌는 오로지 좌선함, 한결같이 좌선함을 말함.

각 종파는 에도 시대 사청寺請 제도 하에서 제각기 자신들이 얼마나 안녕질서安寧秩序, 공서양속公序良俗(공공의 질서와 선량한 풍속)에 들어맞는 종파인지를 강조해 왔다. 하지만 그들은 근대의 사상사적 언설 공간에서 이런 흐름을 교묘히 받아들이고 각각 자신이 속한 종파의 조사가 근대 사회에도 적응 가능한 보편적 교설을 주장했다고 역설하였다. 즉 그 근대성을 강조하는 역설의 전략으로 방향 전환이 이루어진 것이다. 그 풍조 속에서 무로마치 시대의 정치적 체제파였던 오산五山은 마이너스 이미지로 파악되었던 것이다.

쓰다 소키치의 오산문학 비판

아까 소개한 다마무라 다케지의 한탄에서 보이는 바와 같은 오산문학 평가를 정착시키는 과정에서 공적이 있었다(=해독을 씻어 냈다)고 볼 수 있는 견해 가운데, 여기에서는 쓰다 소키치津田左右吉의 『문학에 나타난 우리 국민 사상의 연구』(전 4권)를 다루고자 한다. 왜냐하면 그 지명도와 영향력의 크기 정도에서 볼 때 '주범主犯'이라 해도 좋지 않을까? 라는 생각이 들기 때문이다. 쓰다는 제2부 「무사武士문학의 시대」 제2편 제4장에서 다음과 같이 서술하고 있다. 더구나 이 책은 1919년(다이쇼 8) 간행이고, 『출가와 그 제자』나 『일본 정신사 연구』와 같은 시기의 저작이다.[7]

> 이른바 오산문학이 그것이다. 국문학적으로나 국민 사상적으로나 관련되는 바가 매우 적지만, 어쨌든 사회의 한구석에 존재하고 있는 사실이기 때문에 일단 그것을 음미해 볼 필요가 있다.

"사회의 한구석에 존재하고 있기" 때문에 "일단 그것을 음미"한다. 쓰다의 표현은 처음부터 오산문학에 대한 적대감으로 충만해 있다.

쓰다에 의하면 오산문학이란 지나 사상支那思想[8]의 기반 위에 세워졌고 선종을 수행하면서 모든 문화적 측면에서 지나(중국)를 숭배하는 선승들이 지나의 시문을 지은 것이다. 이 때문에 그것은 "필경 지나인의 입 모양을 흉내 낸 것에 불과하다." 게다가 내용적으로도 지나의 사상과 사물을 서술하고 있을 뿐이며, "지나어·지나문학을 빌려서 일본인의 사상을 드러내고 일본의 사물을 묘사하고자 한 것이 아니다."

오산의 승려들이 사상적으로 지나에 깊이 심취한 사례로 쓰다는 '도당천신渡唐天神'의 전승을 언급한다. 도당천신이란 도후쿠지의 개산 엔니의 꿈에 스가와라노 미치자네菅原道眞(간코菅公, 학문의 신)가 나타나 바다를 건너가서 엔니의 스승인 무준사범 밑에서 선을 배우고 온다는 이야기이다. 이것은 오산승들에 의해 선종의 선전 자료로 사용되었고, 미치자네의 화상(도당천신상)과 함께 널리 유통되었다. 이 전승에 관하여 쓰다는 다음과 같이 평가한다. "도당천신의 전설은 선승들 사이에서 나온 듯싶지만, 특히 그들이 문학의 신으로 숭배하고 있는 간코菅公에게 무준사범의 참선을 배우도록 한 점에서 그들이 사상적으로 지나支那 본위였다는 것을 보여 주고 있다." 우리는 이 점에서 일본을 대표하는 문학자인 스가와라노 미치자네[9]를 지나 선승의 제자에 자리매김하고자 했던 그 발상에 대해 쓰다가 비판적으로 보았음을 알 수 있다.

쓰다 소키치는 "선승의 한문학이 쉽게 국풍과 동화하지 않은 것은 그것이 지나인의 특수한 취미에 바탕을 둔 것이기 때문"이라고도 말하고 있다. 이는 그가 국풍으로의 동화를 긍정적으로 보는 입장에 있었음을 여실히 보여 주고 있다. 이렇게 오산문학은 그가 구상하는 국민문학의 역사 속에 잘 받아들여지지 못한 것이다.

> 선승의 태도는 국민적이지 않다. 오히려 세계적이었다. 무엇보다 그들의 사상에서 세계의 중심은 지나였기 때문에 세계적이라는 것은 지나 본위라는 것이다. 요컨대 선종과 선승의 사상이란 이 시대에도 여전히 이국적인 것이었다. (…) 결국 선승의 한문학은 대체로 총림叢林[23]의 선禪으로만 행해진 별세계의 문학적 유희에 지나지 않았던 것이다.

여기서 보면 오산문학을 외국 것으로 외부에 배제함으로써 그것과는 다른 순수한 국민문학의 역사가 그려져 있다. 쓰다의 오산문학에 대한 혹평은 그가 원래 저서에서 의도한 주제, 즉 '문학에 나타난 국민 사상'을 서술하기 위해서는 어쩔 수 없이 그렇게 할 수밖에 없었던 것이다. 쓰다는 부수적으로 오산에서 유행한 서화 취미를 언급하며 이렇게 서술한다.

> 선승과 특수적 관계에 있는 소위 송원화宋元畵의 모작摸作도 또한 동일한 위치에 있다. 따라서 그것이 국민예술로 취급받을 자격이 없다고 하는 점은 말할 필요도 없으리라. 국민문학이 우타렌가歌連歌[24]와 모노가타리物語라는 것과 마찬가지로 국민적 회화는 야

23) 선원禪院(참선 수행 전문 도량), 강원講院(경전 교육기관), 율원律院(계율 전문 교육기관) 등을 모두 갖춘 사찰.

마토에大和繪[25])이고 널리 세상에서 행해지고 있는 것도 또한 그것이었다.

국민문학으로서 와카和歌·렌가連歌·모노가타리와 국민예술로서의 야마토에. 그것들과 대립하는 것으로서 지나문학·지나회화의 모작으로서의 오산문화가 존재한다. 그러나 "모작은 결국 모작에 지나지 않는다." 일본에서의 주류, 즉 "널리 세상에서 행해지고 있는" 분야로서 검토·연구할 가치가 있는 것은 국민문학·국민예술 쪽이었다. 쓰다는 이렇게 해서 오산문학을 철저히 매장해 버린 것이다.

그리고 쓰다뿐만 아니라 이 일은 오산을 둘러싼 전체적 평가로도 당시의 커다란 사상적 추세였다. 다이쇼大正 시대 '국민'을 강조하는 문맥 속에서 역사를 회고했을 경우 오산의 문화는 부정·말살해야 할 성격을 지닌 것으로서 표상되었다.

쓰다의 앞의 책이 출간된 후 수년 뒤늦게 히라이즈미 기요시平泉澄는 도쿄제국대학에서의 강의를 토대로 1926년(다이쇼 15) 『중세의 정신생활』(복간, 2006)을 출판한다. 여기에서는 한시문 작품에 대한 직접적 언급이 없다. 하지만 히라이즈미는 "오산의 승려들 사이에서는 지나의 역사에 상당히 통달해 있는 사람도 있었던 듯싶지만, 눈을 안으로 돌려 일본의 역사가 되면 아무것도 모르는 사람이 더 많았다. 혹은 모두가 국사의 지식을 결여하고 있었다"고 서술하고 있다. 쓰

24) 가인歌人이 지은 렌가連歌가 평이하고 단조로운 한 구절의 본래 뜻을 표현하지 못하는 경우가 많은데, 이를 보충하여 렌가시連歌師 쪽에서 읊어 주는 말.

25) 9세기 후반 헤이안 시대 초기에 발생하여 12~13세기 초에 유행한 대표적인 순수 일본 회화 양식의 하나.

다와 마찬가지로 그들의 '지나' 중심주의를 비판하는 언사가 보인다. 또 히라이즈미는 오산 승려의 일기에 남색 관련의 기사가 많다는 점 등을 예로 들면서 그 도덕적 타락도 비난하고 있다.[10]

다이쇼 시대에 형성된 이러한 시선은 단지 오산문학 평가의 문제에 머물렀던 것이 아니라, 무로마치 시대의 문화를 파악할 때의 구조 틀을 고정화시키는 요소로도 작용하였다. 즉 예술 방면에서 전통문화 창성기라는 플러스 평가와 문학·사상 방면에서 정체라는 마이너스 평가와의 분열이다.

그러나 양자가 동일한 토대에서 생겨난 현상이라고 한다면 이 두 가지를 유기적으로 연결하여 해석하는 시점으로 되돌아갈 필요가 있지 않을까. 이것이 '오산문화'라는 용어에 의해 그것을 시도해 보려고 하는 까닭이다. 이하 정승政僧(정치에 참여한 승려)으로서 활약한 일에 의해 오산 체제의 확립에 크게 공헌한 중심인물을 예로 들어 이 사항에 관하여 생각해 보고 싶다. 즉 그 중심인물은 무소 소세키夢窓疎石이다.

무소 소세키의 위상

무소 소세키(1275~1351)는 일본의 남북조 시대 초기를 대표하는 선승이다. 이세伊勢(미에현三重縣)를 통치한 겐지源氏의 영지 내 사사키佐々木 가문에서 태어나 어릴 적부터 현밀계顯密系 사원에 출가하여 20세 때 선승으로 전향한다. 31세 때 가마쿠라 조치지淨智寺에서 고사가後嵯峨 천황의 제2황자인 고호 겐니치高峰顯日의 법통을 이어받는다. 45세 때 가쿠카이니覺海尼(호조 다카토키北條高時의 모친)로부터 초청받은 일을 시작으로 이후 고다이고後醍醐 천황 및 아시카가 다카우지·다다요시 형제의 귀의를 받고, 고다이고 천황·고묘光明 천황·고곤光嚴 천황한테 개별적으로 국사國師의 호칭을 하사받는다. 그는 사후의 추증을 합하면 전부 7개나 되기 때문에 '칠조제사七朝帝師'로 불리기도 한다. 무소 소세키는 린센지臨川寺나 덴류지天龍寺의 개산조가 되었고, '간노觀應의 소란'26)이 한창일 때 77세의 나이로 세상을 떠난다. 그는 아시카가 정권에서 종교 정책 총괄, 덴류지 조영을 포함하여 안국사와 이생탑 설치 등의 중심인물이었다. 그리고 덴류지 외에 아시카가 요시미쓰足利義滿가 슌오쿠 묘하春屋妙葩(무소 문하의 제자로 혈통상 외종조카이기도 함)에게 명하여 조성한 쇼코쿠지相國寺의 명목상 개산조이기도 하다(실질적 개산조는 슌오쿠 묘하). 따라서 무소 소세키는 무로마치 시대의 오산 제도 탄생의 어버이라 해도 무방한 존재였다. 그의 법계는 무소파夢窓派라고 불리며, 그들이 승록사僧錄司(소로쿠시) 등 무로마치 막부의 외교·문화 정책의 요직을 독점하였다.

무소 소세키

무소는 린센지·덴류지 외에 가이甲斐(야마나시현)의 도린지東林寺나 가마쿠라의 즈이센지瑞泉寺를 건립하였고, 또 그곳에 정원을 조성한 것으로 널리 알려져 있다. 그중에서도 교토의 사이호지西芳寺는 종전부터 존재한 정토종의 사이호지西方寺(일본 각지에 분포)를 개종·개수

26) 남북조 시대인 1349~1352년에 벌어진 항쟁으로 간노觀應 연간에 특히 정점에 달했던 아시카가足利 정권(무로마치 막부)의 내분.

한 것으로 그 경관은 후에 아시카가 요시마사의 히가시야마 산장東山山莊(현 지쇼지慈照寺)의 모델이 되었다. 사이호지西芳寺는 오닌의 난으로 가람伽藍이 전소되었는데, 정원도 막대한 손해를 입었기 때문에 현재의 모습은 무소 소세키 당시의 건물과는 상당한 차이가 있다. 가레산스이枯山水27)로서 유명한 고인잔洪隱山 사이호지西芳寺 가레타키이와구미枯瀧石組(가레산스이 기법으로 만든 정원)는 무소 시대에는 존재하지 않았지만, 오닌의 난이 끝난 뒤인 부흥기 때의 산물일 것이라는 설도 있다.[11] 그런데 사이호지의 별명이 되기도 한 저 유명한 '고케苔'[이끼 태]는 훨씬 후대에 와서야 이 사원의 쇠미를 상징하는 식물로 생겨난 것이다. 그것이 근대에 성립한 시선에서 '일본의 전통미'라고 평가되는 아이러니한 운명을 가져왔을 뿐이다. 즉 '고케데라苔寺'(이끼 사찰)의 탄생은 무소가 관여하지 않은 현상인 셈이다. 그렇지만 무소 당시의 사이호지 정원이나 덴류지 정원이 무로마치 시대의 규범으로 숭배되었다는 사실은 의심할 여지가 없다. 이 점에서 무소는 틀림없는 오산문화의 선도자였다.

그런데 종래의 오산문학 연구에서는 무소의 작품은 그다지 주목받지 못하였다. 오산문학의 쌍벽을 이루는 기도 슈신·젯카이 츄신이 모두 그의 제자들인데도 말이다. 참고로 다마무라의『오산문학신집』간행되기 직전에 나온 야마기시 도쿠헤이山岸德平 교주校注의『오산문학집: 에도 한시집江戶漢詩集』(이와나미 일본고전문학대계 제89권, 1966)에는 무소의 시가 한 수도 실려 있지 않다.

거기에는 물론 이유가 있는데, 그의 실제 작품이 기도·젯카이는

---

27) 물을 사용하지 않고 돌과 모래 등으로 산수 풍경을 표현하는 일본의 정원 양식.

물론이고 그 밖의 오산 시인들의 수준에도 미치지 못했다는 판단이 작용하고 있기 때문일 것이다. 정치적 승려로서 활약한 경력만으로 단순히 생각하면, 그것은 그에게 시심詩心이 없었기 때문이라고 해석할 수도 있다. 하지만 후술하는 바와 같이 와카和歌 방면에서는 높은 평가를 받고 있다는 점에서 보면 필시 그것은 한시漢詩 제작이라는 기법상 문제는 아니었을까. 무소에게는 많은 오산 시인과는 다르게 중국 유학 경험이 없었다.

그는 선승으로 전환한 직후인 20대 무렵, 상술한 고호 겐니치의 법통을 잇기 이전에 겐닌지의 무인 엔판無隱円範이나 겐초지의 이코 도넨葦航道然, 엔가쿠지의 도케이 도쿠고桃溪德悟) 등의 고승들 밑에서 수행하였다. 이들 사승師僧은 모두가 다 중국에서 건너온 도래승으로 겐초지의 개산조 난계도륭의 법통을 잇고 있으며, 고호 겐니치도 도래승으로 엔가쿠지의 개산조 무학조원의 법통을 이어받았다. 난계나 무학의 일본 도래는 남송 직수입의 선풍禪風을 가마쿠라에 들여왔다는 것을 의미한다. 무소는 말하자면 그 제3세대로서 그들의 손자뻘 되는 제자이며, 이 선풍의 정착기에 수행을 쌓았던 것이다. 또 무소는 겐초지에서 도래승인 일산일령一山一寧 밑에서도 사사하였다. 이런 환경에도 불구하고, 아니 이런 혜택을 받은 환경 때문이겠지만, 무소는 한 번도 원나라에 건너가지 않고 일본 내에서만 수행의 세월을 거듭한 것이다.

유학 가는 사람은 선승 전체에서 보면 특수하고도 한정된 존재였을 터이지만, 많은 뛰어난 인재를 배출하고 오산 체제 전체를 좌지우지하게 된 무소파의 개조[무소 소세키]에게 유학 경험이 없다는 것은 주목해 볼 가치가 있다. 무소가 중국 유학을 희망하는 제자들에게 그 필요성이 없다고 말하면서 유학에서 돌아온 승려를 따르면 그 것으로 충분하다고 말한 일화도 있다. 이런 점에서 우리는 무소파의 경우에는 어떤 일이 있어도 제자들을 유학 보내고자 하는 그러한 기풍이 아니었다는 것을 상상할 수 있다. 기도 슈신도(무소가 중국에 유학 가는 것을 반대했는지 어떤지는 확실하지 않지만) 원나라에 건너가지는 않았다. 젯카이의 경우는 10년간을 명나라에서 보냈는데, 그것은 스승 무소 소세키 몰후의 일이다.

당시 일본 국내에서도 한시문의 제작 실습은 가능했던 것이고, 실제로 무소의 게구偈句[28]가 본고장 중국에 전해져서 중봉명본中峰明本[29]에게 절찬을 받았다는 일화도 있는데, 이렇게 보면 그의 한문 능력이 결코 뒤떨어지지 않았음을 알 수 있다. 기도 슈신도 유학 경험이 없지만, 그는 젯카이와 나란히 오산문학의 대표적 존재로 평가받고 있다.

따라서 무소에게 해외 경험이 없다는 점과 그의 시문이 문학적으로 높은 평가를 받지 못했다는 점을 맹목적으로 연결시켜 평가해야 할 당위성은 없는 것이다. 다만 그에게 해외 경험이 없다는 점은 유학에서 돌아온 다른 동료들과 자기와의 차이점을 강하게 자각하는 요소로 작용했을 것이다. 또 그것이 한시문 제작과는 별개 방면에서의 활동으로 그를 이끌었을 가능성을 상정해 볼 수 있다.

『몽중문답집夢中問答集』은 그의 사상적 주요 저작으로 알려져 있다. 이 작품은 한자와 가나仮名 혼용의 문체를 사용하면서 아시카가 다

28) 부처의 공덕이나 가르침을 찬탄하는 노래인 가타伽陀의 글귀.
29) 1263~1323. 중국 원대의 선승. 절강성 항주 태생. 시호는 지각선사智覺禪師·보응국사普應國師. 천목산天目山 사자원師子院의 고봉원묘高峰原妙의 제자.

다요시와의 문답 형식으로 선禪의 교설을 설파하고 있다. 이 책은 무소파가 세력을 자랑한 무로마치 시대는 물론이고 에도 시대에서도 입문서로 널리 읽혔다고 한다.[12] 나의 관점으로 두 가지 특징을 꼽고 싶다. 첫째는 위정자와의 문답이라는 점, 둘째는 무소 자신이 인쇄·간행했다는 점이다.

아시카가 다다요시足利直義30)는 정이대장군(세이이타이쇼군) 아시카가 다카우지의 동생으로 막부의 실권을 쥐고 있었고 부에이쇼군武衛將軍 혹은 후쿠쇼군副將軍으로 불렸다. 그런 인물과의 대화라는 형식을 취한 점에서 무소의 불법과 왕법(세법世法)과의 관계를 해명하려 했던 의도가 엿보인다. 또 이런 점을 살펴볼 수 있다는 지적은 이미 관련 학계에서 많이 이루어졌다.[13] 결국 이 책이 세속의 최고 권력자에 대한 설교였다는 점에서 오산문화의 기반을 다진 정승政僧 무소 소세키의 진면목이 생생하게 드러났다고 할 수 있다.

그리고 이것을 확정한 텍스트로 널리 통용시키기 위해 인쇄 출판이란 기술이 이용되었다는 점도 중요하다. 이 책은 인쇄 역사상 가나 혼용에 의한 최초 시기의 출판물로 평가받고 있다. 물론 오산판五山版으로 분류된다. 이 일로 인해 한자 문맥에 낯설고 친숙하지 못한 독자층을 의식한 홍통弘通(교법이 널리 퍼짐)이 기획되었던 것이다.[14] 지금 회고해 보면 대단한 일이 아닐지도 모르겠지만, 인쇄물은 한적

30) 1306~1352. 무로마치 막부의 초대 쇼군인 아시카가 다카우지의 동생이다. 남북조 내란기에 형 다카우지를 도와 정적들을 물리치고 교토에서 무로마치 막부를 개창하였다. 이후 다카우지와 함께 이원 정치의 형태로 이끌었으나 다카우지의 집사인 고노 모로나오高師直와의 충돌 끝에 막부에서 물러났다. 이후 남조의 힘을 얻어 모로나오를 제거하고 다시 정무에 복귀할 수 있었다. 그러나 다카우지와 그의 아들 요시아키에 의해 실권을 빼앗기고 끝내는 독살당하고 말았다.

漢籍밖에 존재하지 않았던 시절에 가나 혼합 문체의 출판물을 제작한다는 창의적 견해는 상식을 뒤엎는 일이었으리라. 가나仮名의 지위를 높이는 일에 무소가 공헌했다고 한다면 쓰다 소키치처럼 오산문화를 폄훼하는 것은 사리에 어긋나는 것이 된다.

무로마치 시대에 성행한 이른바 쇼모노抄物(고전에 관한 강의노트)는 내전內典(불교 경전)뿐만 아니라, 양적으로는 오히려 외전外典(불교 이외의 서적) 한적을 구어口語로 주해했다는 점이 주목받고 있는데, 오산에서는 무소파의 활약이 눈길을 끈다. 오닌의 난이 한창이던 분메이文明 연간(1469~1487)에 『주역周易』, 『사기史記』, 『삼체시三體詩』 등의 쇼모노를 짓고, 그 기간의 대표 작자로 알려진 도겐 즈이센桃源瑞仙은 젯카이의 손자뻘 제자, 즉 무소 소세키 삼전三傳의 제자에 해당한다. 경經·사史·집集 등 다방면에 걸친 중국 고전에 대한 와고和語(일본어) 주해를 기록하는 행위는 『몽중문답집』과 서로 통하는 성격이 있는 것은 아닐까. 그것은 서기書記 언어로서 일본어의 형성이라는 문제와도 연결된다.

더구나 무소는 한시문보다는 와카 장르에서 이름을 날렸다. 니시야마 미카西山美香는 무소의 와카가 아시카가 요시마사足利義政의 히가시야마 산장의 장식으로 중요한 역할을 맡은 것에 대해 지적하며 "이제까지 선림禪林의 문학(오산문학)이라고 하면 한문시만이 주목받아 왔지만, 선림은 와카와 설화를 지속적으로 제작하고 전해 왔다. 화문학和文學(일본문학)의 풍부한 수맥을 지녔음을 알 수 있다"고 논하였다.[15] 사이호지를 모방한 히가시야마 산장에서는 와카를 짓는 가인으로서 무소 소세키도 동경과 숭앙의 대상이었던 것이다. 이렇게 볼 때 종래 한시문에만 한정하여 논의해 온 '오산문학'론은 당시의 실상과는 전혀 맞지 않는다.

지知와 미美의 집적 창고였던 오산을 문화적인 총체로서 이해하기 위해서는 후세에 설정된 틀에 갇히지 말고, 당시의 사유방식에 따라 다방면으로 더 고찰할 필요가 있을 것이다. 무소는 정치 고문의 역할이나 사원의 정원 조영 측면에 비해 사상가·문학가로는 제대로 평가받지 못하였다. 그러므로 그 맥락에서 무소 소세키를 종합적으로 재평가하는 작업이 요구된다고 할 수 있다.[16] 그리고 그것은 무소에 한정된 것이 아니라, 엔니나 난계도륭과 같은 오산 초창기에 활약한 인물들도 마찬가지다.

남송 종교 제도 연구를 위한 실마리

안국사와 이생탑의 설치는 무소가 『몽중문답집』과 동시기에 아시카가 다카우지·다다요시 형제와 함께 제정한 것으로 알려져 있다. 일본 전국(66국國과 2도島 총 68개 지역)에 하나씩, 전사자 위무를 위한 안국사와 민정 안정을 위한 이생탑(사리탑)을 지정한다는 이 제도는 종교적 동기뿐만 아니라, 정치적으로 아시카가 정권의 기반을 안정시키는 효과를 기대한 것이었다고 해석되고 있다.[17]

이 발상의 기원으로는 쇼무聖武 천황31)의 고쿠분지國分寺 제도와 인도 아소카왕32)의 8만 4천 사리탑 건립이 지적되고 있는데, 역사학자 이마에다 아이신今枝愛眞은 중국 송대의 영향을 크게 강조한다.

31) 701~756. 나라奈良 시대(710~794) 제45대 천황.

32) 기원전 304~기원전 232. 아육왕阿育王. 마우리아 제국의 제3대 황제. 인도 아대륙의 대부분을 통일함으로써 마우리아 제국의 전성기를 이끌었다.

즉 송 휘종徽宗이 민심 위무를 위해 각 주州에 건립한 천녕선사天寧禪寺와 고종高宗이 부친 휘종의 추선追善 공양을 위해 각 주에 설립한 보은광효선사報恩光孝禪寺가 그것이다. 물론 이런 송대의 시책과 아시카가 정권의 안국사·이생탑 설치를 직접 연결하는 사료가 있다거나, 무소와 다다요시가 이런 남송 제도를 어디선가 언급하고 있다거나 하는 것은 아니고, 이마에다의 추측에 의한 것이다.[18]

이 견해는 학계에서 지지를 받고 있는 것은 아니다.[19] 다만 오산 제도가 애당초 남송 유래의 제도라는 점, 중국에서도 각 주의 선원 제도가 형해화된 후에 오산 제도가 확립된 점을 고려할 필요가 있다. 이 점을 고려하면 이마에다의 주장도 반드시 황당무계하다고만 단정할 수 없는 것이다. 특히 남송 초기 고종의 보은광효선사의 경우는 아직 불안정했던 중앙 정권이 지방을 장악하는 기능을 기대했다는 점에서 초기 아시카가 정권과 시대적 배경이 비슷하였다. 무소 소세키와 그 주변 인사들은 문헌이나 전승에 의한 기억으로 그러한 일을 알고 있었을지도 모르겠다. 따라서 그들이 이 이야기에 근거하여 상술한 정책을 설계했다는 것은 충분히 상정해 볼 수 있다.

하지만 문제는 중국의 해당 사료가 부족하다는 점이다. 휘종의 정책이든 고종의 정책이든 현존하는 중국 사료에서 그 구체적 실상은 전혀 보이지 않는다. 고종이 소흥紹興 9년(1139) 보은광효선사를 설치했다는 기술은 『불조통기佛祖統記』33) 권47에 보이지만, 남송 초기의 상세한 연대기인 『건염이래계년요록建炎以來繫年要錄』에는 전혀 기록되어 있지 않다.[20] 휘종의 경우, 도교에 마음이 기울어져 있던

33) 1269년 중국 송나라 승려 지반志磐이 저술한 중국 불교사로 전 54권.

상태가 비판 대상으로서 사료에 특기되어 있다. 하지만 불교 정책에 관해서는 오히려 도교의 아류에 자리매김하고자 했지만 결국 실패했다는 탄압의 측면만이 기록·기억되고 있다.[21]

고종에 관해서도 그 개인적인 불교 귀의는 알려져 있기는 하지만, 정책적으로는 유교 존숭자의 측면이 명군名君의 근거로 지속적으로 이야기되어 왔다. 이마에다의 주장이 실증성을 결여한 것은 송대 선불교에 대한 국가 정책이 사료상 불명료했기 때문인 것이다.

애초부터 오산 제도 자체가 중국에 남아 있는 기록으로는 자세히 알 수 없다. 이 오산五山 지정은 영종寧宗(재위 1208~1224) 때, 재상 사미원史彌遠의 제안에서 시작되었다고 한다. 이것도 조정의 공식 기록에 보이는 것이 아니라 불교 교단 내부에서 전해지는 말에 지나지 않는다. 사씨 일족이 사미원의 아버지 사호史浩 대부터 불교 비호자로 알려졌다는 점, 선종의 오산 가운데 두 개가 사씨의 고향 경원부慶元府(현 영파)에 있고, 남은 세 개도 그들의 세력 범위인 행재行在(임시 수도) 임안부臨安府(항주)에 있었다는 사실 등으로 볼 때 이 전승 자체는 정확한 것이라고 추측할 수 있다. 하지만 그것을 규정한 공식 문서는 2차 사료인 편찬물에 기록으로 남아 있지 않다.

이는 송대, 특히 남송 후반기의 사료로서 우리들이 현재 이용할 수 있는 자료가 어떤 편향성을 바탕으로 편찬된 것과 관련이 있으리라. 그것은 '주자학 필터filter'라고 해야 할 것이다.

중국에서는 원래부터 그러한 경향이 강하지만, 특히 송대에 역사 편찬은 유교 이데올로기의 지배하에 있었다. 휘종·고종기에 대해서도 동시대적으로 이미 유교의 색안경을 쓰고 분식粉飾하였다.

만약 당시 실제로 각 주에 특정 선사禪寺를 지정하는 제도가 시행되었다 해도, 그 일을 황제를 칭송하는 업적으로 기록하는 것은 사관史官의 도리가 아니었던 것이다. 남송 후반, 13세기 영종기는 사미원 정권에 대한 역사적 평가의 문제도 있어서 모든 것이 사실대로 기록되어 전해졌던 것은 아니다. 주자학 교설을 신봉하는 사대부들이 그 이념에 근거하여 사미원 정권의 실상을 왜곡하여 전했기 때문이다. 영종의 다음 황제 이종理宗이 되면서 그 시기의 회요會要(해당 시기에 작성된 사료) 편찬이 남송 연간에는 이루어지지 않았고, 송원 교체 후에야 간신히 사료 정리가 행해졌기 때문에 더욱 문제를 야기하였다. 한마디로 개괄하면 현재 우리들에게 친숙한 남송 후반의 역사는 주자학자들이 자신들의 이데올로기에 맞추어서 각색한 이야기에 지나지 않는다.[22]

남송에서 원대에 걸쳐 편찬된 항주와 영파의 지방지도 마찬가지이다. 거기에서는 오산으로 인정받은 일을 매우 자랑스럽게 기록하기는커녕, 불교 사원을 마치 유해 시설이라고까지 말하고 싶은 듯이 서술하고 있다.[23] 이것은 편찬자인 유교적 사대부의 인식의 반영에 불과하고, 해당 시기 그곳 사람들의 전체 의견은 아니다.

오산 제도는 중국의 문화사나 종교사에서는 일본의 오산 정도만큼 중요시되지 않았다. 그 때문에 연구가 그다지 진전되지 못했다는 커다란 이유도 여기에 있었던 것이다. 즉 오산 제도 자체가 중국에서는 반드시 중요했던 것은 아니며, 오히려 그것과 관련한 사료의 전수 방법, 보존 방법에서 원인을 찾을 수 있다. 정부(막부)의 공적 기록을 오산(특히 쇼코쿠지) 승려들이 담당하고, 그 기록에 근거하여 무로마치 시대의 정치나 제도를 검토하고 있는 일본사의 경우와는 상황이 완전히 다른 것이다.

이는 거꾸로 말하면, 중국의 오산 양상은 일본 쪽의 그 모습에서 부분적으로 복원 가능함을 의미한다. 중국의 경우 선종뿐만 아니라 교敎·율律에도 각각 오산이 정해져 있었는데, 그 구체적 실태는 거의 알려져 있지 않다.[24] 일본에서도 가마쿠라 시대에 송나라 유학 경험자들에 의해 율종이 부흥되었지만 중국의 선종 오산처럼 체제화되진 못하였다. 다만 중국보다는 당시 상황을 전해 주는 사료가 남아 있다. 또 원대나 명대 초기에도 존속해 있던 오산 제도의 조직이나 실상에 관해서는 남송 시대 이상으로 사료가 없는 탓에 그 이상을 알기는 어렵다. 중국 잔존 사료만을 살펴보면, 명대는 왕조 창립 당초부터 순수한 유교 왕조였다는 식의 양상을 보여 주고 있다. 만약 우리들이 그것을 곧이곧대로 받아들인다면 그것은 그러한 사료만을 남겨 온 명대 주자학 계열 사대부들이 바라던 대로일 것이다.

일본의 오산 상황을 재구성함으로써 중국의 '잃어버린 역사'를 되찾을 수 있다면 이는 학술적으로 국제적 공헌이 될 것이다. 중국과 똑같이 근세기 주자학 일존一尊의 역사 편찬을 실시했던 한국도 포함하여 우리는 유교 이데올로기에 물들지 않은 형태로 동아시아 해역에서의 문화의 전체상을 밝혀 나가는 활동을 장차 기대할 수 있을 것이다.

나오는 말

이상, 이 글은 전반부에서 오산문학을 일본문학사에서 낮게 평가하는 사고방식이 근대, 특히 다이쇼 시대가 되고 나서 형성되었다는 점을 새롭게 확인하였다. 또 그것이 가마쿠라 시대의 종교사적 평가와 연동되었다는 점도 지적하였다. 그리고 후반부에서는 오산문화의 중심인물인 무소 소세키를 다루었는데, 선행 연구에 의거하면서 문화적 측면에서 그가 이룩한 업적 및 역할의 중요성을 논의하였다. 이에 더해 무엇보다도 다방면에 걸친 무소 소세키의 활약상을 보여주는 그 종합적 성향에서는 앞으로 심층적 검토를 해야 할 필요성도 서술하였다. 게다가 무소 소세키에 의해 시도되었던 안국사 제도의 원류에 관하여 일설로 상정되어 있는 중국 송대의 제도 그 자체의 연구가 거의 이루어지지 못했다는 현상도 소개하였다. 더 나아가 송대사 연구 분야에서 잔존 사료의 문제에 대하여 일본 오산문화 연구의 심화에 의해 그것을 돌파할 가능성까지 언급하였다.

이 논고에서 서술한 내용은 선학들의 다양한 성과물의 축적에 근거하여 재구성해 본 나의 사론私論이자 시론試論에 지나지 않는다. 실증적 논증은 모두 미래의 과제이다. 여하튼 이러한 시도에 의해 폐쇄적이었던 개별 분야의 연구자 동료들을 유기적으로 결합하고 종전의 조직을 대신하는 새로운 역사 인식의 지평을 열어 나갈 수 있기를 기대해 본다.

일본에는 다행스럽게도 전통 있는 사원이나 에도 시대 다이묘 가문에 의해 수백 년 전의 서적·문서가 대량으로 잔존해 있다. 이것을 전란이나 정책으로 인해 1차 자료가 거의 현존하지 않는 중국의 경우와 비교하면 일본은 축복받은 환경이라고 해야 될 것이다. 일본에 전해진 사료를 바탕으로 중국의 '잃어버린 역사'를 일부분이나마 재현할 수 있다면 그것은 일본의 중국학이 세계를 향하여 자랑할 만한 성과가 될 것이다. 오산문화 연구에는 그런 가능성이 보물처럼 간직되어 있는 것이다.

[주]

1. 『오산문학신집』은 1967~1981(쇼와 42~56)년에 도쿄대학출판회에서 간행되었다. 이에 앞서 가미무라 간코上村觀光가 『오산문학전집』 전 40권을 1905~1915(메이지 38~다이쇼 4)년에 쇼카보裳華房에서 간행하였다. 다마무라 사업은 이를 계승한 것이다.
2. 애당초 잇큐는 오산사원이 아니라, 린케의 다이토쿠지에서 활약한 승려이고, 그러한 그의 작품을 '오산문학'이라는 호칭에 포함하는 것은 이상하다는 입장에서 '선림禪林문학'이라는 용어도 존재한다. 이 입장에서 '오산문학'이라는 용어는 그 일부를 이루는 협의의 의미로 사용되어 버린다. 다만 이 논고에서는 후에 서술하는 바와 같이 오산의 문화적 달성을 단지 문학적 측면뿐만 아니라, 당시의 문화 시스템 전체 속에 자리매김하려는 입장에서 감히 잇큐 등 린케도 포함하는 의미에서 오산문학이란 호칭을 광의적으로 사용하고 싶었다. 오산 체제 속에 있었던 십찰十刹[짓세쓰 혹은 짓사쓰]이나 제산諸山[쇼잔]도 물론 포함한다.
3. 이 논고는 많은 선행 연구에서 영감받았는데, 특히 다음 네 권은 관련이 깊다. 스에키 후미히코末木文美士의 『일본 불교 사상사 논고』(大藏出版, 1993), 무라이 쇼스케村井章介의 『동아시아 왕복 — 한시와 외교』(朝日新聞社, 1995), 니시오 겐류西尾賢隆의 『중세의 일중 교류와 선종』(吉川弘文館, 1999), 이토 고지伊藤幸司의 『중세 일본의 외교와 선종』(吉川弘文館, 2002).
4. 일본에서 묘안 에이사이明菴榮西를 선종의 개조로 보는 이 언설은 가마쿠라 시대 말기 고칸시렌虎關師錬의 『겐코샤쿠쇼元亨釈書』에서 수립되었다고 알려져 있다. 그러나 그 후도 에이사이 이전에 이미 선종이 일본에 전해졌다고 보는 역사 인식이 유력하고, 쇼토쿠 태자聖德太子나 고호 대사弘法大師 구카이에 그 공적을 귀결시키는 작업이 진행되었다. 그리고 에이사이·도겐이 가져온 신불교로서 선종을 이해하는 오늘날의 인식과 오산 제도 시대에 태어난 당사자들의 자기인식과의 사이에는 의견이 어긋나 있음을 주의 깊게 통찰하지 않으면 안 된다.
5. 현재 임제종으로 분류되는 종파에는 그 밖에 오산사원 계열의 난젠지파南禪寺

派·덴류지파天龍寺派·쇼코쿠지파相國寺派, 거기에 더해 린케의 다이토쿠지파·묘신지파妙心寺派 등 전부 14유파가 있다. 교토 오산의 6사가 도후쿠지의 닷츄塔頭 만쥬지万壽寺를 제외하고 모두 독립된 대본산大本山이 된 것은 교설 내용뿐만 아니라 세속적인 차원의 문제도 얽혀 있기 때문인데, 겐닌지 외는 쇼이치파聖一派(엔니파)든가 무소파를 개산조로 하는 사원이다. 가마쿠라에서는 에이사이와 관련 있는 주후쿠지壽福寺·조묘지淨妙寺도 지금은 난계도륭(란케이 도류)을 개산조로 하는 겐초지를 대본산으로 숭앙하고 있다.

6. 그 시초는 메이지 44년(1911)에 잡지 『게이분藝文』에 게재된 하라 가쓰로原勝郎의 논문 「동서의 종교개혁」으로 알려져 있다.
7. 이하 『문학에 나타난 우리 국민 사상의 연구』로부터의 인용은 라쿠요도洛陽堂에서 1919년 간행된 책의 305~311쪽에 산재해 있다.
8. 쓰다 소키치의 표기를 존중하여 굳이 '중국'으로 고치지 않았다. 그가 기술하는 문장에서는 '지나'로 표기한다.
9. 쓰다 소키치의 『문학에 나타난 우리 국민 사상의 연구』 제1권 「귀족문학의 시대」에서 스가와라 미치자네菅原道眞에 대해서는 불과 두 군데에서 (가인歌人이 아니라) 한시인漢詩人으로서 극히 간단하게 언급하는 데 머물러 있을 뿐이며 그 평가도 높지 않다. 미국 보스턴 도서관의 외벽에 이름이 새겨진 두 명의 일본인 문학가 중 한 명(다른 한 사람은 라이 산요이며 그도 한시·한문에 능한 명인이었다)으로서 당시 미치자네가 내외에서 높은 평가를 받았다는 점을 생각하면 쓰다의 이러한 취급은 흥미진진한 바가 있다. 한시문 전반에 대한 그의 혹평의 일환이었다는 것은 틀림없다.
10. 물론 오산문학에 대한 가치 부정 일색이었다는 것은 아니다. 오리쿠치 시노부折口信夫가 히라이즈미平泉의 『중세의 정신생활』 간행의 동년(1926)에 행한 강의 필기 「무로마치 시대의 문학」(오리쿠치 시노부 전집 제23권, 中央公論社, 1997 수록)에서는 무로마치 시대의 문화에서 점하는 오산문학의 위치를 높이 평가하고, 또 "오산문학전집의 간행이 기획되었는데, 겨우 약간의 시문詩文의 부部 4권만으로 그친 것은 매우 아쉽다"(195쪽)고 서술하고 있다. 다마무라는 이러한 생각을 실현하여 『오산문학신집』을 편찬한 것이었다. 쓰다·히라이즈미·

오리쿠치 거기에 더해 와쓰지 데쓰로 등 다이쇼 시대 사람들의 (중국과 비교하여 이질적인 것으로서의) 일본 문화론에 관하여 전체적으로 비교·검토하는 일은 향후 과제로 남기고 싶다.

11. 히다 노리오飛田範夫, 『정원의 중세사 — 아시카가 요시마사와 히가시야마 산장』, 요시카와코분칸吉川弘文館, 2006.
12. 『몽중문답집』에는 가와세 가즈마川瀨一馬의 현대어 역본이 있고, 현재는 고단샤講談社 학술문고에 수록되어 있다. 또 그 집필 의도나 사상적 특징에 관해서는 니시야마 미카西山美香의 『무가 정권과 선종 — 무소 소세키를 중심으로』(가사마쇼인笠間書院, 2004)에서 상세한 분석이 이루어졌다.
13. 다마카케 히로유키玉懸博之의 「무소 소세키와 초기 무로마치 정권」(『일본 중세 사상사 연구』, 페리칸샤, 1998 수록). 무소에 관해서는 그 밖에 다마무라 다케지玉村竹二의 『무소 국사 — 중세 선림 주류의 계보』(헤이라쿠지쇼텐平樂寺書店, 1994, 초출은 1958), 사사키 요도佐々木容道의 『무소 국사 — 그 한시와 생애』(슌쥬샤春秋社, 2009) 등이 있다.
14. 니시야마의 앞의 책에서는 "'왕'이었던 다다요시부터 여성을 포함한 서민까지 모두에게 통용되고 공유할 수 있는 텍스트라는 선언, 즉 국가종교로서 선종의 정전正典이라는 선언"(193쪽)이고, "그 행위는 일본의 선종이 외래의 종교인 선의 단순한 수입에서 탈피하고 일본 선종으로서 자립시키기 위한 하나의 작업이었다" (248쪽)고 서술하고 있다.
15. 니시야마의 앞의 책, 270쪽.
16. 니시야마의 앞의 책은 서론에서 『몽중문답집』과 덴류지 창건을 무소 사상의 구현화로서 병기하고 "덴류지天龍寺 창건은 사상·사회·정치·경제·문예·미술·예능·건축·정원 등의 방면에서 중요한 변혁을 일으키는 데 영향을 끼쳤다"(6쪽)고 평가한다.
17. 안국사·이생탑에 관한 논고를 포함한 선행 연구는 쓰지 젠노스케辻善之助의 『일본 불교사』 제4권(이와나미쇼텐, 1949), 이마에다 아이신今枝愛眞의 『중세 선종사의 연구』(도쿄대학출판회, 1970), 다마카케 히로유키玉懸博之의 『일본 중세의 선과 율』(요시카와코분칸, 2003) 등이 있다.

18. “중국 종교계를 깊이 이해하고 있던 다다요시에게는 덴표天平 시기의 고쿠분지 등보다도 오히려 중국의 전례 쪽에 더 끌리는 바가 있었던 것은 아닐까?”(이마에다의 앞의 책, 133~134쪽).
19. 마쓰오松尾는 이마에다의 주장을 근거가 희박하다 하여 배척한다. 하지만 나의 좁은 견식으로 볼 때 이마에다의 주장을 실증적으로 발전시킨 논고는 없다. 또 이생탑에 관해서는 니시야마 미카가 앞의 책에서 다카우지가 미나모토노 요리토모源賴朝를 강하게 의식했었다는 다른 여러 사례를 들면서 그를 모방한 것이라고 해석하고 있다.
20. 보은광효선사는 실제로는 기존 사원을 개칭한다는 형태로 설치되었던 듯싶다. 그 점에서도 (신규 건설의 고쿠분지와는 다름) 안국사와 유사하다. 다만 그 개칭 연차는 사료에 다르게 기재되어 있다. 예를 들면 후에 오산五山으로 인정되는 항주의 보은광효선사에 관하여 『함순임안지咸淳臨安志』 권 718은 이 명칭에 대한 변경을 소흥紹興 19년(1149)의 일로 기록하였다.
21. 휘종은 한 시기 사원을 도교와 똑같이 ‘궁관宮觀’, 승려의 명칭은 도사를 모방하여 ‘덕사德士’, 비구니를 ‘여덕女德’이라 바꾸고, 석가의 명칭도 ‘대각금선大覺金仙’이라 하여 도교풍의 호칭으로 바꾸었다.
22. 졸저 『중국 사상과 종교의 분류 ― 송조』(고단샤, 2005), 356~360쪽 참조.
23. 앞에서 언급한 『보경사명지寶慶四明志』나 『함순임안지』에서 해당 사원(경산 흥성만수선사, 북산 경덕영은선사, 태백산 천동경덕선사, 남산 정자보은광효선사, 아육왕산 광리선사)의 기사에는 오산 사원으로 인정된 취지의 기재가 없다. 애당초 중국 오산의 등급 평가에 대해 확인할 수 있는 것도 일본에서 편찬된 『후소오산기扶桑五山記』의 덕택이다. 중국 측의 사료에서는 불교 교단 내부의 것이나 송렴宋濂의 문집에 의해 단편적으로 그것과 관련된 일부분만이 확인되는 것에 불과하다. 이 점을 지적하는 니시오 겐류西尾賢隆에 따르면 “경산徑山 이외는 오산의 순위에 관하여 알 수 없다.”(『중국 근세의 국가와 선종』, 시분카쿠思文閣 출판, 2006, 241쪽).
24. 교敎란 경전 교학의 의미로 일본에서 말하면 천태종 계열의 것이었다. 율律은 계율이며 일본에서는 율종에 해당한다. 슌조俊芿는 남송의 율원에서 학문·연구

에 매진하고 귀국한 뒤 센뉴지泉涌寺를 거점으로 율종을 재흥하였다. 또 앞에서 언급한 니시오의 『중국 근세의 국가와 선종』은 원대에 관한 것으로 교원敎院에 관해서는 "어느 사원이 오산 십찰十刹인지 정해져 있지 않다"(241쪽)고 서술하고 있다. 또 이것에 덧붙여진 각주에서 "율원의 오산 십찰에 관해서는 그 존재를 발견할 수 없다"(254쪽)고 서술하고 있다. 『보경사명지』 등에서는 사원 소개에 맞추어 그 분류로서 선·교·율을 사용하고 있는데, 이는 이 세 구분이 제도적인 것이었다는 점을 시사해 주고 있다.

4. 무소 소세키 사론私論

— 원친차별을 넘어

무소 소세키의 유정지벽有庭之癖

『가이키槐記』[1] 교호享保 10년(1725) 5월 18일 조條에 다음과 같은 짧은 문장이 보인다.

> 미쓰히로의 다른 견해에 의하면, 평범하게 노래를 짓는 일은 그만둘 필요가 있으며 그것은 선을 수양하는 데 필요한 일이 아니다. 이에 (다쿠안은) 답장하기를 "무소夢窓에게는 정원 가꾸는 버릇[癖]이 있고, 셋슈雪舟에게는 그림 그리는 버릇이 있다"고 말하고, 편지 말미에 "세상 사람들에게는 자기만의 버릇이 있고, 나 자신에게도 있는데, 그것은 '와카의 도敷島の道'이다"고 덧붙였다. 이에 따라 미쓰히로도 마침내 가르침 받기를 동의하였다.

미쓰히로는 가라스마루 미쓰히로烏丸光廣(1579~1638)이며, 니죠파二條派[34]의 공가公家 가인歌人으로 알려져 있다. 여기에서 미쓰히로와 편지를 주고받는 상대는 다쿠안 소호澤庵宗彭(1573~1646)이다.[2] 미쓰히로가 "스님은 선禪의 도를 궁구해야만 하는데, 가도歌道는 수행에 방해가 될 것입니다"고 말하였다. 이에 대해 다쿠안은 "사람에게는 저마다의 버릇이 있습니다. 저의 경우는 와카의 도입니다"라고 되받아쳤다는 일화가 있다. 18세기 전반 『가이키』가 기록되기 100년 정도 이전의 일이기 때문에 진위 여부의 사실은 확실하지 않다. 다만 여기에서 다쿠안이 셋슈와 무소를 사례로 들면서 자기변호를 하고 있는 모습은 18세기 전반에 '벽癖(버릇)'이 있는 선승으로 정원[庭]=무소, 그림[畵]=셋슈, 노래[歌]=다쿠안 등 3인이 병칭되었음을 시사한다.

셋슈 도요雪舟等楊(1420~1506?)는 말하지 않아도 알 수 있는 무로마치 화단을 대표하는 명인이다. 또 다른 1인 무소 소세키夢窓疎石(1275~1351)는 일반적인 지명도 면에서 뒤의 두 사람에 비해 명성이 약간 뒤떨어질지 모르지만, '칠조제사七朝帝師'로 불리는 고승이었다.[3] 일화 가운데 다쿠안이 "셋슈나 무소도 그러했기 때문에 자신에게 벽이 있는 것도 당연하다"고 주장하는 것은 이 기록을 전한 사람들에게도 "바로 그와 같다"고 생각할 수 있는 일이었던 것이다. 더구나 여기서 말하는 '벽'은 어떤 사물을 애호하는 취미를 가진 사람이라는 방향에서의 의미이다.

다만 다쿠안은 뒤의 두 사람과 다른 점이 있다. 와카는 일본의 독

34) 일본 중세 시기 와카의 한 유파.

자적인 '와카의 도'이나, 셋슈는 수묵화의 명인이고 무소는 선정禪庭의 명인이었기에 둘 모두 중국 선림의 취향을 배우고 일본에서 개화시킨 것이었다. 즉 문화 교류의 산물이다.

무소 소세키가 구상한 정원으로 가장 유명한 곳은 교토의 덴류지天龍寺이다. 이 사원은 그 자신이 개산조이며 개기開基(사원 창립자)는 아시카가 다카우지(1305~1358)이다. 고다이고 천황(1288~1339)의 명복을 빌기 위해 창건되었다. 이 밖에도 가마쿠라의 즈이센지瑞泉寺나 교토 사이호지西芳寺('고케데라苔寺'로 유명)의 정원도 그의 작품이다. 앞에서 언급한 일화 속의 다쿠안 화상에게 무소는 정원 만들기(作庭)로 저명한 선구자였던 것이다.

무소는 셋슈와는 달리 중국 땅을 밟아 본 경험이 없었다. 따라서 그의 정원 구상은 중국 선림을 실지로 견문한 경험에 기초한 것이 아니라, 그가 일본에서 배운 선림 정원의 바람직한 모습을 추구했던 것이다. 하지만 여전히 그것은 13세기에 시작된 '오산문화'[4]의 흐름에 속하는 것으로, 그의 후대 사람들에게는 규범성을 지닌 '바람직한 선정禪庭'이 되었다.[5]

일찍부터 언급되어 온 바와 같이 "헤이안 시대 중기의 국풍문화 성립 이후, 일본의 독자적인 문화가 열도 내부에서 양성되어 갔다"고 하는 언설에 대한 재검토가 여러 방면에서 진행되었다. 이른바 중세에서도 중국대륙·조선반도와의 교류가 끊임없이 자극을 주었다는 견해가 근년 들어 점점 정착되고 있다.[6]

이 논고에서는 무소 소세키를 예로 들어 문화 매개자로서의 불교 선승의 역할을 논하기로 한다. 아래에서 지적하는 역사적 사실의 대부분은 전문가들에 의한 연구 성과에 의거한 내용이다. 하지만 내

나름의 관점에서 그것들을 정리하고, 이런 역사적 사실이 의미하는 문화 수용의 성격에 대해 서술하고자 한다.

선·교·율

남송 불교는 선·교·율의 세 가지로 구분된다. 이는 계戒·정定·혜慧의 삼학에 각각 대응한다(계는 율, 정은 선, 혜는 교).[7] 그리고 이 세 구분에 각각 유명 사찰 5곳씩을 선정하여 '오산五山'이라 하였다.[8]

남송 소정紹定 6년(1233)부터 순우淳祐 11년(1251)까지 18년 동안 재상을 역임한 정청지라는 인물이 있다. 그는 경원부慶元府(현 절강성 영파) 출신으로 25년간 재상직에 있던 동향의 사미원이 은퇴·사망하게 되자 이를 대신하여 그 후계자로서 남송 정부의 수반을 맡았다. 정청지가 저술한 「권수정토문勸修淨土文」에는 '정토의 일문淨土之一門'을 수양하면 '선교율'에 의지하는 바 없이 '계정혜'를 얻을 수 있기 때문에 이쪽이 더 우수하다는 기술이 있다.[9] 이는 당시 '선교율'관觀이 통념으로 존재했다는 점, 그리고 유교 사대부인 그가 지지하고 있는 바와 같이 이 무렵에는 정토 전수專修라는 사고방식이 융성했다는 점을 시사하고 있다.

그가 이렇게 주장하고 있는 것은 매우 흥미진진하다. 이렇게 말하는 것은 그의 전임자였던 사미원이야말로 오산 제도를 창설한 인물로 여겨지고 있기 때문이다. 더구나 두 사람은 똑같이 절강성 영파 출신이다. 사미원의 부친 사호史浩도 역시 재상직까지 올라갔던 인물로 현재 교토 다이토쿠지大德寺에 소장된 오백나한도五百羅漢圖에 그의 모습이 그려져 있다(이데 세이노스케井手誠之輔의 주장).[10]

다이토쿠지본 오백나한도는 중국 영파 혜안원惠安院의 승려가 순희淳熙 5년(1178)부터 10년간에 걸쳐 고향 영파와 근린 지역에 거주하는 사람들에게서 기부금을 모아 제작하였다. 시주들은 조상의 명복을 빌고 일족의 번영을 기원하며 이에 응하였다. 혜안원은 영파 동쪽 교외에 있는 동전호반東錢湖畔의 청산青山(양당산陽堂山)의 호숫가 기슭에 위치했는데, 원래는 십육나한이 나타나는 장소였다고 한다. 이 오백나한도에서는 수륙회水陸會라 불리는 법회와의 관계를 엿볼 수 있다. 또 도폭이 넓어 사호史浩라고 여겨지는 인물도 수륙회의 창시자인 중국 남조南朝 시대의 보지寶誌 화상과 대면하는 형태로 그려져 있다.

사호의 아들인 사미원이 어떤 경위로 오산 제도를 창설하게 되었는지는 사료가 부족하여 명확히 알기 어렵다.[11] 다만 확실히 말할 수 있는 것은 유교 사대부 관료인 사씨 일족도 불교 보호자의 면모를 지녔다는 점이다.

보경寶慶 3년(1227) 절강 영파의 지방지가 편찬된다. 영파의 아명雅名인 '사명四明'을 취하여 이름이 붙여졌고, 다른 시기의 것과 구별하기 위해 연호를 사용하여 통상 『보경사명지寶慶四明志』라고 부르고 있다. 당시 사미원은 조정에서 재상직을 맡고 있었는데, 때마침 영평도원永平道元도 그 무렵 영파에 머물면서 공부 중이었다.

『보경사명지』는 전 21권 가운데 전반 11권이 경원부 자체에 관한 사항, 권12 이하가 관하 6현을 순차적·개별적으로 다루고 있다. 권11은 「서사叙祠」로서 부성府城(=은현성鄞縣城)의 성벽 내부 및 근교의 종교 시설을 소개하고 있는데, 신묘神廟(편찬자들이 유교의 범주에 들어간다고 간주한 것)·궁관(도교)·사원(불교) 등 세 개의 절로 구성되었다. 그 사원의 하위 구분은 각각 선원삼禪院三·교원사敎院四·십방율원육十方律院六·갑을율원육甲乙律院六·폐원육廢院六·니원오尼院五(한자의 숫자는 그 구분에 속하는 사원의 수)이다. 경원부성이 있는 은현의 사원은 권13에 언급되어 있고, 선원22(첫 번째 아육왕산 광리사廣利寺, 두 번째 천동산 경덕사景德寺)·교원24·십방율원8·갑을율원36(위의 혜안원은 그 열네 번째에 보인다)으로 되어 있다. 그 밖의 3현縣에 관해서도 똑같다.

은현 혜안원惠安院의 기술은 다음과 같은 것이다.

> 혜안원, 현 동쪽 40리. 진晉 천복天福 3년 건립. 황조皇朝 대중상부大中祥符 3년 사액을 받았다. 사원과 전답 398무畝, 산 1700무.
> (惠安院 県東四十里. 晋天福三年建. 皇朝大中祥符三年賜額. 常住田三百九十八畝 山一千七百畝.)

위치, 창건 연대, 사액 연대, 소유 부동산의 면적 등에 대한 이 기재는 모든 사원에 대해 공통된 서식이다. 이에 의하면 혜안원은 오대십국 시대 후진後晋의 천복 3년(938)에 창건되었다. 당시 이 지역은 오월국의 영역에 속해 있었는데, 오월吳越은 왕으로서 진나라 황제에게 조공을 바치고 복종하여 신하국이 되었다.

몇몇 사원은 그 역사가 좀 더 자세히 적혀 있다. 예를 들어 은현의 선원으로 분류되는 천동산天童山 경덕사의 기록 중에는 '일본국 승려 에이사이榮西'가 방문한 것도 보인다. 다만 경덕사는 전국적 규모의 선종 오산이었을 텐데 그에 관한 기재는 없다. 이유는 모르겠다. 『보경사명지』 편찬자가 그 필요성을 느끼지 못했거나 인정하지 않았다고 할 수밖에 없다.[12]

게다가 은현 선원의 마지막 두 사원, 교충보국사敎忠報國寺에는 '사승상부공덕사史丞相府功德寺', 묘지원妙智院에는 '사승상부공덕원', 교원의 마지막에 배치된 법화사法華寺에는 '사승상부공덕사', 십방율원의 마지막에 보이는 오공원悟空院에도 '사승상부공덕원'이라고 되어 있다. 즉 모두 사미원이 (아마도 아버지 대 이래) 시주로 불교 신자라는 사실을 기재하고 있다.

그런데 『보경사명지』 외의 현존하는 송대 지방지는 이와 같이 선·교·율 세 가지로 구분한 상태에서 사원을 열기하는 방식을 채택하고 있지 않다. 다만 예를 들면 『함순임안지咸淳臨安志』 권80의 상천축사上天竺寺(교원 오산의 첫 번째였지만, 그 사항은 여기에서도 기재되어 있지 않다)에 관한 기사 속에서 어떤 주지 스님이 "조정에 청원하여 선원에서 교원으로의 변경 허가를 받았다(請於朝以教易禪)"는 내용이 있다. 이 세 가지의 구분이 조정의 인가를 필요로 하는 제도적인 것이었다는 점을 엿볼 수 있다.

이처럼 13세기 중국에서는 불교 사원을 선원·교원·율원으로 구분하여 통합 관리하는 정책이 시행되었다. 위에서 언급한 재상 정청지는 입장상 이 제도의 유지를 직무의 하나로 했을 터이다. 또 방금 위의 사료가 보여 주는 '정토의 일문'에 대한 그의 공감은 숨겨진 본심을 토로했던 것은 아닐까. 그렇지 않으면 '정토의 일문' 관계자로부터 간청을 받고 마음에도 없이 몇 글자 적은 일문一文이었던 것일까. 뭐라고 하든 이는 모두 '선교율' 체제라고도 해야 할 제도가 남송에서는 시행되었다는 것이다. 그것이 실태로서 어떻게 기능했는지, 또 세 구분에 의한 통제 시스템 등에 관해서는 '사료 부족'으로 명확히 알기는 어렵다.

난계도륭(란케이 도류, 1213~1275), 무학조원(무가쿠 소겐, 1226~1286)이라고 하면 둘 다 13세기 중엽 중국에서 일본으로 건너와 일본의 선풍禪風을 바꾼 유명한 승려로 잘 알려져 있다. '도래승의 세기'의 시작이었다.[13]

그로 인해 요조葉上 에이사이榮西(1141~1215) 이래의 '겸수선兼修禪'(천태교학과 밀교 및 선을 모두 수행함)이 순화되어 '순수선'(오로지 선만을 수행)의 수용이 시작되었다.[14] 선의 순화純化라는 이 인식 방법은 약간의 문제가 있지만, 본고장 중국의 오산 승려들이 일본에 건너온 일은 이 시기의 일본 불교계에 커다란 충격을 주었다. 왜냐하면 그 사원 구성, 즉 그것이야말로 순수한 송풍宋風이었던 데다가 사원 내부의 장식을 보면 중국인 직원들이 헷갈려서인지 중국어가 사용되었기 때문이다.[15] 더구나 앞에서 언급한 사례로 다이토쿠지본 오백나한도도 난계도륭이 일본에 가지고 왔다는 설이 있다.[16]

그러나 난계 등은 후세의 이른바 '순수선'을 고취했던 것은 아니다. 난계도 또한 (중국인인 이상 오히려 당연하다고도 해야 할 터이지만) '선교율'관을 갖고 있었으며 여기에 염불을 더하고 선을 내심內心, 율을 외상外相, 교를 언어, 염불을 명호名號로서 병기하고 있다.(「대각선사좌선론大覺禪師坐禪論」).[17]

무소는 겐초지에서 도래승 일산일령一山一寧(1247~1315)에게, 이어서 만쥬지万壽寺에서 고호 겐니치(1241~1316, 무학조원의 제자)에게 배웠는데, 중국 '도래승의 세기'의 은혜를 충분히 받았던 것이다. 계보상으로는 이른바 '순수선純粹禪' 쪽에 속하지만, 그 행실이 협의의 선에 머무르지 않았다는 점은 '정벽庭癖'(정원 만들기 버릇)을 상기할 것까지도 없을 것이다. 그의 『몽중문답집』에도 선교율 세 구분에 대해 언급하는 이야기가 몇 군데 보인다. 그중 한 단락을 소개하면 다음과 같다.

> 부처님이 세상에 있을 때 선교율의 승려는 외형상 별로 차이가 없었다. 그 형상은 모두 율의律儀에 따라 복식을 단정히 하고, 그 마음은 똑같이 정혜定慧 두 법문을 겸수하였다. 말대末代가 되자 겸학兼學하는 사람들은 어려움에 처해졌다. 이 때문에 불가는 세 종류의 유파로 나누어졌는데, 그 원인이 없는 것은 아니다. 하지만 각자 하나의 배움만을 묵수하여 서로 헐뜯기만 하였는데 이는 크게 잘못된 것이다.[18]

무소 소세키의 역사 인식에 의하면 옛날에는 삼학三學의 구별 등이 존재하지 않았다. '말대末代'(말법末法의 세상)35)에 인간 측의 자질도 쇠퇴하여 '겸학兼學'할 수 없게 되었기 때문에 세 구분이 생겨났다. 이 현상을 그는 "원인이 없는 것은 아니다"라고 평가하고 있다. 문제는 이러한 경위로 인해 분립된 삼학이 지금도 상호 비방하는 현상 쪽에 있다. 무소는 각자 자신이 수행하는 배움을 중히 여기는 것과 함께 여타의 배움에 대해서도 경의를 표해야 함을 요구하고 있는 것이다. 이 상태가 지속된다면 "우리의 불법을 파멸해야만 한다"고까지 그는 말하고 있다.

---

35) 삼시三時의 하나. 말법은 말법시末法時의 준말. 부처가 열반한 뒤, 정법正法·상법像法 시대 다음에 오는 시기. 부처의 가르침인 교법만 있고 수행·증과證果가 없는 때. 정법 500년(또는 1천년), 상법 1천년, 말법 1만년이라 함. 즉 말법의 시대는 불법이 쇠퇴하여 오직 가르침만 있고 수행자도 깨달음을 이루는 자도 없는 시기.

즉 그가 이상으로 하는 '삼학겸수三學兼修'는 이미 지나가 버린 과거의 광경이었다. 지금 자신들이 할 수 있는 일은 어떤 하나의 법문을 수행하고 그 교의에 따라 불법을 실천해 가는 일뿐이다. 이는 그러므로 단지 삼학을 공존시키는 것일 뿐 아니라, 도리어 협력 체제를 구축하여 불법을 수호해 가는 방도였던 것은 아닐까. 환언하면 무소는 삼학겸수를 한 개인의 내부에서 실현하는 것을 포기하고, 종파 간의 협력 관계 속에서 달성해야만 할 과제로 새롭게 다시 파악했다는 것이다.

그는 정치권력자 아시카가 형제의 귀의를 받으면서 불교계에서 선종 일존의 천하를 기획하지 않았던 것도 이러한 '선교율'관 때문일 것이다. 그러나 선종의 융성을 달갑게 생각하지 않은 구 불교 측에서는 덴류지의 칭호 문제 등을 구실 삼아 무소에게 대항 의식을 나타냈다.[19] 앞에서 인용한 『몽중문답집』의 기술은 어쩌면 이러한 배경 하에서 이야기되고 있는 현상일지도 모르겠다. 괜히 트집을 잡아 시비를 걸어오는 '교敎'의 총본산 엔랴쿠지延暦寺(시가현 소재)에 대해 무소 소세키는 평화주의로 대항하고자 했었던 것은 아닐까.

무소 소세키의 생애

여기에서 잠시 무소의 생애를 소개해 두자. 무소는 이세伊勢 겐지源氏의 일족으로 사사키 도모쓰나佐佐木朝綱(생졸년 미상)의 아들이다. 4세 때 아버지를 포함한 일가가 가이甲斐(야마나시현)로 이주하는데, 얼마 뒤 어머니와 사별한다. 어릴 적부터 서책을 가까이하며 즐기는 성향이었고, 그 때문인지 아버지는 그를 출가시키려고 하였다. 당시 무사가 학업을 연마할 수 있는 곳은 불교 사원뿐이었으니, 아들을 출가시키는 일은 현재로 예를 들면 대학에 입학시키는 것과 같은 일이었다. 그는 가이甲斐에 있는 천태종의 명찰 하쿠운잔白雲山 헤이엔지平塩寺에 입문하여 승려가 되었는데, 불전뿐만 아니라 유가·도가의 사상까지 섭렵하며 면학에 힘썼다. 이것도 당시 학문이라고 하면 한적의 강독·해석이었으므로 지극히 당연한 일이다.

18세 때 도다이지東大寺(나라현 소재)의 가이단인戒壇院에서 수계를 받고, 그 후 내심으로 생각하는 바가 있어 선에 귀의한다. 그는 기이紀伊(지금의 와카야마현과 미에현 남서부)·교토를 거쳐 가마쿠라에 이르러 이윽고 도래승 일산일령一山一寧에게 배우고, 뒤이어 고호 겐니치高峰顯日와 만나게 된다. 그 후에도 각지의 사원을 다니며 수행했는데, 그동안 도사土佐(지금의 고치현)의 고다이산五台山 지쿠린지竹林寺에 규코안吸江庵 암자를 세우고 거주하였다. 이 일은 후에 기도 슈신(1325~1388), 젯카이 츄신(1334~1405)이라는 오산문학의 쌍벽을 이루는 제자를 얻게 되는 지역적 인연을 만들어 주었다.

무소는 이처럼 은둔 생활을 지향하였다. 호조 다카토키北條高時의 어머니이자 막부의 실권도 쥔 가쿠카이니覺海尼의 귀의를 받고서도 가마쿠라에는 정착하지 않았고, 사가미相模(지금의 가나가와현) 요코스카橫須賀에 하쿠센안泊船庵을 짓고 거주하였다. 더욱이 가마쿠라 막부가 멸망하고 호조北條 일문의 남자들이 전멸하자 가쿠카이니는 여성들을 이끌고 이즈伊豆(지금의 시즈오카현) 니라야마韮山로 이주하여 엔죠지円成寺를 건립하였다. 아시카가 다다요시足利直義가 이 사찰에 토지를 기부해 왔을 때 그 중개를 맡은 인물이 바로 무소 소세키였다고 한다.

쇼추正中 2년(1325) 이번에는 고다이고 천황의 부름을 받아 교토의 난젠지南禪寺 주지 자리에 임명된다. 그러나 이것도 길게는 하지 못하였고, 이세伊勢와 기이紀伊의 나치那智 등지를 돌아다닌 후에 호조 다카토키한테 임명을 받아 가마쿠라 조치지淨智寺에 들어갔는데, 그곳에서 즈이센지瑞泉寺를 건립하면서 정원을 조영하였다. 또 그는 엔가쿠지를 거쳐 고향 가이에서 에린지惠林寺를 창건했는데, 여기에서도 자신의 정원 만드는 버릇을 십분 발휘하였다. 이어서 쇼쿄政慶(쇼케이) 2년(1333년, 고다이고 천황이 유배지인 지금의 시마네현 오키隱岐에서 귀향하여 연호를 겐코元弘 3년으로 개칭)의 정변 뒤에 고다이고 천황의 초청을 받고 다시금 교토로 올라가 린센지臨川寺를 창건한다. 무소는 그때까지의 세상 각지를 떠돌던 인생과는 대조적으로 이 이후에는 묵묵히 교토에 거처를 정하고 선종의 중진이 되었다. 종래부터 줄곧 불려오던 '무소夢窓'라는 호칭을 고다이고 천황에게 국사호國師号로 하사받은 것도 이때이다.

그는 고다이고 천황과 아시카가 다카우지가 반목한 뒤 남북 양조로 분열되는 사태에 이르러서도 교토를 떠나지 않았다. 그리고 북조 정권에 가담하여 조와貞和(혹은 데이와) 2년(1346) 고묘光明 천황에게서 '쇼가쿠正覺', 간노觀應 2년(1351) 고곤光嚴 천황에게서 '신소心宗'라는 국사호를 하사받는다. 랴쿠오曆應 5년(1342) 고곤 천황이 아시카가 형제 이하를 이끌고 사이호지西芳寺에 행차했는데, 무소로부터 귀의를 받아 사제의 예를 취하였다. 종래 고다이고 천황의 그늘에 가려 인상이 깊지 않겠지만, 이 시기의 고곤 천황의 존재는 좀 더 중시되어야만 할 것이다.[20]

덴류지天龍寺 창건에 즈음해서는 무소 소세키가 아시카가 형제에게

덴류지

고다이고 천황의 원한을 풀어 줄 것을 조언했다고 하는 설이 『태평기太平記』 등에 의해 유포되었다.[21] 이에 대해 그는 당초 칙원사勅願寺(칙원에 의해 세워진 절)는 천태종이든지 아니면 진언종이어야 한다고 주장하며 창건의 담당을 고사했는데, 결국은 본의 아니게 개산조가 되었던 것에 불과하다는 해석도 있다.[22]

덴류지의 부지는 원래 가메야마亀山 천황의 이궁으로 '가메야마도노亀山殿'라고 불렸다.[23] 고다이고 천황이 요시노吉野(나라현 남부)에서 붕어했다는 비보가 교토에 전해지자 그 사십구재四十九齋에 해당하는 랴쿠오 2년(1339) 10월 5일부로 '무소夢窓 국사 방장'에게 인젠院宣36)을 내려 가메야마도노에서 "퇴위한 천황의 증과(수행의 인연으로 얻는 깨달음의 결과)를 제사 지내고 봉양해야 함"이라고 명령한 사람은 고곤 천황이었다.[24] 사실 고다이고 천황의 라이벌은 통설적으로 언급되고 있는 아시카가 다카우지가 아니다. 신분상 양자는 질적으로 너무나 다르기 때문이다. 당시 인식으로서 고다이고 천황의 적수는 지묘인통持明院統37)의 상속자인 고곤 천황이었을 터인데도, 다이카

36) 인시院司 등이 상황上皇(조코), 법황法皇(호우오)의 뜻을 받들어 발행하는 문서.
37) 지묘인 황통이란 뜻. 가마쿠라 시대 후기부터 난보쿠초 시대까지 이어져 온 일본 황실의 계통이다. 주로 제89대 천황인 고후카쿠사後深草 천황의 자손으로 구성되어 있다. 현재의 일본 왕실 또한 이 계통에서 나왔다.

쿠지통大覺寺統[38]의 상속자인 고다이고 천황의 원념을 가라앉혀야 할 필요성을 가장 통절히 느끼고 있었던 이도 그(고곤 천황)였다. 덴류지 창건은 고곤 천황이 주체적으로 움직여 무소에게 작용시켰다고 해석해야만 될 것이다.

랴쿠오 5년(1342) 2월에는 시라카와白河 홋쇼지法勝寺(현 교토 사쿄구左京區)에 화재가 발생하여 원정기院政期[39]의 상징적 건조물인 팔각구중탑八角九重塔이 소실되었다. 이 때문에 히가시야마東山의 이 구식 대가람을 대신하여 그 직후에 사가嵯峨 아라시야마嵐山에 신식의 대가람(덴류지)이 등장한다. 이 일로 교토의 도성 사람들에게 '국왕의 우지데라氏寺'[40](홋쇼지의 별명)가 교체되었다는 깊은 인상을 심어 주었다고 상상해 볼 수 있다.

이러한 제왕의 스승, 무가 정권의 지낭智囊(지혜 주머니)으로서 무소 소세키의 만년은 그의 본의와 달리 정치적 승려로 활약하는 경력이 되고 말았다. 『몽중문답집』은 아시카가 형제의 질문에 대한 회답이라는 형식을 채택하고 있다. 문답의 대부분은 불교에 관한 내용이나, 정치 지향적인 것도 포함되었다. 막부의 정치는 아시카가 다다요시가 혼자 도맡아 했기 때문에 이 서적에 기록되지 않은 자문도 적지 않았을 것이다.

그런 와중에 형제간 정치적 방침의 차이로 인해 '간노觀應의 소란'

---

38) 일본 가마쿠라 시대 후기부터 난보쿠초 시대에 걸쳐 일본 천황을 계승한 황통으로, 일본 천황의 자리를 놓고 지묘인 황통과 대립하였다.

39) 헤이안 시대 말기인 11세기 후반에서 가마쿠라 막부 성립 전인 12세기 말까지의 기간. 원정院政(인세이)은 천황이 양위한 후에도 상황 또는 법황으로 정치 주도권을 장악하는 정치 형태를 말한다.

40) 주로 헤이안 시대에 권문權門들이 자기들 일족의 명복을 빌기 위하여 세운 절.

이 발생하는데, 처음에는 다다요시가 뒤이어서는 다카우지가 남조南朝에 귀순을 도모하여 상대방을 견제하는 사태가 벌어졌다. 무소는 형제의 화해를 이끌어 내기 위해 진력하는데, 우여곡절 끝에 간노 2년(1351) 9월에는 화목의 장이 만들어지고 10월 2일에는 형제의 직접 대화가 실현되었다. 그러나 어떠한 결실도 맺지 못한 채 급기야 다음 해 2월, 가마쿠라에서 다카우지에게 붙잡혀 있던 다다요시가 사망한다. 이 사망과 관련해서는 다카우지의 독살이라는 견해도 존재한다. 그 후 다다요시 세력의 아시카가 다다후유足利直冬 등이 저항을 지속하자 막부 세력은 완전히 둘로 갈라져 버린다. 그 가운데 다카우지의 적자 아시카가 요시아키라足利義詮가 남조에 귀순하고, 교토로 진군해 온 남조 측에 의해 스코崇光 천황(1334~1398, 북조 제3대 천황)은 폐위되었다(쇼헤이잇토正平一統). 다음 쇼헤이正平 7년(1352) 요시아키라가 다시금 남조 쪽과 대립하자 고곤 천황, 고묘 천황, 스코 천황 및 황태자에서 폐위된 지 얼마 안 된 나오히토直仁 친왕[25]이 모두 다 납치되어 버리는 사건이 발생한다. 요시아키라는 북조를 재건하기 위해 스코 천황의 동생 고코곤後光嚴 천황을 이례적 절차로 즉위시키고 분나文和라는 연호를 채택하였다.

무소 소세키는 이 '간노의 소란'이 한창인 때 입적하였다. 아시카가 형제가 화목을 도모하기 위해 오우미近江(시가현) 고후쿠지興福寺에서 대면하기 전전날, 즉 간노 2년(1351) 9월 30일의 일이었다.[26]

안국사와 이생탑

무소의 스승(고호 겐니치)의 스승인 무학조원은 엔가쿠지의 개산조였다. 엔가쿠지는 고안弘安 5년(1282), 호조 도키무네北條時宗를 개기開基로 하여 두 번에 걸친 몽고 내습의 전사자 공양을 목적으로 창건되었다. 그때 적(몽고)·아군(일본)을 불문하고 그 영령을 위로하였다. 이는 소위 '원친평등'의 정신이고, 무소는 당시 일산일령에게 사사하면서 엔가쿠지에 있었으니, 그 경위는 당연히 알고 있었을 것이다.

고에이康永 원년(1342) 교토의 호칸지法觀寺가 재건되자 칙명에 의해 무소가 도사導師가 되어 '야사카노토八坂塔'(호칸지의 불탑) 공양이 거행되었다. 그때 무소의 설법에는 일본 국내에 새롭게 '66개의 부도浮圖(불탑)'을 만드는 데 때맞추어 우선 교토에 있는 이 탑부터 시작되어야 한다는 취지가 서술되어 있다.[27] '66개의 부도'란 66개 지역[國] 모든 곳에 보탑寶塔(사리탑)을 건설하여 공양한다는 이생탑利生塔의 계획을 의미한다.[28]

조와貞和 원년(1345), 전년의 막부 측의 봉원奉願을 받아 일본 전국에 설치되는 이 시설의 명칭에 관하여 사찰은 안국사安國寺(안코쿠지), 탑은 이생탑(리쇼토)이라고 명명한다는 고곤 천황의 인젠院宣이 내려졌다. 다만 사원의 경우는 반드시 신설은 아니었고, 기존의 사원을 개명하여 이 명칭으로 부르게 한 사례가 많다.[29] 다른 한편으로 불탑의 대부분은 이 시기에 새롭게 만들어졌거나 수리·건조하는 것으로 계획되었던 듯싶다. 호칸지法觀寺 '야사카노토'의 부흥은 그 상징이었다.

안국사·이생탑 설치 계획의 모델에 관해서는 "안국사가 고대의 고쿠분지國分寺라고 하는 설, 중국 북송 말기 휘종에 의한 천녕선사나 남송 고종에 의한 보은광효선사라고 하는 설, 이생탑은 인도 아소카왕(아육왕)에 의한 팔만사천탑이라고 하는 설, 수隋 문제에 의한 사리탑이라고 하는 설 등이 난립"하고 있다.[30] 나의 졸견이지만 이것들은 상호 대립하는 것이 아니다. 일본의 고쿠분지는 애당초 수隋의 주현州縣 관사官寺나 주周(측천무후의 국호)의 대운경사大雲經寺, 당 현종의 개원사開元寺를 모델로 삼은 것이다. 또한 송 휘종이나 고종의 정책도 이것들을 모방한 것이고, 수나라의 사리탑은 아육왕탑을 모방한 것이기 때문에 어느 쪽이나 모두 연결되어 있다. 특히 어떤 하나라는 것이 아니라, 이들 중국 고사故事 전체에 근거하여 불법·왕법의 상호 의지라는 관점에서 이 계획이 고안된 것이다. 무소 소세키 등이 안국사·이생탑에서 행한 공양, 즉 겐코元弘 이래 병란에서 전몰한 자들에 대한 공양은 적군·아군을 불문하고 모든 희생자들을 포함해야 하는 것이었다.

여기에서 흥미를 끄는 점은 그 형태보다도 오히려 시기이다. 위의 선례는 어느 것이나 모두 천하태평을 축복하는 취지였다. 그런데 안국사·이생탑 계획은 왕권이 남북 양조로 분열하여 내전 상태에 있는 가운데 입안되었다. 형식상 통치자 고곤 천황(북조 제1대 천황)의 인젠院宣에 의한 시책이 되었던 것이지만, 66개 지역[國] 중에는 남조 쪽의 세력이 강한 지역도 적지 않았다. 따라서 천황의 명령이 내려졌다고 해서 즉각적으로 그 실현을 기대하기는 어려운 상황이었던 것이다.[31] 실제로 이 제도는 전면적으로 실시되는 일 없이 자연적으로 소멸해 갔다.

그럼 안국사·이생탑 계획과 오산 제도란 어떤 관계에 있었을까.

일본의 선종 오산 제도가 아시카가 요시미쓰에 의해 정리·확정되기 이전의 구체적 상황은 잘 알려져 있지 않다. 다만 가마쿠라 시대 말기에 겐초지·엔가쿠지·주후쿠지壽福寺·조치지淨智寺가 오산이 되고 나서부터 시작되고, 고다이고 천황이 교토의 난젠지·다이토쿠지·겐닌지·도후쿠지를 추가하였다. 고곤 천황은 랴쿠오 4년(1341)에 인젠을 내려 아시카가 다카우지에게 오산의 등급 평가를 행할 수 있는 권한을 부여하였다. 다카우지는 당시 조영 중이었던 덴류지를 추가하고, 남조 쪽에 가까운 다이토쿠지大德寺를 제외한다. 그 결과 제1위가 난젠지·겐초지, 제2위가 엔가쿠지·덴류지, 제3위가 주후쿠지, 제4위가 겐닌지, 제5위가 도후쿠지가 되고, 조치지는 준準 오산이 되었다.

이미 고다이고 천황에 의해 그 원형이 정해졌다고는 하나, 다카우지에 의한 이 편성 교체가 이루어진 것은 안국사·이생탑 설치 계획의 수년 전이다. 양자는 별개의 것이라고는 하지만, 다 같이 선원禪院을 통한 국가의 종교 정책이다. 다카우지 혹은 무소 소세키의 의향으로 양자가 어떻게 구분되었는지는 신경이 쓰이는 바이다. 이 점에 관하여 확실한 답안은 준비되어 있지 않지만, 이들이 모범으로 삼은 송 제도의 연혁을 참고해 볼 필요가 있다.

상술한 바와 같이 중국 송나라에서는 당 제도를 모방하여 부주府州에 동일한 명칭의 관사官寺를 설치하는 시책을 되풀이하였다. 그 시초가 송 태종(939~997, 재위 976~997)의 태평흥국사太平興國寺이다. 앞에서 말한 『보경사명지』 권11에도 십방율원의 세 번째에 보인다. 덧붙이면 그전에 설치된 두 번째의 율원은 개원사開元寺이다. 그 후 휘종(1082~1135, 재위 1100~1125)은 천녕선사, 그 아들인 남송 초대 황제 고종(1107~1187, 재위 1127~1162)은 반으로 줄어든 통치 영역 내에 보은광효선사를 설치하였다. 중국 절강성 영파(당시 명칭은 명주明州)에서는 『보경사명지』 권11에 의하면 당대唐代에 창건된 국녕사國寧寺라는 사원이 휘종 때에 천녕사가 되었고, 고종 때에 보은광효선사로 개칭되어 보경寶慶 3년(1217)의 시점에서도 그 명칭을 그대로 사용했다는 기록이 실려 있다. 이에 대한 구분은 선원禪院이고, 십방율원에 속하는 개원사와는 달랐다.

고종의 보은광효선사 설치 후, 남송에서는 이러한 형태의 시책이 더 이상 진행되지 않았고, 이를 대신하여 오산 제도가 시작되었다.[32] 오산과 그 이하의 사원 등급을 가진 십찰十刹을 정하고 그들 사원을 통하여 선교율禪教律 전체를 통괄하는 것이 그 취지였다. 또 이렇게 함으로써 불교 교단에 실질적인 자율성을 부여하면서도 보다 효과적인 통제를 도모할 수 있었다.

일본에서 안국사·이생탑 계획이 불철저하게 끝났던 것과는 대조적으로 오산 제도는 이후에도 충실히 진행되어 간다. 아시카가 요시미쓰의 때에는 오산·십찰 아래에 각국(각 지역) 1사의 쇼잔諸山(=갑찰甲刹)41)이 설치되었다. 이 일로 전국의 선원을 통제·관할하는 시스템이 점차 갖추어지게 된다. 사실 이 조직 체계의 완성은 무소 소세키 입적 후이지만, 다카우지·다다요시 형제의 시대에 이미 무소가 오산 제도의 정비 사업에 참여했다고 상정해도 무방할 것이다.

무소 소세키의 말년 어록 가운데 「재주 덴류지 시쇼젠지 어록再住天龍寺資聖禪寺語録」에는 '간노의 소란'을 의식한 듯한 문언이 많다.

---

41) 오산 제도에 근거한 사격寺格의 하나. 오산·십찰의 바로 아랫급으로, 중국에서는 갑찰이라 불렀다.

세속 사회의 흥망·치란은 이 신성한 경역境域을 어지럽히지 않는다. 이것을 큰 해탈문大解脫門이라 하고, 또한 정법안장正法眼藏[42] 이라 칭한다. (世間興亡治亂 不擾此封疆 謂之大解脫門 亦号正法眼藏)

혹은 다음과 같은 문언도 보인다.

국토가 명군明君에게 귀착함을 안다면, 전쟁이 태평을 가져온다는 등의 말은 해서는 안 된다. (須知海嶽歸明主 莫謂干戈致太平)

이상의 문언이다. 그중에서도 고곤 천황을 향해 이야기한 한 조목은 바로 원친평등을 설파하고 있다. 무소 소세키는 고다이고 천황 때의 유위전변有爲轉變[43] 및 그의 붕어 후에도 멈추지 않은 전란에 관하여 서술한 뒤 다음과 같이 말한다.

상황 폐하께 삼가 바라옵니다. 마음을 더럽히는 먼지를 털어 내시고, 미혹된 마음에 사로잡히는 일 없이, 신속히 자신의 운명이나 정신을 바꾸어 영묘한 깨달음을 얻으십시오. 그리고 원망과 친밀감의 감정을 구별하는 어둠 속을 타고 넘으시어 미혹과 깨달음이 일체가 된 신성한 경지에 도달하시옵소서. 고사故事에서 말하는 슈레이鷲嶺(미에현 이세)의 부탁을 잊어서는 안 됩니다. (恭願上皇 頓転塵機 不拘妄宰 速翻業識 証得霊知 超越怨親差別之昏衢 優游迷悟一如之霊域 無忘鷲嶺付嘱)

42) 바른 법은 눈에 감추어져 있다는 뜻.
43) 이 세상의 모든 현상은 그대로 있지 않고 인연에 따라 변해 가는 것이라는 뜻으로, 세상사의 덧없음을 이르는 말.

때는 간노 2년(1351) 8월 16일, 중추절 다음 날이다. 이는 무소가 입적하기까지 40여 일을 남겨 둔 시점이었기에 말하자면 그의 유언이었다.

히가시야마東山의 호칸지法觀寺 야사카노토八坂塔와 사가嵯峨 아라시야마嵐山의 덴류지는 교토의 동서에 배치되어 왕성을 수호하는 의미가 있었다고도 한다.[33] 양자의 장소 선정은 무소가 자주적으로 정한 것이 아니지만, 무소가 그렇게 의미를 부여함으로써 새로운 왕성王城 수호를 구상할 수 있었다고 해석하는 것은 가능할 듯싶다. 그의 최후의 나날은 황통의 분열과 아시카가 형제의 내홍으로 잠깐 동안의 평안이 위협받는 상황에 직면하였다. 백 년 후에 발발한 '오닌應仁·분메이文明'의 대란은 이 도시(교토)를 초토화시켰다.

하지만 그렇더라도 도읍지로서 교토는 왕성의 땅으로 지속되었고, 덴류지나 사이호지의 정원은 지금도 일본 전통문화의 상징으로서 그 옛날의 자태를 그대로 남기고 있다. '정벽庭癖'(정원 만들기 버릇)의 인물, 무소 소세키는 선원禪院 내부뿐만 아니라 왕성王城의 설계까지도 구상했던 것이다.

여적餘滴—송렴에 의한 전기

송렴宋濂이라 하면 주원장朱元璋을 도와 그를 명조 초대 황제의 자리에 앉힌 공로자의 한 사람으로 잘 알려져 있다. 그런 송렴에게 「일본몽창정종보제국사비명日本夢窓正宗普濟國師碑銘」이란 제목의 문장이 있다.[34] 명 홍무洪武 8년(1375), 일본에서 건너온 조공사절이 젯카이 츄신의 청원이라 하면서 무소 소세키의 '백탑白塔'에 새길 명문銘文

작성을 간청해 왔다. 그래서 태조 홍무제가 그 뜻을 받아들여 송렴에게 명하여 작성케 한 것이라고 상기 문장의 서두에 그 경위가 기록되어 있다. 젯카이는 당시 명나라에 유학 중이라 일본에서 온 사절에게 간곡히 부탁했던 것이다. 송렴은 당연히 무소 소세키와는 일면식이 없었을 뿐더러 그 이름도 이때 처음으로 알게 되었을 것이다. 다만 이렇게 직접 작문을 의뢰받는 것은 저명한 사대부에게는 자주 있는 일이었고, 송렴도 당시 한림학사로서 황제의 하명에 의해 작문하거나 혹은 말하자면 공문·기록 작성자로서 많은 문장 집필을 소화하였다. 그렇기에 송렴은 기도 슈신이 작성한 무소 소세키의 행장을 자료로 하여 곧바로 3천 자가 넘는 문장을 지어 바친 것이다.

송렴이 당시 젯카이와 직접 만났다면 그한테 무소의 일화 등 여러 가지를 청취할 수 있었을 테지만, 웬일인지 송렴은 그렇게 하지 않았고 담담하게 그 생애를 써냈다. 여기에서 주의를 끄는 것은 천황을 '천왕天王'이라 표기한 점, 일본의 연호를 사용한 점이다. 전자는 중화의 명분·질서에 적합한 표기이고, 후자는 그 질서에서 벗어난 조처이다. 후자에 관해서는 일본 연대 표기를 원元 왕조의 연호로 계산하면 몇 년인지 어떤 해에 해당하는지를 조사할 길이 없었거나 혹은 그렇게 표기하는 것이 매우 번거로웠기 때문일 것이다.

송렴은 명문가로서 높은 평가를 받았고, 사후에도 그가 남긴 문장은 사인士人들로부터 모범이 되었다. 따라서 무소의 생애를 지은 이 문장도 많은 독자들의 환영을 받았다고 추측해 볼 수 있다. 중국의 사인들은 무소의 이야기를 알고 있었던 것이다.

생전에는 한 번도 바다를 건넌 적이 없던 무소 소세키는 사후 이렇게 하여 중국 대륙에 이름을 남긴 것이다.

[주]

1. 『가이키槐記』는 야마시나 도안山科道安(1677~1746)이 고노에 이에히로近衛家熙(1667~1736)의 언동을 적은 것으로, 1724~1735(교호享保 9~20)년까지의 일자로 기록되어 있다.
2. 다쿠안澤庵의 입적은 쇼호正保 2년 12월 11일, 그레고리오력으로 고치면 이미 해가 밝아 1646년이 된다. 이 때문에 최근에는 이 서력 표시를 이용하는 경우가 많다고 볼 수 있다. 하지만 나는 생졸 표기에서는 동아시아의 연호와 서력을 일대일로 대응시킴으로써 세는 나이로 몇 살에 사망했는지를 일목요연하게 정리해야 한다고 생각한다. 그 때문에 굳이 1646년이라고 표기하였다. 본고에서는 이하의 등장인물에 대해서도 이 방식을 취하고 있다.
3. 무소 소세키의 전기傳記 연구는 뒤에서 언급할 자료 등 몇 가지가 있지만, 우선은 오산문학 연구의 제일인자였던 다마무라 다케지의 『무소 국사 — 중세 선림 주류의 계보』(헤이라쿠지 서점, 1958)를 들 수 있다. 이 부제에서 알 수 있듯이 그는 당시 선종계에서 주류파였다.
4. '오산문화'라는 말을 이 글에서는 일본에서 13세기 후반부터 시작된 송풍宋風 선림문화禪林文化 전체를 가리키고 사용한다. 시마오 아라타島尾新 편, 『동아시아 속의 오산문화』(도쿄대학출판회, 2014) 참조. 오산이란 본문에서 후술하는 바와 같이 원래 남송에서 시행된 불교 사원 통제를 위한 제도이며, 그것을 일본에서 모방한 것이다. 일본에는 불교 선종사원에만 오산이 있었다. 덧붙여 '오산문화'라는 말은 예를 들어 오규 준도荻須純道의 『무소 대등夢窓大灯』(弘文堂, 1944)에서 이미 사용되고 있다. 종래 '오산문학'이라고 하는 선림禪林에서 유행한 한시문만을 가리키는 단어가 사용되어 왔지만, 소위 '기타야마 문화北山文化'와 '히가시야마 문화東山文化' 등을 포섭하는 문화 전체를 가리키는 용어로서 '오산문화'를 유포하는 것이 위의 책에 담은 우리들의 소망이다.
5. 시마오島尾 편찬의 앞의 책에 무소가 작정作庭한 가마쿠라 즈이센지瑞泉寺의 경관이 오산문화의 전형적인 예로 소개되어 있다(221~228쪽, 노무라 슌이치野村俊一 집필). 마스노 슌묘枡野俊明의 『무소 소세키 — 일본 정원을 결정한 선승』(NHK북스, 2005)에서는 무소의 작정作庭 기법을 분석하면서 "시대를 좇

아 검증하면 국사國師의 작정상의 취향이나 시대와 함께 변화해 나가는 공간 구성, 돌의 배치, 심지어 물을 이용한 정원에서 비유적으로 산수를 드러낸 선禪의 '가레산스이枯山水'가 탄생하는 과정이 보인다"(252쪽)고 결론짓고 있다. 미우라 아야코三浦彩子의 「가마쿠라의 선종 정원」(무라이 쇼스케 편, 『동아시아의 겐초지』, 勉誠出版, 2014)에서도 즈이센지·덴류지·사이호지 등 무소가 설계한 정원에 대해 논하고 있다.

6. 2015년 1월에 실시된 대학입시 센터시험 『일본사 B』의 첫 번째 문제에서도 대학생 사토시智史가 고교생 아이미愛美에게 가르친다는 가상 대화의 형식으로 "중세에도 사람들의 왕래는 활발하였다"고 서술되어 있다.

7. 다카오 기켄高雄義堅, 『송대 불교사의 연구』, 百華苑, 1975, 66~68쪽, 오오쓰카 노리히로大塚紀弘, 『중세 선율 불교론』, 山川出版社, 2009, 42~50쪽.

8. 이 제도는 오산 사원에 출입을 하면서 명대 초기까지 계속되었다고는 하나, 그 후는 잘 알려져 있지 않다. 지금도 일본의 구舊 오산 사원이 문 앞에 그것을 자랑스럽게 돌에 새겼던 것과는 달리, 사찰의 등급을 나타내는 것으로서는 더 이상 기능하지 않았다.

9. 『다이쇼 신수 대장경大正新脩大蔵経』 47권에 수록됨. 앞에서 언급한 오오쓰카大塚의 책 42쪽에 그 내용이 소개되어 있다.

10. 다니구치 고세이谷口耕生 외, 『다이토쿠지 전래 오백나한도大徳寺伝来五百羅漢図: 명문銘文 조사 보고서』(奈良國立博物館·東京文化財研究所, 2011)는 이 그림에 있는 문장을 조사하고 있다. 이데 세이노스케井手誠之輔는 이전부터 위 그림에 대한 연구를 진행하였고, 상기 보고서에서도 「다이토쿠지 오백나한도의 성립 배경」이란 제목으로 논문을 집필하였다. 또한 이 조사에 함께 참여한 곤도 가즈나리近藤一成는 「일본 다이토쿠지 전래 오백나한도 명문銘文과 남송 명주明州 사인士人 사회」(『早稲田大学大学院文学研究科紀要』 第4分冊, 2012)에서 이 그림이 헌상된 사정을 당시 추진되었던 영파 동전호東銭湖의 수리水利 사업과 관련지어 분석하고 있다. 이하 본고에서 이 그림에 관한 기술은 이러한 선행 연구에 의거하였다. 더욱이 다니구치·이데·곤도 3인은 모두 다 일본 문부과학성 과학 연구비 보조금 특정 영역 연구 「동아시아의 해역 교류와 일본 전통

문화의 형성 — 영파에 초점을 맞춘 학제적 창생」(2005~2009)의 공동 연구진이었다.

11. 나의 억견으로는 '사료의 결여'가 아니라, 나중에 기록이 말살되었을 것이다. 송대에는 불교가 큰 힘을 유지하고 있었지만, 거기에 반발하는 유교 측(주자학)이 '송은 유교 부흥의 시대'라는 역사상을 그리기 위해 다양한 인위적 작업을 행했기 때문이다. 특히 원대에 편찬된 『송사』나 명대가 되어 편집된 각종 서적(유교사 관련서나 지방지 등)에서 송대 불교의 모습은 지나치게 작게 묘사되어 있다. 따라서 그 이면으로서 불교사의 전개를 시간적 흐름에 따라 볼 경우에 당대唐代가 최전성기였다는 역사 인식도 재검토가 필요할 것이고, 실제로 최근에는 그러한 시도가 시작되고 있다.
12. 교원 오산의 제4위였을 연경사延慶寺에 대해서도 『보경사명지』 권11의 해당 사항에서는 아무것도 이에 대해 언급하고 있지 않다.
13. '도래승의 세기'는 무라이 쇼스케의 『동아시아 왕복 — 한시와 외교』(아사히신문사朝日新聞社, 1995)에서 사용한 표현으로, 13세기 후반부터 14세기 전반에 걸쳐 많은 중국인 승려들이 일본에 건너온 일을 의미하고 있다.
14. 이러한 견해에 대한 비판으로는 와다 유키코和田有希子의 「가마쿠라 중기의 임제선 — 엔니와 란케이(난계)의 사이」(『종교 연구』 77권 3호, 2003) 등이 있다. 스에키 후미히코末木文美士의 『일본 불교의 가능성』(春秋社, 2006; 2011에 신초분코新潮文庫에 수록)에서는 조금 다른 문맥에서 분석하고 있는데, 여기에서는 스즈키 다이세쓰鈴木大拙나 교토학파가 미화한 선禪의 상태로서 '순수선純粹禪'이라는 발상의 기원을 추적하고 있다(문고판 160쪽). 스에키 교수도 지적하는 바와 같이 애당초 '순수선'이란 어휘는 존재하지 않았다. 에이사이·엔니의 교설을 과소평가하고 난계도륭의 내일來日에 의해 임제선이 혁신되었다고 소리 높여 제창하는 것은 도겐道元의 '지관타좌只管打坐'의 교설을 특별히 구별하는 것과 더불어 일본에서의 오산문화의 의미를 왜곡해 왔다. 따라서 향후라도 '선교율'관에 대한 연구의 심화가 요구되고 있다.
15. 시마오 아라타는 겐초지의 건립을 "가마쿠라역 앞에 하버드대학의 분교가 출현했다고 상상하면 좋을까"라고 비유하고 있다(시마오 편, 『동아시아 속의 오

산문화』, 도쿄대학출판회, 2014, 23쪽).

16. 다니구치 고세이, 『기무라 도쿠오木村德応 필筆 오백나한도 — 잃어버린 다이토쿠지본 6폭六幅을 둘러싸고』(앞에 말한 명문銘文 조사 보고서). 다니구치의 정리에 의하면 이 그림은 겐초지 혹은 주후쿠지에서 보관하고 있었지만, 이윽고 오다와라小田原 호조씨北條氏의 손으로 넘어갔는데, 그 멸망 후 도요토미 히데요시를 통해 다이토쿠지에 기증되었다고 한다. 무소는 쇼안正安 원년(1299)부터 가겐嘉元 원년(1303)까지 겐초지에 있었으므로 이 그림을 직접 보았을지도 모르겠다.

17. 오오쓰카의 앞의 책, 47쪽. 오오쓰카는 계속해서 "이것은 앞에서 언급한 엔니의 '가나仮名 법어'와 완전히 같은 내용"이라고 평하고 있다(48쪽). 또한 겐초지의 공식 홈페이지에는 「역사·개산開山」의 항목에 "순수한 선종을 바탕으로 대선원大禪院이 만들어졌다"라고 서술되어 있다.(http://www.kenchoji.com/?page_id=60, 2017년 9월 열람). 당사자의 이 견해를 부정할 생각은 없지만, 이것은 어디까지나 종교적 신조의 표명이지 학술적·역사적인 것이라고 말하기 어렵다. 에이사이와 엔니가 '불순不純'했던 것은 아니니다.

18. 무소 소세키, 『몽중문답집』 권하卷下. 오오쓰카 노리히로는 앞의 책에서 이 기술을 에이사이 문하 혹은 엔니의 삼학관三學觀과 비교하고 "삼학 겸학을 이상으로 하면서도 실천은 곤란하다고 하여 분립한 '선교율'의 공존을 주장하는 데 그치고 있다"라고 평한다(48쪽). 마찬가지로 권하에는 "교문敎門은 세인의 마음이 무명無明의 상태에 빠졌기에 잠시 중생과 부처의 분별처가 생겼고, 이에 대해 인심人心과 불성을 논한다. 이와는 달리 선문禪門은 중생과 부처가 아직 어떤 분별도 일어나지 않았고, 이를 본분전지本分田地(=본래면목)라고 규정한다"라고 말하는 조목도 있다.

19. 덴류지는 당초 '랴쿠오 시세이젠지曆應資聖禪寺'로 호칭될 예정이었으나 엔랴쿠지에서 "랴쿠오라는 연호를 붙이는 것을 선사禪寺에 대해 허가해서는 안 된다"는 의견이 나왔고, 결국 아시카가 다다요시가 꿈에 금룡金龍을 본(본 것으로 했다) 일로 인해 '덴류天龍 시세이젠지'로 정해졌다. 또한 그 이전에 연호를 붙이는 선사로 이미 겐닌지·겐초지가 있었다.

20. 최근 「미네르바 일본 평전선評伝選」의 한 권으로 중세 와카사和歌史 연구자 후카쓰 무쓰오深津睦夫의 『고곤 천황 — 수습되지 않은 세상을 위한 몸가짐』(미네르바 쇼보, 2014년)이 간행되었다. 또 마쓰모토 도오루松本徹의 『풍아風雅의 제왕, 고곤』(초에이샤鳥影社, 2010)은 에세이풍의 저작이지만, 고곤 천황의 내면에 들어가 칙찬勅撰 와카집 『풍아집風雅集』 편찬 사업에 초점을 맞추고 그 생애를 묘사하고 있다. 고다이고 천황이 정치사 연구자들에 의해 각광을 받아온 것과 대조적으로 고곤 천황은 문학사 쪽에서 주로 취급되는 경향이 있는 것 같지만, 지묘인통持明院統의 상속자로서의 역할에 대해서는 더욱 주의 깊게 살펴봐야 하지 않을까. 덧붙이면 현 황실은 지묘인통의 계보이기도 하다.
21. 덴쇼본天正本 『태평기』 권24 「덴류지 건립의 일」 한 단락. 여기에서는 '무소 국사'가 '좌무위左武衛'(아시카가 다다요시)를 향해 말하였다. '요시노 선제吉野先帝'(고다이고 천황)의 "신령께서 노여움을 품고 국토에 재앙을 내리시니 화를 당할 것이다." 이에 '가메야마亀山의 행궁'에 가람伽藍을 건립하여 "명복을 빌고 공양하면 천하 각지가 고요해지리라!"고 진언하고 있다(쇼가쿠칸小学館 일본고전문학전집 56의 『태평기3』, 1997, 161쪽). 같은 책의 본문 위쪽 주석에 의하면 간다본神田本 등의 고본에서는 '어떤 사람'이 '쇼군'(아시카가 다카우지)에게 진언했다고 하는데, 이렇게 보면 무소의 이름으로 되어 있지 않다.
22. 『무소 국사』(덴류지 개산 무소 국사 600년 대원휘大遠諱 사무국, 1950)에 실린 니시다 나오지로西田直次郎의 「무소 국사와 그 시대」 및 시노자키 마사루篠崎勝의 「무소 국사」. 다만 이 책이 쇼와昭和의 패전 직후에 바로 덴류지에 의해 기획되었음을 고려하지 않으면 안 된다. "국사는 선제先帝의 원령을 두려워하는 사람들이 생각하는 취지와는 별개로 선제의 극락왕생에 도움이 되는 진실일승眞實一乘의 길이 무엇인지를 생각하고 있었다."(123쪽) "국사는 고다이고 상황을 전쟁의 죄악과 불행을 짊어진 고뇌의 상징으로 여겼다. 이 때문에 인류의 고뇌와 미망을 구해야 할 불법의 진리를 항구 평화와 안국安國·이생利生의 정신적 핵심으로 높이 받드는 것이야말로 선제의 극락왕생에 이바지하는 유일한 길이라고 확신했던 것이다."(126쪽) "바로 이 영원한 평화의 소망·추구에 있었다. 이것은 또한 600년 후의 오늘날, 우리 일본이 모두 한결같이 가슴에 간직한

새로운 희구希求이다."(41쪽)

23. 헤이안 시대의 단린지檀林寺 터로서 선禪이 최초로 일본에서 그 교법이 널리 퍼진 땅이라는 의미도 있었다고 한다.

24. 후카쓰深津의 앞의 책은 「덴류지 중서重書 목록」에서 이 인젠院宣을 인용하고 있다(125~126쪽).

25. 나오히토直仁 친왕은 하나조노 천황(1297~1348, 고곤 천황의 숙부)과 오오기마치 지쓰코正親町實子(1297~1360) 사이에서 태어난 황자라고 되어 있는데, 20세기 후반에 이르러 공개된 고곤 천황의 치문置文(유서)의 서술 내용에 의하면 그는 오오기마치 지쓰코와 밀통하여 생긴 자식이다. 하지만 고곤 천황의 의향은 나오히토가 정통의 황위 계승자가 되는 것이고, 이후 그 자손이 황통을 이어 가는 것이었다(후카쓰의 앞의 책, 138~140쪽). 만일 '간노의 소란'과 '쇼헤이 일통正平一統'으로 인한 '아노우賀名生 납치사건'만 없었다면 일본국 천황은 나오히토의 자손이었을지도 모른다.

26. 『대일본사료』 6편의 15, 남조 쇼헤이 6년(북조 간노 2년) 9월 30일 조는 「전 덴류지 주지 소세키 입적하다」라는 항목을 만들고, 이하 144쪽 분량에 걸쳐 무소 소세키 관련 사료를 열거하고 있다(322~466쪽).

27. 『무소 국사 어록』에 실려 있는 「흠봉성지경찬 경성 히가시야마 야사카노토欽奉聖旨慶賛京城東山八坂宝塔」.

28. 이하 이생탑(리쇼토)의 연혁에 관해서는 주로 니시야마 미카西山美香의 『무사 정권과 선종 — 무소 소세키를 중심으로』(가사마쇼인笠間書院, 2004)에 의거한다(12~41쪽). 니시야마는 쓰지 젠노스케辻善之助 이래의 이생탑 연구를 바탕으로 "덴류지뿐만 아니라 호칸지, 즉 이생탑도 그 역할을 담당하고 있었다. 그리고 거기에서 의지할 수 있는 것이 원령 조복調伏(악마를 물리침)으로 유명했던 죠조淨藏 스님이었기"때문에 "이생탑은 도지東寺의 사리를 봉안함으로써 선禪과 진언眞言의 협력·연계에 의해 성립한 제도라고 생각된다"라는 견해를 제시하고 있다(32쪽). 죠조(891~964)는 「기타노텐진에마키北野天神絵巻」에 원령 조복調伏의 명수로 등장한다. 엔랴쿠지에서 배웠기 때문에 통상 천태승으로 취급되지만 니시야마는 진언승으로 보고 있다.

29. 예를 들면 안국사安國寺 에케이惠瓊(1539~1600)로 유명한 아키노쿠니安藝國(현재의 히로시마현 서부) 안국사는 헤이안 시대 창건이었다. 현재는 후도인不動院이라는 명칭의 진언종 별격본산이 되었다.
30. 니시야마의 앞의 책, 13쪽.
31. 니시야마는 "안국사·이생탑이 종교적 목적 이외에 각 지역(각국) 수호를 담당하고 치안 유지를 도모하는 등의 정치적·군사적 목적을 담당하고 있었다는 것은 요리토모頼朝의 도다이지東大寺 공양이나 팔만사천탑八万四千塔 공양과 그 목적을 같이 하고 있음을 알 수 있다"고 논하고 있다(앞의 책, 57쪽). 아시카가 형제(특히 다다요시)가 미나모토노 요리토모(1147~1199)에 의한 가마쿠라 막부 창설의 사정을 무가 정권 정통화를 위해 자신들의 선례로서 강하게 의식하고 있었다는 것은 틀림없으며, 또 그러한 견해도 가능할 것이다. 요리토모의 경우도 소위 '겐페이源平의 항쟁'으로 인한 전사자들의 영혼을 적·아군 구별 없이 모두 공양 위무하려는 의도가 있었다.
32. 니시야마는 오산이 10세기 중국 오월국에서 시작되었다고 한다(「초기 무로마치 정권의 종교사업과 오월왕」, 『군기軍旗와 가타리모노語り物』 43호, 2007). 오산의 발상은 원래 인도의 오정사五精舎에서 유래했기 때문에 오월국에 그러한 생각이 있었던 것도 이상하지 않다. 그러나 그 논거는 일본인 승려의 편언척구片言隻句(몇 마디 안 되는 짧은 말)에 불과하고, 제도적으로 오월국 시대의 것이 남송에서 계승된 것은 아니므로 갑자기 따르기에는 어려웠다.
33. "무소가 안국사·이생탑이라고 하는 종교적 국가사업에서 각각의 핵심 사원을 사가嵯峨의 덴류지天龍寺·히가시야마의 호칸지法觀寺 야사카노토八坂塔로 규정한 것은 단순한 우연이 아니라, 당시 종교적 공간의 콘텍스트를 계산한 결과라고 생각된다."(니시야마의 앞의 책, 41쪽).
34. 『송렴전집宋濂全集』(전 4책, 절강고적출판사浙江古籍出版社, 1999)의 「한원별집권제삼翰苑別集巻第三」에 수록된 것으로서 게재(1011~1016쪽).

제3장

동아시아 속의 일본

1. 일본 고대사의 재검토

—동아시아의 시점

아스카에서 나라로

2010년(헤이세이 22)은 헤이조쿄平城京 천도 1300년이 되는 해였다. 710년(와도和銅 3) 아스카飛鳥의 후지와라쿄藤原京(현재의 나라현奈良縣 가시하라시橿原市)에서 헤이조쿄(현재의 나라시 주변)로 도읍이 옮겨졌다.

그때까지 일본 열도는 각지에 유력한 호족이 숲속의 나무처럼 죽 늘어서 있는 상태였다. 그중 아스카 지방을 본거지로 삼고 있는 세력이 하나 있었다. 그것이 후의 야마토ヤマト 정권이다. 유력 호족의 힘이 서로 팽팽하게 맞서는 당시 상황에서 그들은 점차 강한 힘을 갖게 되었고, 각지의 호족을 복종시키면서 일본의 토대가 되는 국가를 만들어 갔다.

그 과정에서는 당연히 자신들이야말로 일본 열도에서 유일하게

헤이조궁 대극전大極殿 나라의 고도 헤이조쿄에 있는 헤이안 시대의 대궐

정당한 통치자라는 것을 보여 줄 필요가 있었다. 그래서 당시의 중국이나 조선반도의 나라들을 모방하여 시가지를 갖춘 도시로서의 도읍지를 만들었다. 그것이 후지와라쿄이다. 1990년대부터 대규모의 유적 발굴 작업도 행해졌다.

중심부로부터 상당히 벗어난 지역에서도 옛 도성의 건축 잔존물이 발견되었다. 이 발굴로 인해 헤이조쿄보다 더 큰 도성이었다는 가능성도 하나의 문제로 제기되었다. 종래는 후지와라쿄가 비좁았기 때문에 헤이조쿄로 옮겼다고 인식되어 왔지만, 아무래도 그렇지 않은 것 같다는 의구심이 들게 된 것이다.

그럼 왜 굳이 헤이조쿄로 도성을 옮기게 된 것일까. 이 문제를 푸는 하나의 단서에 후지와라쿄와 헤이조쿄의 구조적 차이점이 언급되고 있다. 후지와라쿄는 『주례周禮』라는 중국의 옛 행정 법전에 있는 설계도를 재현한 도성이다. 하지만 후지와라쿄를 건설하던 중에 중국에 파견한 견당사 사절단이 장안長安의 도성에서 목격한 형상은 그것과는 완전히 달랐다는 것이다. 그래서 별도로 새롭게 도성을 건

일본의 각 시대와 중심지

설할 장소로서 현재의 나라시奈良市 주변이 선정되었고, 헤이조쿄 천도가 이루어졌던 것이다.

7세기 초엽의 우마야도 왕廐戶王, 즉 쇼토쿠 태자(574~622)도 그러했지만, 그로부터 백 년 후에 쇼무聖武 천황(재위 724~749)과 고묘光明 황후(쇼무 천황의 황후, 701~760)는 불교를 국가 건설의 기둥으로 삼았다. 도다이지東大寺를 창건하여 그곳에 대불을 건립한 것은 쇼무 천황의 발원發願이었다. 불교에 깊이 귀의했던 고묘 황후는 친정인 후지와라씨藤原氏의 힘도 이용하면서 부창부수라기보다 이인삼각으로 대불개안大佛開眼[1] 등의 사업에 힘썼던 듯싶다.

752년(덴표쇼호天平勝宝 4) 대불개안 공양에 즈음해서는 인도에서도 승려들이 방문했는데, 바로 국제적 세레모니의 거행이었다. 일본의 왕이 불교 최대의 비호자라는 것을 내외에 보여 주기 위한 일종의 전략이었던 듯하다. 역으로 생각하면 그렇게 하지 않으면 안 될 만큼 정치적으로 사회가 혼란했었다고도 생각해 볼 수 있다. 당시 '진호鎭護 국가'는 불교에 부여된 최대 역할의 하나였다. 중국이나 조선반도의 나라들도 불교를 기둥으로 삼아 국가를 다스렸기 때문에 일본의 위정자는 그것을 따라 배웠던 것이다.

일본의 원류, 야마토

예전 교과서에서는 '야마토 정권ヤマト政權'을 한자 표기로 '야마토 정권大和政權'이라고 썼다. 당시 사람들도 나라현 중앙부 일대를 '야마토'라고 불렀던 듯싶다. 그러나 한자에 의한 '대화大和'라는 표기는 훨씬 훗날의 일이다. 이 때문에 현재는 가타카나로 '야마토ヤマト'라고 쓰게 되었다.

'조정朝廷'이 아니라 '정권'이라고 부르게 된 것은 '조정'이라는 말 자체가 당시 야마토 정권 시대의 일본에는 없었다는 점, 그리고 야마토 정권과 동등의 힘을 가진 유력 호족의 존재를 의식한 결과이다. '조정'이라는 말에는 '국가를 다스리는 유일의 정치 조직체'라는 의미가 포함되어 있다. 이 때문에 보다 일반적인 '정권'이라는 말로 표현함으로써 학술적으로 정확한 표현으로 바뀌었던 것이다.

---

1) 대불이 완성된 후 부처의 영靈을 맞기 위한 공양 의식.

'천황'이란 칭호가 사용되기 시작한 것은 덴무天武 천황(재위 673~686)과 지토持統 천황(덴무 천황의 황후로 후에 즉위. 재위 686~697)의 시대이다. 그때까지 야마토 정권의 왕은 '오오키미大王'라 불렸는데, 이 무렵부터 '천황' 칭호가 사용되었던 것이다.

또 '일본'이란 국호는 702년에 파견된 견당사 사절단이 중국 측에 명확히 선언하고 있다. 즉 "이번에 국호를 일본으로 바꾸었다"고 중국의 역사서 『구당서舊唐書』가 기록하고 있다.

연호는 다이카大化 개신(645)[2]으로 잘 알려진 '다이카'가 가장 오래된 연호라고 인식되어 왔는데, 실제로는 '다이호大宝'(701년이 원년)가 최초의 연호라는 설도 있다. 즉 '다이카'에서 '다이호' 연간은 연호가 없었던 기간도 있었는데, '다이카'는 후대의 사람들이 명명한 것이 아닐까? 라는 의구심이 든다. 나도 이 의문에 전적으로 동의하며 그렇다고 생각하고 있다. 현재에 이르기까지 끊이지 않고 연호가 지속되고 있는 것은 '다이호'부터이다. 또 다이호 율령大宝律令[3]도 다이호 원년에 완성되었다. 따라서 7세기 후반부터 8세기 초반까지의 시기에 천황, 일본이라는 호칭과 연호, 거기에 더해 율령이 모두 갖추어졌다고 할 수 있을 것이다. 이 네 가지 사항은 야마토 정권이 당시의 동아시아 국제 표준으로 볼 때 제 몫을 다하는 어엿한 국가가 되었다는 것을 의미한다.

그 출발점으로 알려진 다이카 개신에 관해서도 최근의 연구에서

---

2) 7세기 중엽 일본에서 중국의 율령제를 모방하여 왕을 정점으로 한 중앙집권적 정치체제를 구축하기 위하여 이루어진 정치 개혁.

3) 일본 아스카 시대의 왕 몬무文武 때에 제정·반포된 율령이다. 다이호 원년인 701년에 완성되어 '다이호 율령'이라고 불린다.

는 의문시하는 학설이 힘을 얻고 있다. 즉 나카노오오에 황자中大兄皇子, 즉 후의 덴지天智 천황이 정말로 다이카 개신의 중심인물이었는지 어떠했는지, 혹은 그를 지지했다고 알려진 나카토미노 가마타리中臣鎌足의 활약이 어느 정도 사실이었는지 등에 관한 의론이 그것이다.

가마타리는 뒤에 후지와라씨藤原氏의 조상이 된 인물이다. 가마타리의 아들 후지와라노 후히토藤原不比等의 딸이 고묘光明 황후이며, 이후 후지와라씨는 일본의 정치사에서 길고도 중요한 위치를 차지하게 되었다. 즉 가마타리가 다이카 개신으로 중요한 정치적 위상을 갖게 되었다는 것은 후대의 후지와라 일족이 스스로의 정통성을 주장하기 위해 만들어 낸 이야기가 아닐까? 라는 추측도 가능해진다. 아마도 정치 개혁이 정말로 645년에 시작된 것인지 아닌지를 확정하는 일은 매우 이상한 일이기 때문일 것이다. 최근의 교과서에서는 '다이카 개신'을 그 후 일련의 정치적 동요의 총칭으로서 사용하고, 645년의 소가씨蘇我氏 멸망 사건 그 자체에 대해서는 '잇시乙巳의 변'[4](잇시는 645년의 간지)이라고 표기하는 경우가 많아졌다.

이러한 교과서 개작의 사례 가운데 인상 깊은 점은 쇼토쿠 태자를 서술한 부분이다. '쇼토쿠 태자'라 하지 않고, '우마야도 왕厩戸王'이라고 표기하는 일까지 발생한 것이다. 어떤 사정이냐 하면, '쇼토쿠 태자'는 그가 사망한 뒤에 추증된 칭호이고 그 개인의 이름은 '우마야도厩戸'라는 이유에서이다. 따라서 '우마야도 왕'이라는 보다 정확한 표기를 할 필요가 있다는 판단이 내려졌기 때문이다.

4) 아스카 시대 고교쿠 천황皇極天皇 645년에 나카노오오에 황자가 외척으로 국정을 농단하던 권신 소가노 이루카蘇我入鹿를 처단해 소가씨를 몰락시킨 정변.

'쇼토쿠 태자'라는 인물의 1인 공적으로 언급되어 온 사업도 그 한 사람에 의한 것이 아니었기 때문에 이 무렵의 공적은 야마토 정권 전체의 사업으로 기재되었다. 견수사의 파견, 헌법 17조와 관위십이계冠位十二階[5]의 제정 등이 그것이다. 더욱이 쇼토쿠 태자가 『삼경의소三經義疏』(불교 경전의 주석서)를 저술했다고 알려진 것도 실제로는 다른 사람의 저작이며, 심지어 중국 전래의 서적일지도 모른다는 평가도 있다. 그렇지만 쇼토쿠 태자는 명실상부 일본에 불교를 널리 전파한 위대한 인물로서 신앙 대상이 된 존재이다. 신앙은 신앙일 뿐이지만, 불교 신자들 사이에서는 여하튼 역사적 사실과는 별도의 차원에서 소중히 여겨지고 있는 것은 아닐까.

고대인의 국제 감각

우마야도 왕 시대의 동아시아를 살펴보면, 중국에서는 기나긴 전란이 수습되고 581년에 수隋(581~618)라는 통일 국가가 성립한다. 일본이 견수사遣隋使를 파견한 것은 동아시아의 새로운 정치 지형도에서 자신들이 어떻게 참가해야 할 것인지를 탐색할 목적도 있었다. 불과 40년 만에 수 왕조가 당唐 왕조로 교체되고 나서도 일본은 견당사遣唐使를 파견하였다.

같은 시기 조선반도에서는 당 왕조와 연합한 신라가 백제와 고구려를 멸망시키고(668), 조선반도를 통일한다. 백제를 지원했던 일본

5) 쇼토쿠 태자가 이행한 정치 개혁 가운데 하나로 603년에 제정한 일본 최초의 위계제도. 조정에서 일하는 신하를 12등급으로 나누어 직위에 해당하는 간무리[冠]를 하사하여 상하를 나타냈다.

은 663년 백촌강白村江에서 나당연합군과의 전투에서 패하고 만다. 예전 일본에서는 '백촌강'을 '하쿠스키노에'라고 읽었는데, 바로 백촌강 전투이다.

이 전투에 패함으로써 당 왕조가 공격해 올 것을 두려워한 야마토 정권은 규슈에 대규모의 토루를 쌓는 등 국방 강화에 열을 올린다. 그와 동시에 중국의 율령제를 적극적으로 받아들이고 7세기 후반에는 급피치를 올리며 국가 건설을 진행해 나갔다. 또 조선반도 정세와 그 너머에서 대기하는 거대한 제국의 존재를 의식하여 온갖 지혜를 짜내고 견디고자 하였다. 이런 상황은 옛날이나 지금이나 조금도 변하지 않았다고 말할 수 있을 것이다. 천연자원이 풍부하고 넓은 국토에 많은 인구를 거느린 중국이 이웃 나라라는 점은 일본에 있어 피할 수 없는 숙명이기 때문에 그 상황에서 어떻게 행동할지가 중요하였다. 야마토 정권의 왕들이 마음 졸이며 골머리를 앓은 것도 당시의 정세를 정확히 파악하고 상대의 체면을 세우면서 어떻게 하면 일본의 이익과 국토를 지켜 나갈까 하는 것이었으리라.

그러한 의미에서 내가 높게 평가하는 인물은 아시카가 요시미쓰足利義満(무로마치 막부의 제3대 쇼군, 1358~1408)이다. 요시미쓰는 전란을 일삼던 남북조를 통일하고 명나라와 감합 무역勘合貿易[6]을 열어 무로마치 막부를 전성기로 이끈 인물이다. 명나라 황제에게 신하로서 복종하는 식으로 외교 관계를 맺기 위해 중국에 아첨했다는 평판으로 그 평가가 나빴지만, 최근에는 재평가가 진행되고 있다. 새로운

6) 도항증명서渡航證明書인 감합勘合을 지닌 선박들로 이뤄지는 무역. 일본 무로마치 시대 때는 일본과 명나라 사이에 명나라 조정이 발급하는 감합을 소지한 선박에게만 무역이 허용되었다.

동아시아의 국제 질서가 생겨나고 있을 때 요시미쓰는 조공朝貢이라는 수단으로 일본을 하나의 국가로서 인정받고 무역에 의한 번영을 가져온 것이다. 그러한 구조 안에서 요시미쓰가 무로마치 문화를 번성시켰다고 생각하면, 이는 현명한 선택이었다고 할 수 있지 않을까. 국가 간의 긴장 관계는 지금도 다양하지만, 상대방 국가가 어떠한 생각을 갖고 있는지 이해하고 서로의 입장을 인정하는 것은 매우 중요하다. 입장이나 생각이 다른 사람들끼리 그 차이를 인정하면서 어떻게 함께 살아갈 것인가. 앞으로의 세계 질서에서도 공생의 사상이 중요하지 않을까.

아시카가 요시미쓰

일본은 사방이 바다로 둘러싸여 있다는 특수한 지리적 조건을 갖고 있다. 그 때문에 자칫 고립되기 쉽지만, 그 옛날 헤이조쿄平城京 시대부터 여러 나라와의 교류는 끊이지 않고 이어져 왔다. 일본이라는 나라가 앞으로 어떻게 존재해야 할지를 모색하기 위해서라도 지금까지의 긴 역사 속에서 일본이 어떻게 바깥 세계와 연결되어 왔는지를 제대로 아는 것은 실로 중요한 문제이다.

2. 일본과 중국

서기 1세기 후한 광무제光武帝에게서 받았다고 하는 '한왜노국왕漢倭奴國王'의 금인金印, 3세기 야마타이국邪馬台國 여왕 히미코卑彌呼와 위魏와의 외교, 5세기 이른바 왜 오왕五王에 의한 중국 남조로의 견사遣使, 그리고 7세기 초엽의 견수사. 이런 옛 시대에 관해서는 지금도 그 구체적 양상을 잘 알고 있지 못하는 경우가 많다. 견당사 시대가 되면 양국의 문헌에 보이는 기록도 증가한다. 다만 양쪽의 서술을 비교하면 일본 국내에서는 대등한 외교를 표방했는데, 중국 현지에서는 조공 사절단으로 취급된 것을 확인할 수 있다.

일·송 무역의 규모가 견당사를 능가하다

당나라가 쇠퇴하여 견당사 파견이 끊어진 후 정체기는 있었지만, 12세기 후반의 일본과 송나라 간 무역처럼 견당사 시대를 능가하는 규모로 사람과 물품이 이동한 적도 있다. 13세기부터 14세기에 걸쳐서는 '도래승의 세기'로 불리는 것처럼 중국(송·원)에서 많은 불교 승려들이 일본으로 건너와 선종의 교설이나 당시의 중국 문화를 전파하였다. 몽고 내습에 의한 관계 악화는 일과성의 사건에 지나지 않았다.

1368년 중국에 명조가 성립하자 유교 원리주의적 국제 질서관을 바탕으로 명조는 일본에도 "무역을 하고 싶으면 조공朝貢하라!"고 요구하였다. 당시 일본은 남북조 시대였다. 최초에는 남조의 가네요시 친왕懷良親王이, 이어서 북조의 아시카가 요시미쓰足利義滿가 명나라에 조공하여 '일본 국왕'의 칭호를 하사받는다. 이것은 후세가 되어 비판받는 '국욕國辱 행위'가 아니라, 새로운 국제 질서에 대처한 정치적 판단에 따른 '개국開國'으로 봐야 할 것이다. 이후 중단된 적도 있었지만, 16세기 중엽까지 무로마치 막부(후에는 주고쿠中國 지방의 다이묘 오우치大內씨)와 명나라 사이에는 조공 사절단의 파견 형식을 취하는 감합 무역(정치적으로는 '견명사遣明使')이 행해졌는데, 견해에 따라서는 견당사 이상으로 커다란 역할을 담당하였다.

도요토미 히데요시의 조선 출병은 바로 그 땅에서 조선의 우군인 명나라와 교전하는 것을 의미하였다. 그 결과 명나라 정부는 일본에 대하여 침략자 이미지를 강하게 품었고, 도쿠가와 이에야스의 절충도 허사가 되어 정규의 국교 회복은 허가되지 않았다. 그러나 에도 시대에도 민간 무역은 계속되었는데, 특히 중국에서 내전(명청 교체)이 일단락되자 막부가 지정한 나가사키를 창구로 하여 중국에서 내항하는 상인들과의 교역이 성행하게 되었다. 이와 별도로 사쓰마번의 지배하에 놓인 류큐국(오키나와)을 통한 간접적인 무역도 있었고,

중국과의 관계는 결코 끊어지지 않았다. 오히려 통치자뿐만 아니라 민중 차원에서도 박래품(가라모노唐物)이나 중국 취미가 널리 퍼졌다. 이 점에서 일본에게 중국의 존재감은 보다 더 중요해졌다고까지 말할 수 있을지도 모르겠다.

페리 내항(1853)을 계기로 하는 개국은 동시에 중국과의 무역을 가일층 번성하게 하였다. 200년 만에 일본인도 중국에 도항할 수 있게 되었다. 그러자, 예를 들어 다카스기 신사쿠高杉晋作가 중국 상하이가 구미 열강의 사실상 지배하에 놓여 있는 것을 실제로 보고 일본의 장래를 걱정한 것처럼, 반면교사나 부패·정체의 상징으로서 중국을 보는 시선이 탄생하였다.

1894년의 청일전쟁과 그 결과는 과거 2000년간의 양국 관계를 질적으로 변화시켰다. 일본인은 중국에 대하여 우월 의식을 갖게 되었고, 중국의 뜻있는 사람들은 일본을 본보기로 삼아 자국의 정치와 문화를 개혁하려 했다. 노신魯迅이나 주은래周恩來 등이 일본에서 유학하였고, 양계초梁啓超와 손문孫文이 일본으로 망명하기도 하였다. 중국은 일본을 통해 신생의 숨결을 얻은 것이다.

일본인이 가졌던 우월감은 고작 100년

그러나 대일본제국 정부는 한번 시작한 해외 팽창 정책을 멈추지 않았다. 일본과 중국은 선전 포고도 하지 않은 채 전쟁에 돌입하였다. 그리고 1945년 일본 정부는 중화민국 정부를 대표하여 장개석蔣介石이 가세한 포츠담 선언을 수락한다. 일본은 미국에게만 패배한 것이 아니라 형식적으로는 틀림없이 중국에게도 패전국인 것이다.

그 후 얼마 안 되어 중국에서는 국공내전國共內戰이 일어나고, 모택동毛澤東이 이끄는 공산당이 대륙을 장악하는데, 일본 정부는 미국의 의향도 살펴야 했기에 대만으로 도망친 장개석 정부를 계속해서 중국을 대표하는 정부로 인정하였다. 1972년 다나카 가쿠에이田中角榮 수상의 결단으로 중화인민공화국과 국교를 회복한다. 그로부터 40여 년 동안 해양에 떠 있는 섬의 귀속 문제—실제로는 그 주위 영해의 해저에 있으리라 예상되는 자원의 권리 문제—를 둘러싸고 양국 관계는 더욱 어렵게 되었다. 하지만 지리적으로 끊고자 해도 끊을 수 없는 관계에 있는 이상, 국민적 차원에서 서로 지혜를 내놓고 타협하지 않으면 안 된다.

2000년 동안의 양국 관계에서 일본인이 중국에 대해 우월감을 가졌던 것은 기껏해야 지난 백여 년뿐이다. 필요한 것은 사실 우리 쪽의 의식 개혁인지도 모른다. 당나라 사신(견당사)도 명나라 사신(견명사)도 형식상은 머리를 숙이면서 그에 걸맞은 충분한 실리를 취하고 있었기 때문이다.

3. 도요토미의 조선 출병과 일본 외교의 애로

은감불원

은감불원殷鑑不遠[7]이라는 성어가 있다. 유교의 고전인 『시경詩經』 「대아大雅·탕湯」편의 결론 구절이다. "은감불원殷鑑不遠 재하후지세在夏后之世"(은나라의 거울은 멀리 있지 않으니, 하나라 임금의 세상에 있도다). 하후夏后는 은 왕조 앞에 있었다고 하는 하夏 왕조를 말한다. 우禹에서 시작하는 하 왕조는 폭군 걸桀이 등장했던 탓에 은 왕조의 탕왕湯王으로 교체되었다. 그 은 왕조도 말대의 주紂가 포학한 군주였다. 이는 역사를 비추어 볼 필요도 없이 하 왕조처럼 실수를 반복한다면 결국 멸망하고 말 것이란 경구다. 시에서 이 구절의 화자는 주周나라

7) '은나라의 거울은 먼 데 있지 않다'는 뜻으로 거울삼아 경계하여야 할 선례는 가까이에 있다는 말.

문왕文王인데, 그 아들 무왕武王 때 은주殷周 혁명이 일어난다.

역사상 사건은 한 번뿐이다. 하지만 인간의 행위는 시간이 지나도 본질적으로는 그다지 바뀌지 않는다. 요즘 일본 외교를 보면서 나는 이 생각을 깊게 한다. 중국 사상 연구를 직업으로 삼은 학자로서 이 관점에서 옛날의 사건을 되돌아보고 싶다.

도요토미 히데요시

정벌이냐 침략이냐

1592년 도요토미 히데요시豊臣秀吉(1536~1598)는 15만 대군을 보내 조선에 진공進攻하였다. 한국에서는 이 해의 간지에 따라 임진왜란壬辰倭亂이라 부르는 전쟁이다.

이 전쟁을 일찍이 일본에서는 '태합太閤 전하의 조선 정벌'이라고 불렀다. 현재의 역사 연구자들 사이에서 이 전쟁은 일본 측의 침략 행위였다고 평가하는 경향이 강하여 '조선 침략'이라는 표현이 사용되는 경우가 많다. 고등학교 일본사 수업에서도 그렇게 가르치고 있다. 그러자 이번에는 이를 불쾌하게 여기는 인사들이 '자학自虐 사관'이라고 비판하였다.

같은 전쟁을 '정벌征伐'이라 부르느냐, '침략侵略'이라 부르느냐는 그에 대한 평가(=가치 판단)의 차이에 해당한다. 역사적 사건을 무엇으로 명명할 것인지는 역사 인식에서 중요한 문제이다. 역사란 단순히 사실을 해명만 하는 행위가 아니다. 그 사실을 인간 사회의 행보 속에서 어떻게 평가하고 자리매김할 것인가 하는 학술이기도 하다. 전쟁의 경우, 그것이 악인을 응징하는 정의를 위한 진공進攻이라면 '정벌', 이기적인 가해 행위라면 '침략'이라고 불린다.

히데요시의 행위에는 선례가 있었다. 더 정확히는 있었다고 알려져 있다. 진구神功 황후(170?~269?)의 삼한 정벌(신라 정벌이라고도 함)이 그것이다. 『고사기古事記』나 『일본서기日本書紀』는 다음과 같이 전한다. 두 책은 세부 사항이 다르지만 아래의 줄거리는 같다.

제14대 주아이仲哀 천황(진구神功 황후 남편)은 규슈 남부의 정치 세력을 '정벌'하기 위해 지금의 후쿠오카福岡에 행차하였다. 이때 어떤 한 신神이 황후에게 빙의하여 신탁神託으로 바다 건너 보물의 나라를 공격하여 탈취하라고 권유한다. 그러나 천황은 "그런 나라가 있다곤 들어 본 적이 없다"고 말하면서 이 신탁을 믿지 않은 채 그 땅에서 돌연 붕어한다. 남겨진 황후는 임신한 몸을 이끌고 군선을 타고 바다를 건너 신라 왕을 항복시킨다. 이것을 알게 된 백제와 고구려의 왕도 두려워하여 일본에 사자를 보내어 앞으로 영원히 공물을 바치고 복속할 것을 맹세하였다. 황후는 귀국한 뒤 황자를 낳고(『일본서기』에 의하면), 70년 동안 섭정으로 일본을 다스렸다. 이 인물이 곧 진구 황후이고, 그 황자가 오진應神 천황(201~310)이다. 대일본제국 정부가 에도 시대 『대일본사』 설을 채택하고 천황의 역대 숫자에서 제외될 때까지 진구 황후는 '제15대 천황'으로 꼽혔다.

현재의 실증사학에서는 이 '정벌'은 기기記紀 편찬 당시의 국제 정세를 배경으로 하여 그 편찬자들이 각자의 소망을 담아 창조한 '이야기'라고 한다. 하지만 히데요시는 당시 일본인들이 모두 그러했듯이 이를 사실로 여기고 의심하지 않았다. "조선은 진구 황후 때 미래 영구히 일본에 복속할 것을 서약했다." 이러한 역사 인식이 그의 파병을 '정벌'로 정당화한 것이다.

엄밀히 말하면 히데요시는 조선을 상대로 했던 것이 아니다. 그의 의도는 중국(당시는 명 왕조)의 정복에 있었다. 그것을 위해 군대를 통과시켜 줄 것을 조선에 요구했다가 거절당하자 무례하다며 출병한 것이다.

조선이 거절한 것은 당연했는데, 이 나라는 당시 명나라의 조공국이었다. 조선의 왕은 세습이었지만, 제도적으로는 명나라 황제한테 그렇게 임명되어 '조선 국왕'의 자격이 있었다(황제와 왕의 이 관계는 책봉冊封이라고 불림). 따라서 조선이 히데요시의 요구를 받아들일 가능성은 전혀 없었다. 만일 요구를 제시했을 때 일본의 외교 당국자 중 누구도 이러한 사정을 몰랐다면 이 또한 터무니없는 이야기이다. 다만 후술하는 바와 같이 그전에 외교 관계가 있었으니 명나라와 조선의 책봉 관계는 알고 있었을 터이다. 그럼에도 불구하고 독재자 히데요시의 뜻을 멈출 수는 없었다. 국제적으로는 무지하게도 엄청난 요구를 했고, 마침내는 전쟁에 돌입했던 것이다.

명나라는 책봉 관계에 있는 조선을 지키기 위해 지원군을 파견하고 조선군과 힘을 합쳐 일본군과 싸웠다. 히데요시의 '조선정벌'은 명나라와의 전쟁이기도 하였고, 일본에서는 당시 '가라이리唐入り(명나라 입성)'라고 불렀다.

오다와라小田原와 조선은 같다

도요토미 히데요시는 왜 명나라에 쳐들어가려고 했을까?

일본에서는 교과서부터 소설에 이르기까지 "도요토미 히데요시가 천하통일을 완성하였다"고 기술하고 있다. 히데요시는 1590년(덴쇼天正 18) '오다와라小田原 정벌'에 의해 호조씨北條氏를 멸하고, 그 진중陣中에 다테 마사무네伊達政宗 등 동북 지역 다이묘들이 급히 참전함에 따라 일본 전토의 다이묘들은 히데요시에게 복속하였다. 이렇게 해서 기나긴 '전국戰國 난세'가 끝나고 평화가 회복되어야 했을 터이다.

하지만 그러한 일은 없었다. 오다와라 공격 이전부터 도요토미 정권은 '명나라 입성' 준비를 시작한 것이다. 천하통일로 국내 전쟁이 종결된 지 불과 2년 만에 대외 출병이 있었다는 사실은 '모처럼 평화로워졌는데 왜?'라는 생각을 들게끔 하였다. 그러나 이런 인식은 그 전제 자체가 이상하다. '천하통일'과 '명나라 입성'은 연속적이었다. 호조씨와의 전쟁도, 조선과의 전쟁도 모두 '정벌'이었던 것이다.

히데요시가 그때까지의 전국 다이묘와 달랐던 점은 천황의 권위를 크게 활용한 것이라고 언급되고 있다. 그 유례가 전국 시대에 없던 것은 아닌 듯하나, 스스로 관백關白으로서 천황의 직무대행에 취임하고 그 권한으로 '소부지레이惣無事令'라고 불리는 사적인 전쟁 금지령을 포고한다. 또 그 명목으로 각지의 모든 다이묘에게 위압을 가한 것은 도요토미 정권의 특징이다. 군사권은 모두 천황의 대리인인 자신이 장악해야 한다는 논리였다. 물론 반대편 목소리에 쓰러지지 않을 정도의 폭력 장치를 히데요시는 갖고 있었다.

지금의 우리들은 "일본은 원래 하나의 나라이므로 내전 상태를 종결시키기 위해서 군사권을 일원화하는 것은 당연하다"고 생각한다. 하지만 이러한 상식은 헤이안 시대 후기 이래, 각각의 지역에서 '열심히一所懸命'(어원은 자신의 토지를 목숨 걸고 지킨다는 뜻에서 유래) 살아온 재지 영주들에게는 생소하였다. 율령 체제가 붕괴한 후 중앙 정부에 의한 군사적 일원화라는 것은 실현된 적이 없었다. 도요토미 정권은 완전히 새로운 일, 즉 상식 밖의 일을 하려고 했던 것이다.

오다와라 호조씨가 히데요시의 복종 요구를 완강히 거부한 것은 그들이 히데요시의 이 참신한 발상을 이해하지 못했고, 이로 인해 정책 판단의 오류를 범하였다. 다만 그들의 상식에서는 교토·오사카에서 간토關東의 벽지까지 일부러 대군을 이끌고 공격해 올 리가 없다고 생각했던 것이다. 오다와라 공격은 보여 주기식 효과를 노렸으리라. 동북 지역 다이묘들이 오다와라에 참진參陣한 것은 히데요시의 본심을 직접 보았기 때문이다. 그들의 상식은 크게 무너졌다.

우리들은 '오다와라 정벌'에 대해 일본 국내를 하나로 평정한 사업으로서 플러스로 평가하는 한편, '조선 정벌'은 대외 침략 전쟁으로서 마이너스로 평가해 버리는 경향이 있다(후자도 플러스로 평가하는 사람이 있는데, 그 의견은 타자의 견해로서 존중하자). 그러나 나는 간토 출신이라 전자도 또한 침략 전쟁이었다는 역사 인식을 갖고 있다. 12세기 말 미나모토노 요리토모源頼朝에 의한 가마쿠라 막부鎌倉幕府의 수립 이래, 아니 거슬러 올라가 10세기 다이라노 마사카도平將門의 거병 이래, 간토 지방은 교토에 있는 조정으로부터 자립한 장소였다. 아시카가足利 쇼군가는 간토 출신이지만, 본거지를 교토에 두고 막부를 열면서 분가分家를 관동(간토)에 두고 동쪽 지방의 통치를 맡기고 있었다. 이를 '가마쿠라 구보鎌倉公方'라 부른다. 전국 다이묘 호조씨北條氏가 원래는 이세씨伊勢氏인데도 성씨를 호조라고 바꾼 것은 가마쿠라 막부의 집권이었던 호조씨의 성이 간토에서 갖는 권위적 지위의 혜택을 받고자 했기 때문이다. 후지와라씨藤原氏의 양자로 들어가 관백關白의 지위에 오른 인물 — 히데요시는 '후지와라노 히데요시'라는 이름으로 관백에 취임하고, 후에 도요토미라는 새로운 성을 천황으로부터 하사받음 — 과 비교하여 자신들은 대등 혹은 격상이라고 생각했을 것이다.

저 유명한 아미노 요시히코網野善彦의 학설(『동쪽과 서쪽이 이야기하는 일본의 역사』, 고단샤 학술문고, 1998, 초판은 1982)을 인용할 필요도 없이 일본 열도는 동쪽과 서쪽이 달랐다(물론 좀 더 세세한 하위 구분을 지역별로 할 필요가 있지만, 이 장의 중심 줄거리는 아니므로 생략한다).

그런 이유로 히데요시는 전인미답의 업적을 성취한 것이다. 아니 아직 성취하지 못했다고 해야 할 것이다. 오다와라 공격은 열도 내부가 하나가 되었을 뿐이다. 도요토미 정권의 시선은 이미 바다 밖을 향하고 있었다. 진구 황후의 '신탁神託'대로 그곳에는 보물의 나라가 존재하고 있었으니까.

그들이 작은 섬을 떠나 대륙으로 가는 것은 당연한 이치였다고 할 수 있다.

야랑자대

앞에서 '은감불원'이라는 성어를 언급했는데, 여기에서도 또 다른 하나의 성어로 중국 고대의 고사를 소개하겠다.

한漢 제국의 전성기, 현재의 귀주貴州·운남雲南·광서廣西 세 성의 경계 지역에 야랑夜郎이란 독립국이 있었다. 한 왕조는 사자를 파견하여 복속시키고 조공을 바치도록 요구하였다. 야랑국의 왕은 자기 나라에 자신감이 있었던지 사자에게 다음과 같이 물었다. "우리나라와 한 왕조 중 어느 쪽이 큰가?". 이것이 '야랑자대夜郎自大'(야랑이 스스로 크다 하다)라는 말의 유래이다. 다만 전거가 된 『사기史記』「서남이열전西南夷列傳」에는 그렇게 질문한 이가 가까이 있던 전국滇國(기원전 278~109)의 왕이었다고 기록되어 있다.

어쨌든 이를 문자로 기록한 한 왕조 입장에서 보면 "자신의 좁은 국토를 우리 중화의 광대함과 비교하려 했던 세상 물정에 어두운 어리석은 국왕"이라는 야유와 우롱의 의도를 가지고 전하기 위한 이야기이다. 중국 역대 왕조는 중화 의식을 가지면서 주변 여러 나라를 항상 위에서 바라본 시선으로 내려다보려 하였다.

확실히 야랑의 국력은 도저히 한나라에 필적할 수 없었다. 이윽고 그 땅은 한 제국의 직할지로 편입되어 지금도 중국에게는 불가분의 영토가 되고 있다. 야랑국만큼 어리석지 않았던 나라들은 한 제국의 말을 들으면서 자기를 낮추고 이 대국을 섬기는 길(事大)을 택했다. 그렇게 하면 그 교환으로 책봉을 받을 수 있었다. 소국의 왕에게 "자신이 중화의 황제 폐하한테 왕으로 인정받고 있다"고 주장하는 것은 자국의 정치 상황에서 하나의 권위로도 유효하였다. 공물을 가져가는 이러한 행위를 조공朝貢이라 부른다.

'야랑자대' 사건이 일어난 것과 비슷한 시기, 조선반도 북부에 있던 고조선古朝鮮도 한 왕조에게 '정벌'되어 낙랑군樂浪郡 등이 직할지가 되었다. 반도 남부와 북동부에는 백제·신라·고구려 삼국이 성립하였고 저마다 중화 왕조에 조공을 바쳤다. 이윽고 고구려가 수·당과의 전쟁에서 패하고, 신라가 당나라의 힘을 빌려 백제를 멸망시키고 조선반도를 통일하는 데에 이른다. 하지만 당 제국에 대한 조공 책봉의 관계는 계속되었다. 그 이후 그렇지 않은 시기도 있었지만, 고려와 조선의 두 왕조는 모두 중화제국에 대한 조공국으로서 조선반도를 통치하였다. 조선반도에서 '사대事大'는 소위 국시國是였다. 지정학적으로 자주독립이 어려운 점도 있었지만, 중화 문명의 압도적인 매력에 끌리는 면도 있었을 것이다.

당초 토속적이었던 인명 표기도 통일신라 시대에는 중국으로부터 그렇게 강제되었던 것도 아니다. 하지만 김씨나 박씨 같은 단성單性과 한자 한 글자 혹은 두 글자로 이름을 짓는 한족漢族의 방식을 채택하면서 그 전통이 지금에 이르고 있다. 바다를 사이에 두고 성립된 우리나라도 왜라고 불렸던 당초에는 조공국 중 하나였다. 그러나 7세기 견수사의 경우는 조공의 형식을 취하지 않으면서 관계를 맺으려 했고, 그 후의 견당사 시절에도 일본 국내에서는 이들이 조공 사절단이 아닌 것으로 되어 있었다(당나라의 수도에서는 사실상 조공 사절단으로 취급받았다). 송 왕조나 원 왕조의 조공 요구를 받아들이지 않았고, 그 때문에 '원구元寇'(역사학계의 올바른 명칭은 '몽고 내습')의 쓰라린 체험을 맛보기도 하였다. 하지만 몽골 세계제국에 의한 동정군東征軍(일본에게는 침략군)을 격퇴함으로써 다행스럽게도 일본은 야랑국처럼 되지 않고 끝났다.

1368년 명나라가 원나라를 대체하고 중화 왕조로서 성립하였다. 이 왕조는 유교적(주자학적) 원리주의에 기초하여 직접 통치하지 않는 땅을 다스리는 자들과 조공·책봉 관계를 맺는 일을 외교 정책의 기본으로 정하였다. 그래서 송·원 왕조와는 달리 명나라와 교역하기 위해서는 그 조공국이 되지 않으면 안 되었다. 이리하여 15세기 초 '기타야마도노北山殿'로서 일본 최고 실력자였던 아시카가 요시미쓰足利義満는 견당사 이래 끊겼던 국가 간 관계를 부활시키고 명나라에 조공함으로써 '일본 국왕'에 책봉되었다. 일본 국내에도 그 사실을 공표한 점에서는 5세기의 '왜 5왕五王' 이래 처음이다. 아니 그보다는 왜 5왕이 책봉 사실을 국내에 공표한 일을 실증하는 사료는 없다. 또 3세기의 히미코卑彌呼도 어떻게 했는지 불분명하기 때문에 어쩌면 역사상 최초의 국내 공표일지도 모른다. 이후 명나라와 일본 사이는 약 150년간 이 관계를 지속한다. 견명사의 파견 횟수는 견당사에 버금가는 18회를 기록하고 있다. 아시카가 요시미쓰의 대중 조공 외교는 비판받는 경우가 많지만, 나는 그의 외교 정책을 높이 평가한다. 상세한 사항은 졸저 『아시카가 요시미쓰—지워진 일본 국왕』(2008)을 참조하기 바란다.

조선 출병을 둘러싼 갈등

무로마치 막부가 쇠퇴하자 야마구치山口를 본거지로 하는 슈고守護 다이묘 오우치씨大内氏가 아시카가 쇼군가를 대신하여 견명사를 도맡아 책임지고 있었다. 그러나 모리 모토나리毛利元就가 오우치씨를 궤멸시키자 명나라와 일본 사이의 외교 관계가 끊어진다. 이 무렵 왜구(이른바 후기 왜구)가 창궐하여 기승을 부리지만, 도요토미 히데요시는 1588년(다이쇼 16) 해적 단속령을 내려 왜구를 금지·제압하고, 세토우치瀨戸内 지방과 규슈의 여러 다이묘가 그에게 복속함으로써 일본의 외교권은 도요토미 정권으로 일원화되었다. '분로쿠文禄의 역'(임진왜란)이 일어난 것은 이러한 흐름에 따르는 일이었다.

최전선의 본부였던 나고야名護屋(현 규슈 사가현佐賀縣 가라쓰시唐津市)에서 조카인 관백 히데쓰구秀次에게 보낸 서한은 히데요시의 구상을 말한 것으로 유명하다. 그 서한에 의하면 조선을 제압한 뒤에 명나라로 쳐들어가서 대륙 전역을 지배하에 두고, 북경을 통치 거점으로 삼아 점령 정부를 설치하며, 히데요시 자신은 절강성浙江省 영파寧波로 거처를 옮겨 동아시아 전체를 노려볼 생각이었던 것 같다. 이 구상을 어디까지 진심으로 여겼던 것인지, 또 히데요시 자신이 그렇게 생각했더라도 이것이 정권 구성원의 총의였는지는 확실하지 않다. 상당히 과대망상의 기미가 있는 그야말로 '야랑자대'한 생각으로도 보인다. 나는 쇼와 시대의 대일본제국 군부 내에서 미국과 일본이 세계를 양분하고 마지막 전쟁을 치르기로 상정한 그런 움직임이 생겼다는 사실을 떠올리지 않을 수 없다.

사실 도요토미 히데요시의 조선 출병에 즈음하여 정권 내부에도 신중파가 있었다고 한다. 일설에는 센 리큐千利休[8]의 할복 사건의 경우도 그가 출병에 비판적이었다는 점이 하나의 요인이 되었다. 도쿠가와 이에야스德川家康도 히데요시에게 면종복배面從腹背(겉으로는 복종하고 속으로는 반대함) 형태로 출병에는 신중했던 모양이다.

그런데 바야흐로 히데요시를 문화 고문, 정치 고문의 입장에서 지지하거나(리큐), 그에게 복속하는 형태로 그 천하통일을 돕거나(이에야스) 했던 이른바 창업기 중진들을 대신하여 젊은이들이 대두하고

8) 1522~1591. 일본 전국 시대 다도茶道의 대성자. 히데요시와 충돌하여 처벌을 받고 할복하였다.

있었다.

그 대표격이 이시다 미쓰나리石田三成와 고니시 유키나가小西行長이다. 그들은 명목상 다이묘(무장)였지만, 전선에서 싸운다기보다는 능리能吏(유능한 관리)로서 정무를 담당하는 비서관 타입이었다. 사실상 이들은 히데요시의 자식을 보살핀 적도 있었고, 리큐가 사카이堺(오사카 지역)의 에고슈会合衆[9], 이에야스가 미카와三河(아이치현 동부)의 전국戰國 다이묘였던 것과 같은 기반을 갖고 있지 못했고, 독재자 히데요시의 예스맨이기도 했다. 미쓰나리도 유키나가도 전쟁을 통괄하는 부교奉行[10]로서 조선으로 건너간 것이다.

한편 실제로 명·조 연합군과 싸운 것은 히데요시의 명을 받아 자신의 가신단을 이끌고 바다를 건넌 다이묘들이었다. 가토 기요마사加藤清正의 활약이 유명한데, 구로다 나가마사黒田長政(구로다 조스이黒田如水, 즉 간베에官兵衛 요시타카孝高의 아들)도 용맹스럽고 과감하게 조선반도 북부까지 진격하였다. 구로다 요시타카黒田孝高 쪽도 미쓰나리와 함께 부교奉行로서 조선으로 향했는데, 그 자신은 출병 정책에 비판적이었다. 결국 그는 무단으로 귀국하였고, 이 때문에 히데요시로부터 출사가 금지되는 조치를 당하기도 하였다.

강화의 파탄 — 히데요시는 왜 화를 냈을까

전쟁 초반의 쾌속 진격을 멈추고 전황이 좋지 않게 되자 고니시 유

9) 무로마치 시대부터 아즈치모모야마 시대의 도시에서 자치自治의 지도적 역할을 한 평정評定 조직 또는 그 조직의 구성원을 일컫는다. 특히 사카이에서 유명하였다.

10) 행정·재판·사무 등을 담당하는 무사의 직명.

키나가는 일본 우위의 정세에서 강화講和를 도모한다. 명나라 대표와 교섭이 성립되어 1596년(게이초 원년)에는 명나라 사절단이 오사카성을 방문하는 데까지 이르렀다. 하지만 유키나가 등은 강화의 내용을 정리하기 위해 구체적인 조건의 정보를 히데요시에게 제대로 전달하지 않았다. 그래서 히데요시가 '말이 다르다'고 격분해 화의는 결렬되고 재출병이 이루어진다(게이초慶長의 역, 즉 정유재란).

히데요시가 요구한 내용은 일본에게 조선반도 남부를 할양할 것, 명나라는 일본에게 항복 표명(명나라의 황녀를 일본의 천황가에 시집보낼 것 등)을 해야 한다는 것이었다. 그러나 명나라 사절단이 가져온 화약和約은 명나라 황제가 히데요시를 '일본 국왕'에 임명하여 정규의 교역을 허가한다는 내용이었다. 히데요시는 자신이 격하된 대우를 받은 것에 대해 화가 난 것이다.

그런데 에도 시대 후반이 되자 히데요시는 "자신은 천황의 신하이며 이국 군주에게 일본 국왕으로 임명될 처지가 아니다"라는 이유로 강화를 걷어찬 것이라는 해석이 형성된다. 그 후 메이지 시대에는 국가에 의해 이것이 올바른 역사 인식이라 여겨지고 쇼와의 패전까지 이어졌다. 당시의 교육을 받은 사람들 가운데는 지금도 이러한 인식을 완고하게 유지하면서 대중 외교의 본보기처럼 극구 찬양하는 경향이 있다.

하지만 역사적 사실은 그렇지 않다.

앞에서 기술한 바와 같이 아시카가 요시미쓰 이래, 일본은 명나라에 대해 조공 외교를 시행하였다. 오닌의 난 등을 계기로 막부의 힘이 쇠퇴하자 그 대신 오우치씨大內氏가 명나라와 일본 간, 조선과 일본 간의 경제·문화 교류를 담당하였다. 하지만 이 경우에도 철저하게 명목상은 일본 국왕이 명나라에 조공하거나 조선 국왕과 우의를 맺거나 하는 외교 의례였다. 오우치씨가 이러한 관계를 본심으로 어떻게 생각했는지는 판단하기 어렵지만, 이 경우에도 일본 국왕이란 아시카가 쇼군가를 지칭하는 것이었다. 따라서 도요토미 히데요시 개인은 명나라를 굴복시킬 작정으로 전쟁을 시작했을지 모르겠지만, 현장에서 강화 교섭을 진행했던 사람들은 무로마치 막부의, 그리고 그것을 이어받은 오우치씨가 취했던 외교 정책에 근거한 우호 관계를 부활시킬 목적으로 전쟁 상태를 종결시키려고 시도하였다. 히데요시가 강화를 걷어찬 것은 아무런 전과를 얻을 수 없다는 것을 싫어했기 때문일 뿐이다. 애초에 히데요시의 명을 받고 출병한 다이묘들은 현지에서 전과를 올림으로써 자신들이 보상받기를 기대하고 있었다. 그들은 근대적인 의미의 국군이 아니라, 사병의 연합에 지나지 않았다. 당시 아직 전국 시대의 흔적이 남아 있었는데, 그보다는 가마쿠라 무사 이래 '모노노후武士'의 계보를 이어받아 주군을 위해 싸우는 행위(봉공奉公)는 토지 등의 반대 급부(어은御恩)를 목적으로 하고 있었다.

원구元寇, 즉 몽고 내습은 일본으로서는 방위 전쟁이었다. 하지만 사정은 이와 마찬가지로 가마쿠라 막부에 소집되어 전선에서 몽고군과 대치한 고케닌御家人[11]들은 특별히 '일본국을 지킨다'는 숭고한 의식이 있었던 것은 아니다. 즉 '가마쿠라도노鎌倉殿'(사실상은 싯켄執權이었던 호조 도키무네北條時宗)로부터 전시 봉사의 포상으로 토지를 받는 일을 기대하고 있었던 것이다.

11) 가마쿠라·무로마치 시대에 쇼군과 주종 관계를 맺은 무사.

그 300년 후에도 사정은 별반 다르지 않았다. 따라서 조선에서 싸우고 있던 다이묘들에게도 "일본국의 군주인 천황 및 그 대리인인 히데요시가 굴욕을 당했다"는 것이 문제가 아니라, 조선으로부터 땅을 빼앗지 않으면 보상을 받을 수 없다는 지극히 실리적인 것이 문제였다. 출병한 이상 전과를 올리지 못하고 군사를 이끄는 데에는 한계가 있고 매우 곤란하다. 그러면 그들 자신도 물론이거니와 그들의 가신들도 납득하지 못한다. 그것은 가신들의 경우 최우선으로 보상 목적을 가지고 종군하고 있었기 때문이다. '천황 폐하를 위해', '나라를 위해' 싸우는 일을 자랑스러워했던 것이 아니다. 메이지부터 1945년(쇼와 20)까지 대일본제국에서는 그것이 제국 신민의 자랑이라고 여겨졌지만, 본심은 싫으나 어쩔 수 없는 출진이었던 병사는 수도 없이 있었으리라. 무운이 나빠서 전장에서 꽃잎처럼 사라진 뒤, 도쿄 구단九段의 큰 신사에 합사되는 것을 영령들이 모두 진심으로 기뻐했다고는 나로서는 생각하기 어려운 일이다.

그것은 차치하고 전선에서 싸우는 다이묘들에게 강화 시점에서 일본군이 점령하고 있던 지역까지 조선에 돌려준다는 것은 논외였다. 유키나가行長 등이 비밀리에 교섭을 진행한 일도 있어서 그와 미쓰나리에 대한 불신감이 만연한다 — 하지만 애당초 전시의 강화 교섭이라는 것이 관계자 사이에서 공개적으로 토론하고 결정할 성질의 것은 아닐 터이다.

유키나가는 강화 조건의 정보를 히데요시에게 정확히 전달하지 않았기 때문에 결국은 실각한다. 다만 가이에키改易[12]라든가 처형과

12) 에도 시대를 전후하여 무사에게 과한 벌의 일종이다. 즉 신분을 평민으로 내리고 영지·가록家祿·저택 등을 몰수하는 형벌이다.

같은 엄중한 형벌은 아니었다. 이렇게 해서 부교奉行로서는 미쓰나리의 무게감이 늘어나게 된다. 하지만 그는 변함없이 히데요시의 예스맨으로 전투 재개 후 점점 정세가 불리하게 돌아가는 가운데, 그 타개책을 제시할 수 없는 상태에 놓인다. 전황은 제해권制海權을 조선 수군에게 빼앗기고 현지 부대에 대한 보급도 여의치 않게 되어 간다. 전선에서 싸우는 가토 기요마사 혹은 구로다 나가마사의 입장에서는 그것이야말로 봉행의 임무일 텐데 미쓰나리는 무엇을 하고 있는지 하는 의심이 들었을 것이다. 미쓰나리가 의도적으로 자신들을 괴롭히고 있다는 느낌을 받게 된 것이다. 실제로 미쓰나리는 예스맨으로 히데요시의 면전에서 두 번 다시 강화 교섭을 말할 수 없었기 때문에 전선 부대를 죽이는 '미필적 고의'를 저질렀는지도 모르겠다. 전선에서의 패배는 전선 지휘관들의 책임이 될 것이고, 그를 나무랄 일은 없을 것이기 때문이다. 수재형 능리能吏에 흔히 있는 명철보신明哲保身, 책임 회피의 '무사안일주의'이다.

일본의 국익은 이렇게 훼손되어 갔다. 절대적 권력을 잡은 독재자 히데요시 아래서 전쟁에 회의적이긴 했지만—리큐利休 같은 변을 당하지 않을려고?—, 은인자중하고 있던 도쿠가와 이에야스와 구로다 요시타카, 자신이 전공을 올리는 일밖에 안중에 없던 이기적인 가토 기요마사와 구로다 나가마사, 유능한 관리였기 때문에 철저히 예스맨이었던 이시다 미쓰나리. 이 세 유형의 인물들 모두에게서 상황을 타개하는 외교 정책이 나오는 일은 절대 없었다. 또 전쟁 종결의 결단을 내렸어야 할 인물의 죽음까지 이 '불행한 전쟁'의 종결에 '성단聖斷'(히데요시의 결단)이 내려지는 일은 없었다.

1598년(게이초 3)에 히데요시가 사망하자 도요토미 정권은 현지군에게 철병을 통지한다. 거기서 지도적 역할을 한 것은 도쿠가와 이에야스였다. 현지 지휘관들의 귀국 후, 그들이 전장에서 겪은 쓰라린 원한은 부교奉行 이시다 미쓰나리를 향해 간다. 세키가하라 전투에서 이에야스 군대에 히데요시와 은원恩願 관계의 다이묘들이 다수 가담한 것은 히데요시를 예스맨으로 섬김으로써 자신들을 업신여긴 미쓰나리를 향한 보복이었다고도 한다. 역으로 말하면 미쓰나리가 "도요토미 가문의 천하를 지킨다"는 기치를 내걸었어도 그들의 마음은 그 바람에 나부끼지 않고 복종하지 않았던 것이다.

오산의 승려, 사이쇼西笑

조선 출병 시기, 구로다 요시타카의 교토 저택을 사이쇼 조타이西笑承兌(1548~1608)라는 선승이 단골 여관 대신 이용하고 있었다. 사이쇼는 도요토미 히데요시 정권의 소재지 후시미伏見(교토 남부)에 살았다. 그는 오산의 승려로 도요토미 정권의 비서관과 같은 역할을 담당한 인물이다.

아쉽게도 많은 소설이나 드라마에는 그들이 등장하지 않지만, 오산의 승려는 무로마치 시대부터 쇼쿠호織豊 시대[13]까지 정치의 전개 과정에서 결코 빠뜨릴 수 없는 존재였다. 각지의 전국 다이묘들도 오산과 연고가 있는 학승學僧을 막료幕僚로 거느리고 영지領地의 경영 실무가로 기용하고 있었다. 유명한 예로는 이마가와 요시모토今川義元를 섬긴 다이겐 셋사이太原雪齋, 모리毛利 가문의 외교승이던

13) 오다 노부나가 가문과 도요토미 히데요시 가문이 정권을 잡은 시기.

안국사의 에케이惠瓊(세키가하라 합전 후, 이시다 미쓰나리, 고니시 유키나가와 함께 참수) 등이 있다. 그렇다고나 할까, 원래 군사軍師(참모 혹은 책사)란 그들을 말하는 것이었다. '군사'라는 용어가 널리 알려진 것은 에도 시대가 되고 나서부터의 일로 당시는 '군배자軍配者'로 불렸는데, 지리와 기상氣象을 포함한 풍부한 학식을 살려 전장의 작전을 짜는 것이 역할이었다. 다케나카 한베에竹中半兵衛 혹은 구로다 간베에黒田官兵衛(요시타카)의 군사 이미지는 에도 시대가 되고 난 뒤 만들어진 것에 불과하다. 역사적 사실상 군사는 오산의 승려가 맡고 있었다.

사이쇼 조타이

사이쇼도 오산의 계보를 잇는 학승이었다. 이미 견명사 시대가 끝나 버린 탓에 그들 세대에 도명渡明 경험은 없었다. 하지만 오산에서 배운 한적의 지식을 통하여, 또한 선배들로부터 계승되어 온 국제관계에 관한 대국적 견해에 따라서, 도요토미 정권 안에서 조선 출병 신중파의 한쪽을 점하고 있었다.

구로다 요시타카黒田孝高(1546~1604)가 어떠한 경위로 그와 친해지게 되었는지, 견문이 적어서 나는 자세히 밝히지 못하지만, 도요토미 정권의 중추에 있던 인물과 동료들 및 직무 성격 등으로 보아 접촉할 기회는 많았을 것으로 짐작된다. 사이쇼는 이에야스와도 친하였고, 히데요시 사후에는 실권을 장악한 이에야스의 비서 역할을 맡았다. 세키가하라 전야, 아이즈会津(후쿠시마현 서부) 토벌의 계기가 된 이른바 「나오에조直江状」는 우에스기 가게카쓰上杉景勝(1556~1623)의

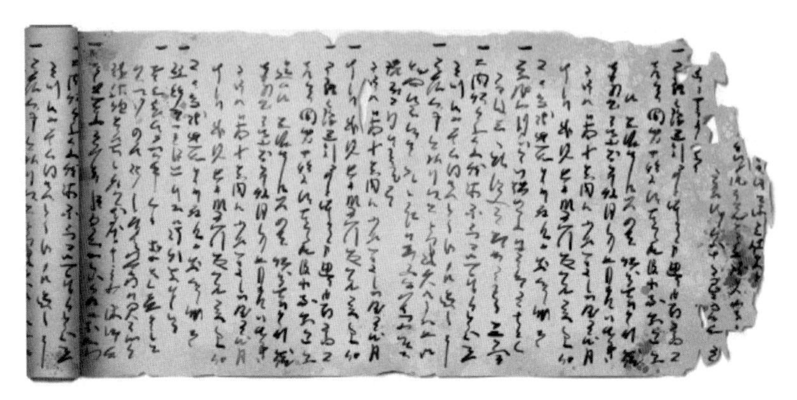

나오에조 이 서간은 세키가하라 전투의 계기가 되었다는 설이 있다

중신 나오에 가네쓰구直江兼続(1559~1620)가 사이쇼 앞으로 보낸 서간이다. 졸저 『강과 센고쿠와 대하』(2011) 등에서도 서술한 적이 있지만, 소설이나 드라마에서 흔히 묘사한 것처럼 「나오에조」를 이에야스가 먼저 개봉해 읽고 격분하는 장면은 역사적 사실에 어긋난다. 「나오에조」는 이에야스 규탄을 내용으로 하고 있지만, 서간의 수신인은 정권의 비서관 사이쇼였다. 「나오에조」란 사이쇼가 이에야스의 뜻을 받아 가네쓰구 앞으로 보낸 우에스기 가문에 대한 힐문성 서간에 대한 가네쓰구의 반론이었다. 사이쇼는 도쿠가와 이에야스의, 가네쓰구는 우에스기 가게카쓰의 입장에 서서 각각의 비서관으로서 맹렬히 맞부딪치는 외교전을 전개했던 것이다.

그 후 사이쇼는 이에야스의 문화 정책이라고 해야 할 '후시미반伏見版'(활자 인쇄)14)의 간행에 종사하였다. 다만 정치적으로 눈에 띄는

14) 에도 시대 초기에 도쿠가와 이에야스의 명으로 야마시로山城 후시미의 후시미 학교伏見學校 일각에 건립된 엔코지円光寺(현 교토시 사쿄구)에서 개판된 목활자판.

활약을 하지는 않았다. 그런 측면에서 볼 때, 사이쇼의 뒤에 정치적으로는 이신스덴以心崇傳(1569~1633, 난젠지南禪寺 곤치인金地院의 승려), 덴카이天海(1536~1643, 그는 오산승이 아니라 천태종 승려다), 그리고 도슌道春 즉 하야시 라잔林羅山(1583~1657) 등으로 대체되면서 정치 고문의 역할을 맡았다. 다만 라잔은 유자이면서 도슌이라는 승려의 이름으로, 게다가 삭발한 승려의 모습으로 출사했는데, 이것은 오산승이 정치 고문을 맡았던 형식을 답습하고 있다. 라잔 자신은 젊은 시절 오산의 하나인 겐닌지建仁寺에서 배운 경험이 있었다. 도요토미 정권이 행한 명나라·조선과의 전쟁의 뒤처리는 막 성립된 도쿠가와 정권(에도 막부)에게 크나큰 과제였다. 라잔은 그 실무를 담당하였고 동아시아 지역의 안정 회복에 기여하였다.

제너럴리스트였던 오산의 승려

무로마치 시대에는 왜 출가하여 승려가 된 사람들이 외교관의 임무를 맡았던 것일까.

오산五山이란 원래 13세기 중국의 남송이 설치한 제도였다. 사원을 교敎(교학)·율律(사원의 규율)·선禪 세 종류로 구분하고, 각각에 대해 중핵이 되는 사원을 5곳씩 선택하여 다른 모든 사원을 통괄하게 하고 불교 교단 전체의 질서를 잡으려 했던 제도이다. 다만 남겨진 사료가 제한적이기 때문에 교원敎院과 율원律院에 관해서는 잘 알려져 있지 않다. 선원禪院에 관해서는 일본에 관련 사료가 풍부하게 있으므로 비교적 그 구조가 분명히 밝혀져 있다. 중국의 선원 오산五山(고잔)은 당시 남송 정부의 수도였던 항주에서 세 곳, 일본과의 교역항이었던 영파寧波에서 두 곳의 사원이 선택되었다. 그중 일본 불교계에서 성지로 여기는 중국의 천태산天台山(절강성 천태현)은 포함되어 있지 않다. 단지 영파가 일본에서 건너오는 승려들의 상륙지였던 일도 있어 영파의 아육왕사阿育王寺와 천동사天童寺는 오산으로 지정되기 전부터 연고가 있는 사찰이었다. 이것들이 선원 오산으로서 굳건한 지위를 확립했다는 점이 그 직후에 이 땅을 방문한 에이사이榮西나 도겐道元이 일본으로 선종을 들여오는 배경을 이루고 있었던 것이다.

명확한 연대는 상세하지 않지만, 가마쿠라 시대 말기에는 겐초지建長寺나 엔가쿠지円覺寺가 오산이라고 불리게 되었다. 이들 사원은 남송으로부터의 도래승을 개산開山으로 삼고 있는데, 그들의 제안이 있고 난 뒤 제도화되었다고 짐작된다. 그 후 고다이고後醍醐 천황의 겐무建武 정부와 무로마치 막부 창업기를 지탱한 아시카가 다다요시足利直義(다카우지의 동생)에 의해 교토의 선원도 오산에 추가되어 아시카가 요시미쓰足利義滿 때에는 교토 오산(실제로는 6사六寺)과 가마쿠라 오산이 병립하는 형태로 완성된다. 교토 오산이란 서열순으로 난젠지南禪寺, 덴류지天龍寺, 쇼코쿠지相國寺, 겐닌지建仁寺, 도후쿠지東福寺, 만쥬지万壽寺. 가마쿠라 오산은 겐초지建長寺, 엔가쿠지円覺寺, 주후쿠지壽福寺, 조치지淨智寺, 조묘지淨妙寺이다. 모두 지금까지 남아 있는 유명한 사찰뿐이다.

무로마치 막부는 오산의 승려를 정치 고문, 학술 고문으로 중용하였다. 그들은 중국 문화에 통달했고 한시문의 작성에 뛰어났기 때문에 명나라나 조선과의 외교에서는 주도적인 역할을 맡았다. 그들을 주요한 담당자로 삼은 무로마치 시대의 한시문은 오산문학이라 불리고 있다. 오산은 단순히 문학에 머물지 않고, 서화·음식·건축 등

광의의 문화 전반에 걸쳐서 지도적인 역할을 담당하였다. 무로마치 시대의 기타야마문화北山文化·히가시야마문화東山文化로 불려온 것을 총칭하여 오산문화라고 보는 것이 최근의 연구 동향이다(시마오 아라타島尾新 편, 고지마 쓰요시 감수, 『동아시아 해역으로 배를 젓다 4: 동아시아 속의 오산문화』, 2014).

오산문화란 듣기에 생소한 용어일 것이다. 이에 반해 오산문학은 입시문제에도 자주 출제되고 인구에 회자되는 역사 용어이다. 내가 고등학생일 때의 교과서 야마카와山川 출판사의 『상설 일본사』(1980년판)에는 본문에 이 말은 보이지 않고, 각주에 "이들 오산 선승에 의해 창작되어 감상하게 된 한시문을 오산문학이라고 한다. 남북조 시대부터 무로마치 시대 초엽은 그 전성기였고, 주간 엔게쓰中巖円月, 기도 슈신義堂周信 등이 활약하였다"고 되어 있을 뿐이었다. 이것이 현재 사용되고 있는 최신판 『상설 일본사 B』(2013년판)에는 본문 속에서 "그들(오산의 승려들을 말함 — 지은이) 사이에서는 송학宋學의 연구나 한시문의 창작도 성행하여 요시미쓰 때에 젯카이 츄신絶海中津, 기도 슈신 등이 나와 최전성기를 맞이하였다(오산문학)"고 되어 있다. 소개된 인명이 왜 주간 엔게쓰에서 젯카이 츄신으로 바뀌었는지를 나는 알지 못하지만, 아마도 '요시미쓰 때에'라는 형용구로 계속하기 위해서일 것이다. 주간 엔게쓰는 젯카이 츄신이나 기도 슈신보다 1세대 빠르고, 남북조 시대 전반기에 활약한 승려였다.

명대明代에는 앞에서 서술했듯이 원칙적으로 조공 형식의 교역밖에 허가되지 않았다. 그래서 바다를 건너는 승려들도 견명선을 타게 되었고, 중국 국내에서의 행동은 제한적이었다. 주간 엔게쓰나 젯카이 츄신처럼 각지의 사원을 자유자재로 돌아다녀 볼 수 없게 되었던 것이다. 따라서 그 식견은 한정적이었고, 일본 측의 정치 사정(막부의 쇠퇴와 외교권의 오우치씨에 의한 사실상 독점)에 의해 오산승이 외교 정책의 입안·변경에 관여하는 기회도 점차 사라져 갔다. 도요토미 정권이 성립했을 때에는 사쿠겐 슈료策彦周良를 정사(대사)로 하는 최후의 견명사로부터 40년이 경과한 시점이다.

애당초 오산승에 한정하지 않고 승려들은 가마쿠라 막부 창설 이래, 무가 정권武家政權의 문서·행정을 담당했다. 많은 무사들은 한문의 운용 능력이 없었기 때문이다. 중세 유럽에서 라틴어의 서기書記 능력을 갖춘 기독교 성직자들이 담당한 역할과 비슷하다.

특히 외교는 승려들이 활약하는 주요한 무대였다. 명나라·조선과 주고받는 문서는 모두 제대로 된 한문으로 써야만 했기 때문이다. 덧붙여서 극히 초보적인 사실이라 송구스럽지만 오해가 있으면 안 되기 때문에 지적해 두고 싶은 것이 있다. 한글이라 불리는 조선 독자의 문자는 15세기에 발명된 언어이기 때문에 히데요시 때에는 이미 존재하였다. 하지만 이것은 어디까지나 한자의 보조 언어로밖에 사용되지 않았고, 정규 공문서는 모두 한문으로 쓰였다. 일본에서도 공문서는 한문(다만 일본어풍의 한문으로 문법적·어법적으로는 독자적 한문)으로 쓰여졌다. 한문은 조선에서도 일본에서도 우리가 상상하는 의미의 외국어가 아니었다.

한문의 이면에는 중국 문명의 오랜 전통이 축적되어 있었기 때문에 문법적으로 바르게만 쓰면 되는 것은 아니었다. 국제적인 외교 교섭의 장면에서는 더욱 그러하다. 문체가 바르고 우아할 것(사륙변려문四六駢儷文이라 불리는 것), 고사故事나 전거典據를 충분히 포함하고 있을 것, 그리고 개개의 구체적인 장면(어떠한 신분의 인물로부터 어떠한 인물로의 서간문인지 등)에 상응할 것, 예의에 맞는 문면文面일 것 등등. 말하자면 외교상의 매너, 프로토콜(통신 규약)이 요구되고 있었다. 공가公家에도 한문의 운용 능력이 있었지만, 그들은 헤이안 시대 이래 일본 일국주의로 흘러 세계 정세에는 무관심이었다. 무로마치 시대의 일본에서 그런 일에 숙달된 이들이 오산승이었던 것이다.

오산승은 외교의 전문가(스페셜리스트)는 아니었다. 즉 그렇지 않을 뿐더러 넓은 학식과 풍부한 문재文才를 갖추고 동아시아 세계의 국제적 문화에 정통했던 제너럴리스트였던 것이다.

유능한 관료는 나라를 망친다

오산의 승려들과 비교하면 이시다 미쓰나리나 고니시 유키나가는 스페셜리스트로 보인다. 그들은 확실히 유능한 관료이고, 도요토미 정권의 운영에서 결코 빼놓을 수 없는 인재였다. 그들을 찾아 등용한 히데요시 자신도 전에 오다 노부나가織田信長의 휘하에서 그들과 비슷한 임무를 맡았다. 하지만 어쩌랴! 오산승들이 수행 시절부터 주입해 왔던 인문적 소양은 체득하지 못하였다. 그 때문만은 아니겠지만, 주군(히데요시에게는 노부나가, 미쓰나리·유키나가에게는 히데요시) 앞에서는 예스맨으로 일관하며 자기 보신을 도모하는 술수에는 뛰어났다. 그러니까 정권의 수뇌로 계속 활약할 수 있었던 것이다.

그러나 조선 출병의 처리라는 외교 무대에서는 그러한 면이 역효과를 낳게 되었다. 단순히 행정 능력이 뛰어난 것만으로는 동아시아 문화의 세계에서는 야만인(동이東夷) 취급밖에 받지 못한다. 오산승들이 갖추고 있던 문화적 소양(한문 운용 능력)은 그들이 입신하고 나서

임시변통으로 배울 수 있는 것이 아니었다. 무엇이든 능숙하게 해내는 히데요시에게 자필 서장書狀은 가나仮名를 많이 사용하는 화문和文이며, 한문으로 쓰는 일은 없었다. 나는 한문으로 쓰는 것이 더 훌륭하다고 말하고 싶은 것은 아니다. 다만 한문 운용 능력으로 대표되는 인문적 소양이 결여되어 있었다는 점, 중국이나 한국의 제너럴리스트 문화인(사대부라 불리는)으로부터 무시당했다는 사실을 지적하고 싶은 것이다. 물론, 그래서 중국·조선이 더 뛰어나다거나 제너럴리스트이기만 하면 된다고 말할 생각은 없다. 저쪽에는 저쪽의 폐해가 있었고, 20세기에는 일본으로 인해 쓰라린 경험을 당하는 결과까지 초래하였다. 무엇보다 인간만사 새옹지마라고, 일본은 우수한 관료나 군인을 양성하여 서양화·근대화 노선을 성공시키고, 히데요시 이래 처음으로 대륙 진출을 이루기는 했지만, 이것은 이것대로 파멸을 향한 길이었다. 스페셜리스트에게는 자신이 숙지하고 있는 분야·영역의 일밖에 보이지 않았기 때문이다.

쇼와 초기의 일본에서는 군부가 점차로 힘을 갖게 되었다. 그 담당자는 가토 기요마사加藤清正, 구로다 나가마사黒田長政 타입의 용맹하고 과감한 무인이었다는 것이 아니라, 후방의 참모 역할 장교들로 말하자면 미쓰나리와 같은 수재형의 유능한 관료였다. 군대라는 조직 속에서 그들은 실로 능수능란한 수법으로 움직였다. 군축 정책에 반대하고 군부의 이권을 확대함으로써 세계 유수의 강대한 군대를 구축하였다. 공학계 기술자를 활용하여 세계 최고 수준의 군함이나 전투기를 개발하였다. 대일본제국의 육해공 — 천황 폐하를 섬기는 군대인 점에서 '황군皇軍'이라 불린다 — 은 청나라를 이기고 러시아를 이기고 독일도 이기는데, 그리고 중국과 승패가 결정되지 않은 채

미국·영국과도 전쟁의 서막을 열었다. 여기에는 스페셜리스트 주도 국가만의 비극이 있었던 것 같다.

외무성에도 외교 정책 결정의 권능은 없었고, 외교관이라는 이름의 스페셜리스트들은 운집해 있었다. 그들은 자기 직무를 완수하는 일에는 능숙했지만, 일본이 세계 정세나 국제 관행에서 이탈한 길을 걸어가는 것을 막을 수 없었다. 일본이 경제력·군사력에 상응하는 정치 대국으로 대접받는 것에 일시적으로 좋은 기분에 취해 있었는지도 모르겠다. 1930년대 일본이라는 국가의 처신 방법은 여러 나라에 괴이한 것으로 보였을 것이다. 다행일까? 나치스=독일이나 이탈리아=파시즘 같은 비슷한 종류가 있어서 그다지 돌출되어 눈에 띄지 않고 끝나 버렸지만, '대일본제국'은 자칭 그대로 야랑자대夜郎自大의 길을 걸어간 것이다.

전후, 전 외무성 관료였던 요시다 시게루吉田茂가 이끄는 신생 일본국은 미국에 신종臣從하여 '조공 외교'를 함으로써 경제적 이익을 얻는 길을 택하였다. 전후 체제는 파국에서 다시 일어서기 위해 어쩔 수 없이 선택한, 그러나 그런 의미에서 유효한 체제였다고 할 수 있다. 그리고 지금 중국은 미국과 어깨를 나란히 할 정도의 기세로 '대국화'하면서 동아시아 국제 질서의 자기장이 변용되고 있다. 일본은 아시아 제일의 경제 대국 자리를 이미 중국에 내줬다. 아니, 역사적으로 보면 그 자리를 돌려줬다고 해야 할 것이다.

이것은 호불호로 끝날 이야기가 아니다. "자신들 쪽이 옳다"고 이념적으로 주장하고 — 그 이념도 '우리들'의 이념이지, '그들'은 타자로서 다른 이념을 주장할 것이다 —, 이웃의 험담을 집안에서 서로 주고받으면 속이 후련해질지라도 문제는 해결되지 않는다. 만약 싫으면 왜 싫은지, 그 이웃들과 어떻게 어울리면 좋을지 고민하는 것이 외교가 아닐까.

은감불원殷鑑不遠! 도요토미 정권이나 쇼와 초기의 어리석은 행동을 되풀이하지 않도록 지금이야말로 역사에서 배우지 않으면 안 된다.

[참고문헌]

小島毅,『足利義満 — 消された日本国王』, 光文社新書, 2008.

小島毅,『江と戦国と大河 — 日本史を「外」から問い直す』, 光文社新書, 2011.

島尾新(編), 小島毅(監修),『東アジア海域に漕ぎだす4: 東アジアのなかの五山文化』, 東京大学出版会, 2014.

『詳説日本史』, 山川出版社, 1980年版.

『詳説日本史 B』, 山川出版社, 2013年版.

藤堂明保·竹田晃·影山輝國,『倭国伝 — 中国正史に描かれた日本』, 講談社学術文庫, 2010.

村井章介,『世界史のなかの戦国日本』, ちくま学芸文庫, 2012.

村井章介,『増補: 中世日本の内と外』, ちくま学芸文庫, 2013.

4. 동북아시아 교류권

— 왕권론의 시각에서

왜국 견사遣使의 배경

『후한서後漢書』 권1 하편에 광무제 서기 57년(중원中元 2) 정월의 일로 다음과 같은 기사가 있다.

> 동이의 왜노국이 사절을 파견하고 공물을 헌상하였다. (東夷倭奴國, 遣使奉獻)[1]

일본의 학교에서 배운 사람이라면 고대 시기 대륙과의 교류를 보여 주는 사료로 역사 수업에서 배웠던 기억이 있을 것이다. 『후한서』 권85 「동이열전東夷列傳」 '왜국倭國' 조에는 "건무建武 중원中元 2년, 왜노국이 공물을 헌상하고 조정에 하례하였다(倭奴國奉貢朝賀)"고 나

한위노국왕 인장

온다. 이렇게 권1 하편의 기록과 동일한 내용 뒤에 사절단장이 '대부大夫'를 자칭하고 자신들은 왜국의 '극남계極南界'(최남단)에서 왔다고 말하는 내용이 소개되어 있다. 그리고 광무제가 이 사절단에게 '인수印綬'15)를 하사한 일을 기록하고 있다. 이 인수는 에도 시대 중엽 1784년(덴메이 4)에 하카타만博多灣의 시카노시마志賀島에서 발견되어 현재 국보로 지정되어 있는 저 유명한 '한위노국왕漢委奴國王'이란 인장이다.

이 기록은 중국의 정사에 일본의 사절이 도읍까지 들어온 가장 오래된 기술로서 일본 학자들에 의해 고래부터 중시되어 왔다. 『한서漢書』 지리지에 의하면 이에 앞서 전한前漢 때에도 '왜인'이 낙랑군樂浪郡에 사자를 보내 교류했다는 취지가 기록되어 있다. 다만 낙랑군은 조선반도, 현재의 평양 부근에 설치된 통치 거점이었기 때문에 이는 어디까지나 한나라의 지방 행정 조직과 일본 열도 사람들과의 교류를 보여 주는 것에 불과하다. 왜인이 직접 도읍지 중국 장안長安까지 들어가 황제를 알현했던 것은 아니다. 더구나 『한서』 지리지는 후한 반고班固(32~92)가 편찬한 것이라, 그는 광무제 때 왜노국왕의 사절단 내방을 알 수 있는 입장에 있었다. 결국 이 기사는 전한의 조정이 갖고 있던 왜인에 관한 기록이 밑바탕이 된 것인지, 아니면 후한 광무제 때 왜국 사절이 "우리 왜인은 전부터 낙랑군에 출입했다"

15) 중국에서 쓰이던 관인官印의 끈. 관인이란 천자天子 이하, 여러 관리의 관직이나 작위를 표시하는 인印이며, 수綬는 그 인의 고리에 맨 30cm 정도의 끈이다.

고 보고한 정보에 근거한 것인지는 확실하지 않다. 따라서 서기 57년의 이 사건은 이후 2천 년에 걸친 중·일 정부 간 교류의 본격적인 시작을 알리는 것으로 대서특필되어 왔던 것이다.[2]

그렇지만 이 기사가 후한 측에서 어떤 시기에 기록되었는가 하는 점에 대해서는 일반적으로 잘 알려져 있지 않은 듯하다. 적어도 일본 열도를 둘러싼 바다에 학술적으로도 경계선을 그어 일본의 역사를 내재적 발전으로 그리려는 입장에서는 이 기사의 존재가 중시되었어도 사료상 문맥은 간과되어 왔다.

실은 방금 전의 기사는 『후한서後漢書』 「광무제기光武帝紀」에서 다음의 기사 직후에 게재되어 있다.

> 2년 봄 정월 신미일辛未日에 처음으로 북교北郊의 제장祭場을 조영하고 후토신后土神의 제사를 지냈다. (二年春正月辛未 初立北郊 祀后土)[3]

북교란 도읍(당시는 현 낙양洛陽 부근의 땅)의 북쪽 성벽 바깥을 의미하고, 여기에서도 그렇듯이 보통은 마땅한 장소를 선정하여 만들어지는 제사 장소를 가리킨다. 이것은 남교南郊(후술)와 짝을 이루는 시설로 땅의 신을 모시기에 적합한 장소로 여겨졌다. 후토后土란 이 무렵 땅의 최고신에게 부여된 명칭이다. 즉 이때 광무제 정부는 처음으로 후토를 제대로 모시는 것을 실천할 수 있었고, 이를 기념하여 이런 기록이 이루어졌으며 그로부터 약 4백 년 뒤 편찬된 『후한서』에도 게재되어 있는 것이다.[4]

기사 자체와 관련된 날짜 표시는 없는데도 불구하고, 왜국 사절의 내방이 중원中元 2년 정월의 일이라고 간주되고 있는 것은 이 북교 제사의 기사 직후에 쓰여져 있는 것과 그다음 기사(후술)가 2월로 명기되어 있는 것에 의거한다.

북교에서의 후토에 대한 제사와 왜국 사절의 내방은 현재 우리의 감각으로 보면 직접적으로는 무관하게 보인다. 이제까지 왜국 사절 내방과 북교 제사의 기사를 연결시켜 강조하는 일이 없었던 것도 그 때문일 것이다. 하지만 황제가 어떤 존재로 인식되고 있었는가 하는, 당시의 사상적 상황을 감안해 보면, 이 두 기사가 같은 달에 나란히 있는 것은 우연이라고는 단언할 수 없다.

이 장에서는 이 문제에 관한 나의 소견을 말해 보고 싶다. 황제의 제사라는 것이 독자들에게는 낯설고 생소한 현상이기 때문에 내용이 지나치게 전문적으로 받아들여질 수도 있다. 그러나 이는 그러한 우리들의 감각이 당시의 왕권을 지탱한 사람들의 감성에서 벗어나 있기 때문이다. 오히려 당시 사람들에게 북교 제사와 왜국 사절의 내방은 동시에 광무제의 왕권을 축복하고 경하해야 할 사건으로서 동질성을 갖고 있었다. 동아시아의 국제 정치 질서가 처음으로 일본 열도에까지 이르렀다는 점에서 2천 년 전의 왜국 견사는 중요한 것이다.

중원으로의 개원 경위

애당초 왜국의 사절이 역사상 처음으로 중국 황제를 알현한 해가 왜 중원中元이라는 연호였을까.

광무제(본명은 유수劉秀)는 전한 말기 황실 유씨의 분가로 지방호족의 가문에서 태어났다. 세상이 세상인지라, 원래는 '고조 유방劉邦(기원전 247?~기원전 195)의 후손'임을 자랑하며 지극히 평범한 삶을 살터였다. 그런데 왕망王莽이 왕권을 찬탈하고 '신新'이란 왕조를 수립한 사건이 그의 운명을 크게 바꿔 놓는다. 반反왕망 세력이 각지에서 무장봉기를 일으키던 와중에 그도 그 하나의 조직에 가담하여 이윽고 자웅을 겨루던 강력한 라이벌을 몰아내고 황제로 즉위한다. 그때 정한 연호가 건무建武였다. 건무는 31년까지 지속된다. 그대로였다면 '건무 32년'이라 불렸어야 할 해에 그는 연호를 바꾸는 행위, 이른바 개원改元을 단행한다. 그 새로운 연호가 중원中元이었다.[5]

중원이란 문자 그대로 '치세 도중에 단행한 개원'이라는 의미이고, 결과적으로는 광무제 최후의 연호가 되었다. 개원의 시점에서는 물론 그럴 예정은 없었다. 이후에도 또한 마찬가지로 그러할 때 개원할 생각이었다고 짐작해 볼 수 있다.

그럼 중원으로의 개원이 광무제 정권에게 어떤 의미에서 '그러할 때'(적당한 때)였던 것일까. 이를 잘 보여 주는 기사가 『후한서』「광무제기」의 중원 원년(56) 봄 정월에 기재되어 있다.

우선 영지에 부임해 있던 제후왕諸侯王들이 모두 '내조來朝'하여 한데 모였다는 기사로 시작한다. 내조란 황제의 거처인 낙양에 신년 축하를 위해 인사하러 온 일을 말한다. 즉 왜국 등 외국 사절의 내방과 비슷한 종류의 행위이다. 「광무제기」에서 제후왕 내조를 기록한 것은 이 해뿐이다. 실제로 다른 해에는 그것이 왜 없었는지, 무슨 이유로 이 해에 관해서만 기록했는지는 알 수 없다. 전자라면 이 해는 제후왕들이 도읍에서 모이게 된 특별한 해라는 것이 된다. 또 후자였다고 하더라도 일부러 이 해에 관해서만 그것을 특별히 기록했다는 것은 이 해가 특별한 해임을 증명하고 있는 셈이다. 어느 쪽이든 이 해의 제후왕 내조가 후한의 궁정 사관에게는 기록으로 남겨야 할 중요한 사건이었고, 그것이 『후한서』에 실리게 되었을 것이다.

그리고 이 내조는 광무제가 계획했던 어떤 행사를 위해 그들을 소집했기 때문으로 보인다. 그 행사란 산동山東 태산泰山에서의 봉선封禪이었다.[6] 정월 중에 광무제는 낙양을 출발하여 2월에 태산(「광무제기」는 '태산太山'으로 표기)에 도착한다. 태산 가까이에 영지를 소유한 두 명의 제후왕(북해왕北海王·제왕齊王)이 태산(마찬가지로 '동악東嶽'으로 표기)에서 광무제를 알현[朝]하였다. 이로 미루어 볼 때 이 두 사람은 낙양에 소집되지 않고 처음부터 태산에서 알현하도록 지시받았음을 알 수 있다. 즉 상기 제후왕諸侯王들도 봉선 행차를 수행하기 위해 낙양에 소집되었다고 추리할 수 있는 것이다. 게다가 그달 안에 광무제는 봉선 의례를 집행한다.

봉선이란 제왕帝王이 천하태평을 천신天神에게 보고하는 의식이었다. 『관자管子』에는 태고 이래 72인의 제왕들이 봉선을 거행했다고 쓰여 있다. 물론 이것은 허구이며 역사적 사실은 아니다. 하지만 이러한 전승을 이어받아 진시황제와 전한의 무제武帝는 실제로 봉선 의례를 집행하였다. 광무제는 사료상 확실한 바로는 세 번째로 '봉선을 거행한 제왕'이다.[7]

봉선을 실시한 것은 광무제가 전한 말부터의 정치적 혼란을 완전히 수습하고 강고한 왕권을 수립했다는 점, 또 그것에 대한 자신감에 기인하고 있다. 이렇게 해서 4월에 낙양으로 돌아온 뒤, 중원으로의 개원이 행해진다. 즉 이 개원 이전은 아직 건무라는 연호 그대로이며 이 해는 건무 32년이었다. 『후한서』에서는 연초에 '중원 원년'

으로 표기하고 있지만, 이것은 연초로 거슬러 올라가 이 해의 전체를 그렇게 불렀다는 것에 지나지 않는다. 봉선이 이루어진 것은 엄밀하게는 건무 32년의 일이다.

그리고 광무제는 숨돌릴 틈도 없이 4월 중 곧바로 이번에는 장안으로 행차하여 장릉長陵(고조高祖의 묘)에 참배한다. 장안 행차는 이전에도 이루어졌고 해서 처음은 아니지만, 이 장릉 참배는 봉선을 실시한 일을 고조의 위패에 보고하기 위해서였을 것으로 보인다. 더구나 이해 여름에는 낙양에 불가사의한 샘물이 솟구쳐 그 물을 마신 자들은 모두 지병이 완쾌되었다. 또 붉은 풀이 돋기도 하고 지방에 감로甘露가 내리기도 했다. 이러한 현상은 상서로운 조짐(瑞祥)이라 불리는 것으로 제왕의 정치를 자연계가 축복하고 있다는 증거로 간주되었다. 물론 과학적으로는 믿을 수 없는 얘기이고, 조작에 의한 날조라고 해석하는 편이 온당할 것이다. 그러나 당시 이렇게 작위하는 것이 광무제의 왕권을 장엄하다고 여기게 만들었다는 점은 사상사적으로 중요하다. 왜국 사절단이 낙양을 방문한 것은 이러한 시기였다.

후토 제사[16]와 왜국 봉헌

「광무제기」는 중원中元 원년의 맨 마지막에 다음과 같은 기사를 싣고 있다.

16) 토지를 맡아 보는 신인 후토后土에 대한 제사, 즉 후토제后土祭를 말한다.

> 이때 처음으로 명당明堂, 영대靈臺, 벽옹辟雍 및 북교北郊의 구획을 그어 짓고, 도참圖讖을 천하에 선포하였다. (是歲 初起明堂 靈臺 辟雍 及北郊兆域 宣布圖讖於天下)

『논어論語』 어디를 찾아봐도 명당·영대·벽옹·북교·참이라는 말은 보이지 않는다.[8] 일반적으로 오늘날에는 일본에서도 중국·한국에서도 『논어』를 유교 사상의 가장 대표적인 전적典籍으로 여기고, 거기에 쓰여 있는 것이야말로 유교의 핵심적 부분이라고 인식하고 있다. 그러나 이는 송대宋代에 주자학이 발흥하고 사서四書(대학·중용·논어·맹자)를 필독서로 인정한 이후의 견해에 불과하다.

광무제 무렵, 유교는 이른바 오경五經(역易·서書·시詩·예禮·춘추春秋)을 경전으로 삼고 있었다. 그리고 이 오경이나 『논어』, 『효경孝經』의 각각에 대해서 위서緯書라고 불리는 일군의 텍스트가 존재하였다. 위서는 경서와 마찬가지로 공자 및 그의 등장 이전의 책이라고 되어 있기는 하나, 실제로는 전한 말기에 작성된 것으로 여겨진다. 도참圖讖이란 예언서를 말하는 것으로, 역시 당시 유행하고 있어서 양자를 통틀어 참위讖緯라고 부른다. 이 참위 사상을 광무제는 애호하였고, 이 무렵 학술에서는 경서의 해석에도 참위를 이용하였다. 명당·영대·벽옹·북교라는 학술어는 모두 위서에 보이는 말이었다.[9]

이것들은 광무제에 의해 새롭게 도읍지로 정해진 낙양 교외에 이때 처음으로 조영되었던 것이다. 태산 봉선이나 이들 제 시설의 완성은 그의 왕권이 반석 위에 올려졌다는 것을 상징하는 사건이었다. 그리고 이듬해 정월 그 북교에서 후토를 제사 지내는 의례를 거행한 직후에 왜국의 사절단이 그를 찾아와 알현했던 것이다.

명당·영대·벽옹은 합쳐서 삼옹三雍이라고도 불리는데, 이들 셋은 한 세트가 되는 시설로 간주되었다. 예로부터 하나의 시설 내부의 부분 명칭인지 아니면 별개의 시설이어야 하는지에 관해서는 유학자들 사이에서 견해가 분분하다. 다만 1962년부터 시작된 후한 당시의 낙양 남쪽 교외 발굴 조사 결과, 광무제가 조영한 것은 각각 독립된 건물이었음이 밝혀졌다.[10]

사마표司馬彪(?~306) 편찬의 『속한서續漢書』「제사지祭祀志」에는 북교와 짝을 이루는 남교의 정비가 서기 24년(건무 2)에 시작했다고 되어 있지만, 범엽范曄의 『후한서』「광무제기」에는 해당 연도에 그와 같은 기사가 보이지 않는다. 남교가 북교와 짝을 이루는 경우에는 하늘의 신들을 제사 지내는 장소가 되지만, 북교가 없는 시기에서는 땅의 신들도 이곳에서 함께 모셔진 것으로 이해해 볼 수 있다. 하늘은 남쪽, 땅은 북쪽이란 것은 음양 사상에 의한 방위方位의 적용이다. 광무제는 남교 조영 후, 30년이 지나고 나서 봉선 실시나 삼옹 건설과 함께 하늘과 땅의 제사 장소를 분리하는 쪽으로 결정한 것이다. 이렇게 해서 정비가 완료되고 처음으로 북교를 이용하여 후토제를 지낸 것은 중원 2년 정월이었다.

후토란 유교의 경서에 자주 등장하는 신이다(『상서尙書』 무성편武成篇, 『주례周禮』 춘관대종백春官大宗伯, 『예기』 월령편月令篇 등). 주석자들은 이를 대지의 신이라 해석하고, 『상서』「무성」편에서 황천皇天이라는 이름의 신(하늘의 최고신으로 해석됨)과 짝을 이루고 있기 때문에 땅의 최고신으로 여겼다. 전한 무제 때에 "하늘 쪽은 봉선 등으로 모셔져 있는데, 땅을 모시지 않는 것은 이미 올바른 제사 체계에서 벗어났다"고 하는 주장이 제기되어 산서山西 분음汾陰에 제사 장소를 설치하고 제사 지냈다. 그 후 교사의 제식을 보다 올바른 것(이라고 유학자들이 간주한 것)으로 변경할 때 남교에서의 황천 제사와 짝을 이루는 형태로 제사 장소를 북교로 정한 것이었다. 그 일등공신이 왕망王莽이다(이상은 『한서』 「교사지郊祀志」). 광무제도 후토를 황천과는 별개로 제사 지내기 위해 제사 장소를 설치하고, 중원 2년 정월에 제사 의식을 실천한 것이었다.

이때는 이미 왜국의 사절단이 낙양에 도착해 있었을 것이다. 언제 도착했는지는 상세하지 않지만, 후세의 견당사나 견명사의 사례로 추측하건대 늦어도 연말까지는 도읍 낙양에 도착했을 터이고, 신년 경하 식전에서 광무제에게 알현할 것을 대비하여 대기하고 있었던 것으로 보인다. 왜국 사절단의 '봉헌奉獻'이 후토에 대한 제사 직후에 허락되었던 것은 광무제가 지상의 지배자라는 점을 현시하는 데 이 두 사례가 상징적으로 여겨졌기 때문이 아닐까.[11]

후토는 대지 전체를 신격화한 것이다. 중국의 전통적 세계관에서 대지는 주위를 빙 둘러 바다로 둘러싸여 있는 것으로 간주하였다. 관념적인 것이지만, 방위에 따라 동해·남해·서해·북해라고 부른다. 이 사방의 바다를 통틀어 '사해四海'라 칭하는데, 이 말은 또한 사해에 둘러싸인 세계 전체를 의미한다. 후토는 사해에 둘러싸인 대지(=대륙)로 생각되었던 것이다.

대륙은 모두 황제가 천명을 받아 통치하도록 위임되어 있다. 하지만 현실적으로는 직접 통치를 할 수 없고, 황제의 감화도 미치지 못하는 지역이 있다. 중화中華의 상대 개념인 이적夷狄(이 또한 방위에 따라 동이東夷·남만南蠻·서융西戎·북적北狄으로 분류됨)의 거주 지역이다. 이적도 사회를 형성하고 자신들의 군장君長을 옹립하는 경우가 많다.

그러한 군장 가운데는 황제의 신하라고 간주하는 일에 의해 간접적으로 이적의 거주 지역에 감화를 미치고 중화 문명을 침투시켜 간다. 그렇게 하는 것이 천명을 위임받은 황제의 사명이기도 하였다. 때에 따라서는 중화 황제 측으로부터 이적의 군장에게 사자를 파견하여 조공을 독촉하기도 한다. 이에 따르지 않고 반항할 경우에는 군사적 징벌을 가하는 일도 허락되었다(이론적으로는 그러했다). 유교 왕권론의 대외 인식을 개괄하면 위와 같다.

이 사고방식은 이미 전한 말기에는 성립되었고, 광무제도 그것에 의거하고 있었다. 후토를 모시는 제사 의례를 독립시켰던 것도 그 구체화 작업의 일환이다. 그것과 때를 같이 하여 '동이'(『후한서』「광무제기」의 표현) 군장의 한 사람 '왜노국왕倭奴國王'이 사절단을 파견해 왔던 것이다. 엄밀하게는 광무제가 이 조공을 승인하고 그 군장에게 왕의 칭호를 부여함으로써 그는 왜노국왕이 되었다. 아마도 '왜노'라는 한자 표기는 이 조공을 할 때 광무제에게 제출된 표문表文(현대적으로는 친서親書)에 기재되어 있던 표현이리라. 물론 그 실물은 전해지지 않았고, 히미코卑彌呼 혹은 왜왕 무武(유랴쿠雄略 천황으로 판단됨)의 경우와는 달리 사서史書는 내용의 줄거리조차 전하지 않았다.

광무제 정부에서 동이의 조공을 받는 일은 그것이 처음은 아니었다. 『후한서』「동이열전東夷列傳」'부여국夫餘國' 조에는 "건무建武 연간에 동이東夷의 여러 나라들이 모두 와서 조헌朝獻하고 입현入見하였다"고 되어 있다. 부여는 서기 49년(건무 25)에, '고구려高句麗' 조에 의하면 고구려는 32년(건무 8)에 조공했다고 한다. 또 '한韓' 조에는 조선반도 남부가 마한馬韓·진한辰韓·변진弁辰의 3종으로 나뉘어 총 78국이 있었다고 한다.

다만 왜국이 이들 여러 나라와 다른 것은 중국과 땅이 잇닿아 있지 않다는 점이었다. '왜倭' 조는 "왜는 한韓의 동남쪽 큰 바다 가운데 있다"는 기록부터 시작한다. 즉 왜국의 특성은 바다 건너에 있는 도서島嶼라는 점에 있었다. 광무제의 덕은 마침내 바다를 넘어 땅끝에 있는 이 섬나라에서도 조공사절이 내방한 것이다. 그것이 바로 중원 2년, 북교 후토의 제사를 거행한 것과 마침 같은 때였다. 이로써 명목상으로는 광무제의 지상 제패가 성취되었다. 앞에서 이 두 사건은 광무제의 왕권을 장엄하게 드러내기 위한 과정에서 같은 의미를 갖는다고 한 것은 이런 의미이다.

그런데 그 직후 2월 무술일戊戌日에 광무제는 황궁의 남궁南宮 전전前殿에서 붕어한다. 향년 62세였다. 이 기사는 「광무제기」에서 왜국 봉헌奉獻의 바로 다음 조에 나와 있다. 광무제 치세의 마지막 사건, 그것이 '왜국 봉헌'이었던 셈이다.

그 후의 중·일 외교

광무제 때의 왜노국倭奴國이나 안제安帝(94~145) 때 조공한 왜국왕倭國王 스이쇼帥升가 멀리 낙양까지 사절단을 파견한 배경에는 일본 열도 내부의 사정이 있었을 것이다.

> 이들 소국小國의 왕들은 중국이나 조선반도의 선진적 문물을 손에 넣는 데 있어 유리한 입장에 서고, 다른 소국보다 왜국 내에서 입지를 공고히 하려고 중국에까지 사절단을 보냈을 것이다.
>
> (『상설 일본사 B』, 야마카와山川출판사, 2013)

일본 교육계에서 공인되고 있는 주지의 견해로서 일본사 교과서를 소개하였다. 분명 그 말이 맞을 것이다. 다만 이는 일본 측 사정에 의한 것일 뿐이다. 중국 측, 즉 후한의 왕권 쪽에도 왜국의 조공을 받는 것에 대한 이점이 있었다는 것은 기재되어 있지 않다.[12] 그러나 일본과 중국의 교류는 일본 측의 일방적인 의도로 그 역사를 새겨 온 것은 아니다.

이는 다시 말해 당연한 이치에 불과하다. 고금동서, 외교 관계란 그러한 것일 터이고, 일본과 가까운 곳에서는 조선반도의 여러 왕조 및 중화 황제와의 관계도 그러한 경위를 따르고 있다.[13] 일본의 경우 바다를 사이에 두고 있어서 그런지 중국의 왕권을 직접적인 위협으로 느끼는 일이 별로 없었기 때문에 '이쪽'의 사정만으로 이야기되는 경향이 강했다고 해야 할 것이다.

그 후 야마타이국 히미코의 견사遣使 조공은 위魏나라의 창건과 위나라가 통일 왕조가 아니었다는 두 가지 사정 때문인 듯하다. 5세기 이른바 '왜 오왕五王'은 중국 남북조 시대, 즉 왕권 병립의 시대였다. 남조 측의 사료인 『송서宋書』「이만전夷蠻傳」에 그들의 견사 조공이 기재되어 있다. 한편 북조에 조공한 사료는 없지만, 이 시기의 화북華北 왕권은 단명·난립한 데다 전란 등까지 겹쳐 잔존 사료가 적다. 그러므로 왜국 사절단의 왕래가 실제로 없었다고 단정할 수는 없다. 당시 왜국은 의외로 외교를 잘했을지도 모른다.

남북조가 통일되자 견수사·견당사의 시대가 도래한다. 현재도 견수사는 조공이 아니라 대등 외교라고 하는 해석이 횡행하고 있지만, 일본 측의 자기인식은 그렇다 치고 수나라에서 보면 틀림없는 조공 사절단이었다. 견당사도 중국 장안長安의 궁정에서는 신라 등의 조공 사절단과 동렬로 취급받았고, '일본 국왕'의 표문表文(중국 황제에게 올리는 외교 문서)이 있었을 것으로 추측된다. 일본 측 입장에서 보면 세계제국인 당唐 왕조로부터는 정치·문화의 다방면에 걸쳐 배워야 할 것이 있었다. 상대편 당나라에게도 광무제 때와 마찬가지로 위험한 바다를 넘어서까지 황제의 덕을 흠모하며 일부러 찾아오는 '동이東夷'의 존재는 그 왕권의 위신을 보여 주는 것이었다. 쌍방의 이해득실은 이 조공 외교에서 대체로 일치하고 있었던 것이다.

그런데 송대가 되면 몇 번인가 조공의 부름이 이루어졌는데도 불구하고 무역이라는 실리만 챙기고 일본국은 이를 유연하게 거절하였다. 그 연장선상에서 몽고 황제 쿠빌라이khubilai의 국서國書에 답장을 하지 않았다는 이유로 '몽고 내습'을 불러일으킨다. 명대 초기에는 역시 주위의 여러 나라에 조공을 요구하는 정책이 취해졌다. 일본 열도에서는 규슈 북부에 있던 가네요시懷良 친왕 정권 측에 조공의 요청이 왔고, 처음에는 이를 거부했으나 이윽고 통교한다. 이어서 무로마치 막부에 의한 견명사 시대가 된다. 이것은 일본 국왕의 국서를 가지고 가는 틀림없는 조공이었다. 에도 막부는 청나라와는 호시互市(경제 관계만의 통교)를 시행하고 정치적인 조공은 회피하면서 메이지유신에 이른다.

근대 국가인 대일본제국은 청나라와 형식상 대등 외교를 개시하였다(청일수호조약). 이는 서양 근대에서 유래한 주권 국가 간 국제 관계의 룰에 기초한 것으로, 이후 '불행한 역사'가 있었지만 중일 관계는 이 틀에서 현재에 이르고 있다.[14]

유교적 왕권론에 의한 역사 인식

중국에서 발명된 한자는 동북아시아의 문화 교류권으로 퍼져서 각 국가의 역사를 기록하는 수단이 되었다. 조선반도에서는 신라에 의한 통일 후, 고구려·백제와 정립한 삼국 시대의 역사서가 몇 권 편찬되었지만, 모두 흩어져 없어졌고 현존하는 가장 오래된 역사서는 『삼국사기三國史記』이다. 일본에는 『데이키帝紀』 혹은 『규지旧辞』라 불리는 기록(문자로 쓰여졌다면 당연히 한자 표기)을 바탕으로 8세기 초엽에 편찬된 두 종의 역사서가 현존하고 있다. 이른바 『기기記紀』이다. 이 가운데 『고사기古事記』(712년 완성)는 히에다노 아레稗田阿禮가 암기했던 내용을 오노 야스마로太安麻呂(?~723)가 한자를 사용하여 집필했다고 알려져 있다. 그런데 이 문헌에는 중국이 등장하지 않는다. 조선반도의 여러 나라가 나오는 것에 불과하다. 애당초 스이코推古 천황[15] 이후는 구체적인 기사 내용이 없다. 한편 『일본서기』(720년 완성)에는 스이코 천황 때 견수사를 파견한 일이 정확히 기재되어 있다. 그러나 이 장의 서두에서 소개한 것보다 600년 전의 왜국 조헌朝獻에 대한 일은 실려 있지 않다.

그것뿐만이 아니다. 3세기 히미코도 5세기 왜 오왕五王도 『기기』에는 등장하지 않는다. 현재에도 그들의 대중對中 외교를 중국 측의 문헌사료에 근거하여 연구하고 있는 것은 그러한 사정에 의한다. 다만 왜 오왕을 『기기』 기재의 천황이라고 판단하는 연구는 옛날부터 있었고, 왜왕 무武가 유랴쿠雄略 천황이라는 것은 고고학적인 증거도 있어서 지금은 정설이 되었다.

실은 히미코에 관해서는 『일본서기』 편찬자들 자신이 어떤 인물의 사항이라고 추정하여 기록상 조작을 행하였다. 그 인물이 바로 진구神功 황후이다. 진구 황후는 오진應神 천황의 어머니로, 그를 임신 중에 남편 주아이仲哀 천황이 붕어했기 때문에 70년간(!)에 걸쳐서 정무를 총괄하였다. 『일본서기』가 이렇게 기록한 하나의 이유는 그녀의 활약 시기를 『삼국지三國志』에 실린 히미코와 그 후계자 이요壱与(235~?)가 위나라에 사절단을 파견한 연대에 맞추기 위해서였다. 그리고 진구 황후를 신라 정벌의 주역으로서 묘사하고 해외와의 교류를 개척한 인물로 조형했던 것이다.[16]

따라서 중국의 『삼국지』와 일본의 『일본서기』를 둘 다 읽은 사람들은 이 상호 관계를 의식하지 않을 수 없었다. 야마타이국邪馬台國의 소재지를 둘러싼 논쟁은 '히미코'라고 지목된 인물을 어떻게 파악할 것인가 하는 문제의식에서 파생되었다. 즉 에도 시대의 국학자 모토오리 노리나가本居宣長(1730~1801)는 현재에도 '야마타이국 규슈설'의 개조 가운데 한 사람이라고 알려져 있는데, 히미코 조공의 기사를 "규슈九州의 구마소熊襲가 제멋대로 진구 황후의 이름을 사칭한 것"이라고 해석하였다(『교쥬가이겐馭戎慨言』). 왜냐하면 진구 황후라는 분이 굳이 위나라 황제에게 겸손한 태도를 취할 리가 만무하고, 천황은 황제와 대등한 동격이었기 때문이다.[17]

『일본서기』는 견수사가 가지고 간 국서에 "동쪽 천황이 서쪽 황제께 삼가 아뢰옵니다(東天皇敬白西皇帝)"라고 쓰여 있었다고 전한다. 그 근거는 『수서隋書』에 실린 저 유명한 "해 뜨는 곳의 천자天子" 운운하는 표기일 것이지만, 이는 피아대등彼我對等의 대외 관계가 스이코 천황 시점에 성립되었다고 주장하기 위한 사료상의 작위일 가능성이 높다. 왜왕 무武(유랴쿠 천황)의 남조에 대한 사절단 파견을 언급하지 않은 것도 "나를 왜왕으로 인정해 주십시오!"라는 외교 관계가 과거에 존재했음을 인정하고 싶지 않은 심정에서 비롯된 일이리라. 실제로 『대일본사』 등의 에도 시대 역사서는 이런 일이 역사적 사실로 있을 수 없다는 입장에 서 있다. 유교적으로는 천황이 황제한테 신하의 예를 갖추고 조공하는 것이 이상하기 때문이다.

나이토 고난(1934)

근대가 되어 사료 비판에 기초한 실증사학이 도입되자 야마타이국은 야마토大和 지방에 있었고, 그 여왕이 위나라에 조공한 것이라고 하는 학술 연구가 등장한다. 교토제국대학에서 중국사를 강의했던 나이토 고난內藤湖南(1866~1934)은 '야마타이국 기내설畿內說'의 중심인물이기도 하였다. 소재지 논쟁은 아직 매듭지어지지 않았으나 현재로서는 '기내설'이 우세하다.

이런 사례가 상징적으로 보여 주듯이 일찍이 중화 왕조와 조공 관계를 맺었다는 사료상의 기록은 일본에 그다지 바람직하지 않은 것으로 받아들여졌다. 15세기 아시카가 요시미쓰足利義滿가 스스로 '겐도기源道義'[17]라 칭하고 명나라에 조공하여 '일본 국왕'에 책봉된 사건은 일본 측의 기록도 풍부하게 남아 있는 사실이므로 부정할 수 없다. 이 때문에 (당시의 무로마치 막부 정계에서) "천황의 신하이면서 외

17) 중국 명나라와의 외교에 무로마치 막부의 쇼군이 사용했던 자칭. 1402년 조공을 희망하고 있던 아시카가 요시미쓰에 대해서 명나라는 '일본 국왕 겐도기'라고 표기한 조서詔書를 내린 적이 있다.

람되고 불충하다"고 하여 윤리적 비판의 대상이 되기도 하였다. 도요토미 히데요시의 조선 출병에 관해서도 에도 시대 말기의 라이 산요賴山陽는 『일본외사』나 다른 글에서 히데요시가 명나라와의 강화 교섭 때에 명나라 황제가 자신을 "일본 국왕"으로 적은 문장에 크게 화를 냈다고 한다. 화가 난 까닭은 "나는 천황의 신하라 명나라에서 그런 칭호를 받을 필요가 없다"고 판단했기 때문이라며, 심지어 그 임명서를 찢어 버렸다고까지 기록하고 있다.

그리고 근대적인 외교 관계, 즉 형식상 대등한 주권 국가 사이의 국제 관계에서도 '조공'은 바람직하지 않다. 유교적인 명분론(천황과 황제는 동격)에 근거한 역사의 왜곡이 근대가 되어서도 정치적 언설로 이용되어 왔던 것에는 이상과 같은 이유가 있었다.

중국과 한국, 대만과 북한 등 동북아시아의 여러 나라와 앞으로 어떻게 사귀어 가야 할지는 일본에게는 중대한 외교 안건이다. 주의·주장은 정치적 신조에 따라 다양하고 그 자체는 민주주의를 국시로 하는 이상 바람직한 현상으로 여겨야 할 것이다. 다만 문제는 그런 주의·주장이 제대로 된 역사 인식에 바탕을 두고 있느냐에 있다. "수나라와 대등하게 다투던 쇼토쿠聖德 태자는 훌륭했다"거나, "명나라의 굴욕적인 강화 조건을 받아들이지 않았던 히데요시는 과연 대단했다"는 등의 언설이 항간에서 판치는 것처럼 보이는 사태는 인문학 연구에 종사하는 한 사람으로서 우려스럽기 짝이 없다. 우리들은 학술적인 인문지人文知가 세간에 널리 공유될 수 있도록 향후 적극적으로 알리는 일을 유념하지 않으면 안 된다.

[주]

1. 이하 『후한서』의 역문이나 내용 설명에 관해서는 와타나베 요시히로渡邉義浩 주편主編의 『전역全譯 후한서』(汲古書院, 전 19책, 2001~2016)를 참조했다. 또 역대 정사의 왜국전倭國傳·일본전의 번역으로는 도도 아키야스藤堂明保 외, 『왜국전 전역주全訳注』(講談社学術文庫, 2010)가 있다.
2. 덧붙여 그 후, 『후한서』에는 안제安帝 때인 107년(영초永初 원년)에 왜국에서 다시금 사자가 내방한 일을 「안제기」와 「동이열전」 양쪽에 모두 기록하고 있다. 그리고 정사에 기록된 그다음의 중·일 교류 기사는 그 유명한 히미코의 파견 사절단(『삼국지』 권 30, 「위서魏書」 '오환선비동이전烏丸鮮卑東夷傳')이다.
3. 이 사료에서 해를 가리키는 '2년'과 달을 가리키는 '정월' 사이에 계절을 나타내는 '춘春'이란 글자가 있는데, 이는 공자의 저작이라고 되어 있는 『춘추』의 필법을 모방한 것이다. 왕(진나라 이후는 황제)은 책력冊曆의 제정권을 갖는데, 그 책력은 자연계의 운행, 즉 계절에 따르는 것이라고 하는 의미를 나타내는 표기법으로 이러한 기재 방법을 취하였다. 이는 20세기 제정帝政이 끝날 때까지 답습된 중국에서의 역사 기록의 대원칙이다. 더구나 『춘추』에서는 '원년 춘왕春王 정월'과 같이 통상 계절과 달 사이에 '왕'자가 삽입되어 있는데, 그것은 "계절은 자연현상, 달을 정하는 방법은 왕의 권한"이란 것을 나타내는 것이라고 여겨지고 있었다.
4. 현재 우리가 후한 시대의 역사 기록으로 활용하고 있는 『후한서』는 5세기 남조 송나라 시대에 범엽范曄(398~445)이라는 인물이 그전에 편찬된 사서를 개정하여 편찬한 서적이다. 그전의 사서(전부 합쳐 7종류가 있었기 때문에 「칠씨후한서七氏後漢書」라 총칭됨)는 모두 산실되었기 때문에 우리에게 가장 오래된 사료는 이 범엽의 『후한서』이다. 더욱이 진수陳壽(233~297)의 『삼국지』보다 새로운 서적이라 『후한서』 「동이열전」에 실려 있는 히미코의 기사는 『삼국지』 등에서 요약하여 옮겨 실은 것이라고 여겨진다. 그래서 사료로는 『삼국지』가 더 중시되고 있기도 하다.
5. 엄밀하게 이 새로운 연호는 '건무 중원'이란 네 글자였다. 『후한서』 「광무제기」는 단순히 '중원'이라 하고 있지만, 「동이열전」 쪽은 '건무 중원 2년'이라 기록

하고 있다. 『후한서』의 다른 곳에서도 네 글자이다.

6. 봉선封禪의 준비 경과 및 실시 내용에 관해서는 『후한서』 「제사지 (상)」 '봉선' 조에 상세하다. 그에 따르면 건무 30년에 군신群臣이 재위 30년을 기념하여 봉선을 시행하도록 간청했다는 사건부터 준비가 시작되었다. 더구나 범엽은 「지志」를 짓지 않고 끝냈기 때문에 송대 이후 『후한서』의 「지志」는 모두 사마표司馬彪 『속한서續漢書』를 사용하여 「본기本紀」·「열전列傳」과 함께 통행시켰다.
7. 이 뒤는 당 고종高宗, 측천무후則天武后, 현종玄宗, 송 진종眞宗 등 겨우 네 명만이 봉선을 거행한 것에 불과하다. 더욱이 그 후의 제왕이 봉선을 시행하지 않게 된 이유에 관해서는 전에 내가 다른 책에서 이미 논한 바 있다(小島毅, 「천도天道·혁명·은일隱逸 — 주자학적 왕권을 둘러싸고」, 2002).
8. 도참의 '도圖'에 관해서는 『논어』 「자한子罕」편에 공자의 말로 "봉황새가 오지 않으며 황하黃河에서 하도河圖가 나오지 않으니, 나는 끝났나보다(鳳凰不至 河不出圖 吾已矣夫)"는 문장과 같은 것이라고 해석되었다. 다만 이것도 후한 이후 『논어』 해석 중에서 그렇게 되었다는 것에 불과하고, 원래 뜻이 어떠했는지는 분명치 않다.
9. 명당明堂의 경우 위서緯書에는 『효경수신계孝經授神契』에 그 건축 구조가 기재되어 있다. 다만 용어 자체는 『주례周禮』 「고공기考工記」나 『예기』 「명당위明堂位」편 등, 위서 이전부터 있었다고 추측되는 서책에도 보이고, 왕이 제후를 모아서 의식적儀式的으로 정무를 집행하는 장소로 여겨졌다. 영대靈臺는 『예함문가禮含文嘉』에 천체 관측 시설로 나온다. 벽옹辟雍은 『예기』 「왕제王制」편에도 보이는데, 그 목적이나 형상을 해설하고 있는 것은 위서의 설 등을 바탕으로 유교의 정통 교의를 정한 『백호통白虎通』이다. 현존하는 위서에 그 기술은 없지만, 『백호통』의 성격에서 생각해 보면 당시 그런 견해가 위서에 드러나 있었다고 추측해 볼 수 있다(戶川芳郞, 「'예통禮統'과 동한東漢의 영대」, 1984).
10. 『전역 후한서 5』(2012, 99~106쪽)에서 중국사회과학원이 정리한 『漢魏洛陽故城南郊禮制建築遺跡: 1962~1992年考古發掘報告』(文物出版社, 2010)의 고고학적 성과를 인용하였다.
11. 유교의 왕권론에서 통치자는 두 가지 성격을 겸비한 것으로 알려졌다. 천자와

황제(주나라 이전은 왕)이다. 천자란 천명을 받아 인간사회를 통치하는 자라는 뜻이고, 황제란 기본적으로 세습하여 지상을 지배하는 자라는 뜻이었다. 제사에서의 자칭自稱에서도 하늘과 땅의 신들(천신지기天神地祇)에 대해서는 천자, 황실의 조상 등 원래는 인간이었던 신들(인귀人鬼라고 불림)에 대해서는 황제라 칭하기로 정해졌다(小島毅, 「天子と皇帝 — 中華帝国の祭祀体系」, 1991).

12. 안제安帝(94~145)에 관해서는 다음의 사정이 있었다고 생각된다. 즉 그는 장제章帝의 손자, 화제和帝의 조카인데, 친아버지 청하왕淸河王 유경劉慶은 제위에 즉위하지 못했다. 화제의 후계자였던 상제殤帝(상殤은 요절夭折의 뜻)가 겨우 2세 때 붕어한지라 안제가 13세의 나이로 방계에서 즉위하였다. 그리고 즉위부터 14개월 후인 108년(영초 2) 10월에 왜국왕倭國王 스이쇼帥升가 견사·봉헌하러 왔다. 여기에서는 광무제 때처럼 왕권 위신의 완성이 아니라, 왕권의 위기적 상황을 미연에 방지하는 의미에서 이 소년 황제의 덕을 흠모하여 아득히 먼 바다를 건너온 조공사절이라는 뜻으로 이용된 것처럼 보인다.

13. 예들 들면 신라는 백제나 고구려와의 대항 관계에서 당나라에 적극적으로 조공하고 그 환심을 샀다. 당나라 쪽에서도 고구려를 협공하기 위해 신라를 우대하였다. 그런데 백제·고구려가 멸망하고 신라가 반도의 패자가 되자 양국 관계는 새로운 긴장 국면을 맞이한다. 또 고려는 역으로 두 명의 중화 황제, 즉 초기에는 요遼와 송宋, 후에는 금金과 송과의 대항 관계를 이용하면서 조공을 행하였다.

14. 조선반도에서는 고려가 '주 13'의 시대 뒤에 몽고의 맹공을 받고 항복한다. 명나라가 흥기하자 반도에서도 왕조 교체가 발생하여 조선이 건국되고, 유교적인 황제와 왕 사이의 관계로 중국(명·청)에 조공을 계속하였다. 대일본제국은 이 전통적인 국제 관계를 근대 서양식 논리로 파괴하고, 마침내 1910년 '대한제국'을 병합한다.

15. 무엇보다 역대 천황에게 이런 한漢나라식 시호諡號를 붙인 것은 8세기 후반의 일이므로, 『기기記紀』에서는 천황을 모두 일본식 시호로 호칭하고 있다.

16. 『고사기』도 신라 정벌을 묘사하고 있는데, 『고사기』는 연대 표기를 하지 않은 상태에서, 또 중국도 모습을 보이지 않아서 편찬자 오노 야스마로太安万侶 등

이 어떻게 생각하고 있었는지는 분명치 않다.

17. 진구 황후는 『기기』에서 천황 수준으로 취급되며 전통적으로 천황 대수代數에도 계산되었다. 그녀가 황통皇統 계보의 대수에서 제외되는 것은 메이지 시대가 되고 나서부터이다.

18. 하네다 마사시羽田正 편編의 『동아시아 해역으로 배를 젓다 1: 바다에서 본 역사(東アジア海域に漕ぎだす1: 海から見た歴史)』(2013)는 세 시기를 상징적으로 뽑아서 동아시아 해역에서의 교류 양상을 부감적으로 그려 낸 시도이다.

[참고문헌]

小島毅, 「天子と皇帝 — 中華帝国の祭祀体系」(松原正毅編, 『王権の位相』, 弘文堂, 1991).

小島毅, 「天道·革命·隱逸 — 朱子学的王権をめぐって」(網野善彦·樺山紘一·宮田登·安丸良夫·山本幸司編, 『宗教と権威』, 岩波講座 「天皇と王権を考える」四, 岩波書店, 2002).

藤堂明保·竹田晃·影山輝國(訳), 『倭国伝 全訳注: 中国正史に描かれた日本』, 講談社学術文庫, 2010.

戸川芳郎, 「'禮統'と東漢の霊台」(安居香山編, 『讖緯思想の綜合的研究』, 国書刊行会, 1984).

羽田正編, 『東アジア海域に漕ぎだす1: 海から見た歴史』, 東京大学出版会, 2013.

渡邉義浩·池田雅典編, 「志三 祭祀」(『全譯後漢書五』, 汲古書院, 2012, 99~106쪽).

5. 중화의 역사 인식

—춘추학을 중심으로

중국의 정식 국명은 중화인민공화국이다. 대만에는 중화민국을 자칭하는 국가도 존재하고 있다.

각각의 영어 명칭은 People's Republic of China와 Republic of China이며, 한자 표기 '중화中華'에 해당하는 부분은 China가 된다. 차이나China는 고대 왕조 진秦(Ch'in, Qin)에서 유래하는 명칭이고, 한자를 사용하지 않는 지역에서 중국을 가리키는 경우에 널리 이용되었다. '지나支那'라는 명칭도 불교 문화권에서의 이 호칭을 일찍이 중국인 자신들이 다른 나라 사람들로부터 그렇게 불렸다고 해서 한자로 음역 표기한 것이다.[1] '지나支那'가 차이나China로 불리는 것은 재팬Japan이 일본의 주고쿠中國 남쪽 지방에서 발음했던 Zipang에서 유래하는 것과 어떤 의미에서는 닮아 있다.

현재 한반도(조선반도)에 병립해 있는 두 개의 국가, 대한민국과 조선민주주의인민공화국은 각각의 자민족에 관한 역사 인식의 차이 때문에 고유명사로 한쪽은 '한韓'을 채택하고, 다른 한쪽은 '조선朝鮮'을 채택하여 사용하고 있다. 그런데 영어 표기는 양쪽 모두 코리아Korea를 공통으로 사용하고 있다(Republic of Korea와 Democratic People's Republic of Korea).

이는 고려高麗(Goryeo)라는 왕조명에서 유래한다. 한자를 사용하지 않는 지역 사람들의 대부분은 이 일에 무관심하겠지만, 양국이 영어로는 모두 '고려국'이라 칭하고 있는데, 한자 및 그것을 음으로 표기하는 그들의 민족 문자 한글에서는 '한국'이냐 '조선'이냐 하는 차이가 나는 셈이다.

이와 비교했을 때 영어 표기를 직역했을 경우의 '지나국'이 분열되어 있는 두 정부 모두 자국 문자(즉 한자)로 '중화'를 칭하고 있다는 점은 매우 흥미롭다.[2] 고유 국명으로서의 중화란 무엇인가. 거기에는 그들의 자기인식이 드러나 있다. 이 장에서는 중화라는 용어를 둘러싼 '중화의 나라'의 역사를 더듬어 보겠다.

중화의 역사적 형성

중화의 유사어로 중하中夏·화하華夏·중국中國 등이 있다. 현존하는 옛 전적典籍에서 최초로 등장하는 것은 '중국'이고, 경서經書 가운데 특히 『시경詩經』「생민生民」편이나 『서경書經』「재재梓材」편에 그 말이 보인다. '화하'도 『서경』「무성武成」편에 보이고, 당나라 초기인 7세기의 주해注解(『오경정의五經正義』, 즉 공소孔疏)에는 "화하를 중국으로 한다"고 되어 있다. '중하'는 '(계절로) 여름의 중간'이란 의미로는 전한前漢의 문헌(『회남자淮南子』「설림훈說林訓」이나 『주례主禮』「하관대사마夏官大司馬」)에도 보이는데, 여기에서 논하고 있는 어의의 용례는 후한 초기 1세기 때 반고班固(32~92)의 「동도부東都賦」에 나오는 것이 가장 오래되었다. 이 부賦를 수록한 『문선文選』[18]의 당나라 초기 주석(여향呂向 주)에는 '중하는 중국'이라 하여, 앞의 '화하'와 마찬가지로 중국이란 말로 치환하여 설명하고 있다.

이로 미루어 짐작할 수 있는 것은 이것들 가운데 당나라 때에는 '중국'이라는 용어가 가장 일반적으로 쓰였고, 같은 뜻임을 나타내는 경우의 서술어로 다른 말을 설명하기 위한 용어로 사용되었다는 점이다. '중화'의 경우에도 당대唐代 초기에 편찬된 율律에서 이 용어에 대해 『당률소의唐律疏義』에 "중화란 중국이다"라고 되어 있다. 여기에서도 설명 대상(중화)에 대한 설명 용어로 '중국'이 사용된 것이다. 더구나 『당률소의』는 계속해서 "직접 왕의 교화를 입고 스스로 중국에 속하여 의관衣冠과 위의威儀의 모양이 정돈되고, 효孝와 제悌가 습속으로 뿌리내리고, 예禮와 의義가 개개인에게 스며든 상태를 중화라고 한다"고 해설하고 있다. 즉 영역적으로 '중국' 안에 있고, 동시에 유교가 중시하는 윤리·도덕이 실현된 사회를 '중화'라고 부른다는 것이다.

일본에서는 고등학교에서 배우는 일본 고대사의 사정 등에 의해 당唐이라는 왕조 국가가 율령 체제였다고 간주하는 경향이 있다. 그러나 엄밀히 말하면 율령보다도 중요한 것은 예禮였다. 즉 율律과 령令이라는 법전에는 그것들의 배경을 이루는 이념으로 당시의 유교가

---

18) 양梁나라의 소명태자昭明太子 소통蕭統이 진秦·한漢 이후 제齊·양梁 대의 유명한 시문을 모아 엮은 책으로, 『소명문선』이라고도 한다.

구상하던 예禮에 의한 통치라는 사고방식이 존재하였고, 율의 형벌 체계도 이에 입각하여 정해졌던 것이다. 율에서의 '중화'라는 용어는 앞서 언급한『당률소의』가 예禮라는 말을 사용하여 설명하고 있듯이 단순히 영토의 범위를 나타내는 공간적·양적인 개념이 아니라, 그곳에 사는 사람들의 생활 규범 상태를 함의하는 가치적·질적 어휘였던 것이다.

'중화'라는 용어가 처음 나온 것은 당나라보다 앞선 육조六朝 시대인데, 아까 유의어 세 개(중하·화하·중국)가 한나라 시기에 이미 사용된 사실과 비교하면 그 등장은 늦은 것이다. 이는 현존 문헌에서의 사항이므로 반드시 "한대漢代에 중화란 말이 없었다"는 결론을 도출하는 것은 아니지만, 그렇더라도 다른 용어에 비해 늦게 나왔다고 할 수 있다. 한대의 '대일통大一統'(후술) 하에서는 '중中'자와 '화華'자가 결합한 '중화'는 사용되지 않았다. 북방 이민족(화·하에 대해 한자로 이夷·호胡라고 칭해졌던 사람들)이 황하黃河 유역(고래로 중원中原이라고 불리던 지역)이라는 문명 중심지(즉 중하·화하·중국)를 제압하고 국가를 건설함에 따라 한민족漢民族(이라고 우리가 부르는 사람들)의 일부가 대량으로 남쪽으로 이동하여 건강建康(현 중국 남경)에서 왕권을 확립한 뒤 이에 대항하던 시기가 육조 시대(222~589)였다.

육조란 중국 남경에 도읍을 정한 여섯 왕조(오吳·동진東晉·송宋·제齊·양梁·진陳)에 대한 총칭이다. 엄밀하게는 오吳 왕조 시대의 황하 유역은 조씨曹氏의 위魏가 지배하였고, 사천四川 지방의 촉蜀(이는 타칭으로 자칭은 한漢)과 병립하는 삼국 시대이다. 그 후 이 시대가 끝난 뒤, 서진西晉에 의한 통일 왕조 부활의 시기가 약 40년 동안(280~317) 존재하였다. 그 때문에 현재의 학술용어로는 위진남북조魏晉南北朝 시대라는 호칭이 우세하다. 하지만 이 장에서는 한족漢族의 역사 인식으로서 북방에 야만족이 침략했었다고 간주하는 발상을 여실히 보여주는 사례로서 굳이 육조라는 용어를 사용했다.

요컨대 중화란 육조 시대의 남방(장강 유역)에서 과거의 중심 지대(황하 유역)를 영역적으로 상실했으면서도 민족적·문화적으로는 한漢 왕조의 정통 후계자라고 자칭하는 무리들이 단순한 영역 개념과는 구별되는 민족적·문화적 의미로 사용하게 된 어휘라는 것을 상상할 수 있다. 방금 전의 『당률소의』의 해설문은 재차 통일제국을 만들어 낸 당나라 정부가 다시 한번 그 시점에서 자신의 정통성을 강조하기 위한 문구였다.

다만 여기에서 주의하고 싶은 것은 당나라는 육조(남조)의 계보를 잇지 않았다는 점이다. 당나라 황실 이씨李氏는 원래는 한족 출신이 아니었다. 그들은 자기 조상이 노자老子(본명 이이李耳)라 하였고, 또한 돈황敦煌(후에 주천酒泉)에 거점을 둔 독립왕국 서량西涼(400~421)[19] 왕가의 혈통을 이어받았다고 하였다. 노자가 만년에 서쪽을 여행하다가 소식 불명이 되었다는 전설을 활용한 것이다. 하지만 이 계보는 허구이며, 북조의 북위北魏(386~534)에 출사한 무장이자 동일한 선비족鮮卑族이었다는 것이 현재의 정설이다.

이연李淵(고조)은 수나라 대신을 거쳐 황제에 즉위하고 당 왕조를 창건하였다(618년). 무엇보다 이 시점에서는 수나라 황실 양씨楊氏와 마찬가지로 "원래는 한족이었는데, 북조 시대에 어쩔 수 없이 이민족에 출사하여 그 풍습에 따랐다"고 하는 자기변호에 근거한 역사를

19) 이고李暠가 돈황을 도읍으로 하여 건국한 오호십육국五胡十六國의 하나. 405년 주천酒泉으로 천도하였으며, 감숙성甘肅省 서부 및 신강新疆 일부를 통치하였다.

날조하였고, 자신들이 위대한 한漢 왕조에 필적하는 대제국을 건설한다는 이론적 근거로 삼았다. 그리고 수나라가 군사적으로 정복한 진陳을 남조 최후의 왕조라고 하여 역사상 정중하게 다루면서 '육조'라는 개념을 창출한 것이다.

그 때문에 당 왕조에서는 정사로서 자신들이 속하는 북조계의 『북제서北齊書』, 『북주서北周書』, 『수서隋書』와 함께 남조계의 『양서梁書』, 『진서陳書』를 편찬하여 양쪽을 병렬시켰다. 『수서』 「지志」의 부분은 본래 '오대사五代史의 지志'로서 이들 오서五書 전체에 공통된 것으로 편찬되었고, 그 서술에서도 남북 양조 사이의 격차는 없다.

애당초 정사正史의 편찬 사업을 관료 기구의 문교文敎 부분에 정규 조직으로 위치시키고, 왕조의 정부 자신들이 편찬하는 역사서로서의 '정사' 개념을 확립한 것은 당대 초기의 이 오대사 편찬 사업에서였다. 『수서隋書』 「경적지經籍志」의 서목書目 분류로 사부史部의 서두에 '정사正史'라는 부문部門이 마련되었으며, 이후 사서史書의 전범이 된다. 당대唐代에는 『북사北史』와 『남사南史』라는 한 쌍의 역사서도 편찬되었다.

요컨대 당 왕조는 자신들의 원류와는 별도로 중화의 정통을 자인하고 있던 남조를 귀중하게 다루고, 그렇게 함으로써 한漢 왕조의 후계자로서 행동하려고 했던 것이다. 유교 학술상에서도 남조의 경전 해석학 쪽을 오히려 중시하여 유명한 『오경정의五經正義』을 편찬했다는 점이 지적되고 있기도 하다.[3]

다만 한편으로 당 왕조는 한족 이외의 정치 세력에 대해서는 북조 이래의 비한족 왕조의 군주로도 행동하였다. 그 상징적 사례가 태종 이세민李世民이 서북 여러 민족의 왕들로부터 추대되었다고 하는 '천가한天可汗'의 지위이다(『신당서新唐書』 권2, 「태종기」). 이것은 서북의 여러 민족을 하나로 묶는 군주의 칭호이며, 한족을 대상으로 한 유교적 '황제' 칭호와는 다른 원리이다. 단지 '천天'은 북방 민족이 신격화하여 숭배하는 '천공天空'(텡그리Tengri)을 한자로 표기한 것, '가한'(카간Qaɣan)은 투르크계 국가의 군주 칭호를 음역으로 표기한 것이며, 의역으로는 '황제'라고 쓰였다. 결국 '천가한' 칭호는 유교에서의 군주 칭호, 즉 천명을 받은 천자 및 지상의 통치자인 황제와 그 실질은 같은 의미였던 것이고, 그것이 호한胡漢 쌍방에 걸치는 보편적인 군주로서 당 왕조를 장엄하게 만드는 장치가 되었다.

이러한 까닭으로 '중화'는 '의관衣冠 위의威儀'라는 개별 구체적인 한족으로서의 징표와 연결되어 당 왕조의 한족 통치의 정통화 논거를 위한 어휘가 되었다. 한자에 의한 발상으로는 그 중화의 바깥에 널리 퍼져 있는 이적夷狄의 세계를 '텡그리 카간'으로 모두 어우르는 당唐 — 이 왕조명도 한자 문화적인 것에 불과하지만 — 이라는 왕조의 일부로 기능하도록 만든 것이다. 애당초 오경정의나 율령이 통용되는 것은 유교적인 문화가 침투해 있는(혹은 침투해야만 된다고 생각된) '중화'뿐이고, 도호부都護府 등을 설치하여 간접 통치한 서쪽·북쪽의 영역은 해당되지 않는다. 중화란, 이 어휘가 한자로 표기되었다는 그 사항 자체가 나타내듯이 한자·한문이 통용하는 범위(앞의 『당률소의』에서 말하는 '중국') 안의 일이었다.

당의 멸망과 송대 주자학의 등장

당 제국 체제는 8세기 중엽에 일어난 '안사安史의 난'[20]으로 인해 크게 변질한다. 이미 그에 앞서 서역 방면에서 당나라의 위신은 동요하였고, 또한 토번吐蕃(티베트)의 발흥으로 인해 군사적 충돌도 발생하였다. 안사의 난의 중심인물 안녹산·사사명은 소그드인[21]이었던 셈인데, 이 난을 평정하는 데는 가까스로 성공했지만, 당 왕조 중앙 정부로서는 이미 많은 이민족을 거느린 '텡그리 카간'으로서 위엄을 갖추지 못하게 되었다.

당대 후반 150년간은 한족 관료들에 의한 행정·재정 개혁과 지방 번진藩鎭 통제에 관한 업무의 연속이었다. 중화라는 개념은 육조 시대와 마찬가지로 다시금 자타를 준별하기 위한 것이 되었다.

예를 들면 재무 관료로도 유능했던 두우杜佑의 『통전通典』은 과거 역대의 국제國制의 변화를 구체적으로 항목별·시간순으로 정리한 책인데, 그중 최대 분량을 할애한 것은 「예전禮典」이었다. 거기에서는 왕조의 제사·의례가 유교 교리상 본래 어떤 상태로 있어야 하는지, 그리고 그 연혁이 어떠하며, 때때로 어떤 논쟁이 있었는지를 총망라하여 정리하고 있다. 그중에서도 육조 시대, 특히 남조의 예제禮制에 대해 풍부한 사료를 남겨 놓아서 현재의 연구에도 사료로 귀중하게 여겨지고 있다. 그 가운데 중화라는 단어가 특기되어 있지는 않지만, 안사의 난 이후 당나라를 중화로 재건하기 위해 참조해야 할 과거의

20) 당나라 중기에 안녹산安祿山과 사사명史思明 등이 일으킨 반란. 이 난은 755년에서 763년까지 약 9년 동안 당 왕조 전체를 뒤흔들었다.

21) Sogd인(속특粟特). 중앙아시아의 이란계 민족.

기록들이 집적되어 있다.

두우杜佑의 사후 백 년 가까이 당 왕조는 10세기 초엽까지 명운을 유지한다. 그리고 907년 주전충朱全忠에 의해 최종적인 찬탈이 이루어진 뒤, 다섯 개의 단명 왕조, 즉 총칭하여 오대五代를 사이에 두고 송대宋代(960~1276)가 시작된다. 송 왕조 300년간은 시종일관 북방 이민족 왕조의 강대한 군사력의 위협을 느끼지 않을 수 없는 시기였다. 요遼(거란), 금金(여진), 원元(몽고) 거기에 서하西夏(당항黨項)와 대항하면서 송 왕조를 담당하는 과거 관료(사대부)들은 존왕양이尊王攘夷 사상을 발전시켰다.

존왕·양이는 둘 모두 유교 경전으로서 노국魯國 연대기인 『춘추』에 공자가 담았다는 '미언대의微言大義'[22]에 의해 시사되어 있다고 해석된 사상이다. 본래의 올바른 임금을 지키고 야만적인 이민족을 내쫓겠다는 것이 그 취지였다. 송 왕조가 직면해 있던 엄혹한 국제 환경은 송대의 인사들에게 자신들의 황제가 중화 문명의 호지자護持者라는 허세를 부리도록 하려는 것이었다. '화이華夷의 변辨'(변은 구별의 뜻)은 그들의 과제가 되어 "중화는 어찌하여 중화인가"라는 논제로 논의되었다. 이윽고 유교 윤리인 군신유의君臣有義나 남녀유별男女有別을 더욱 강조하는 사조가 생겨나는데, 그 주된 원인은 이적夷狄에게는 그것들이 결여되어 있다는 자타 변별辨別의 의식에 있었다. 그 집대성으로 주자학이 등장한다.

22) 문장의 미묘한 표현 뒤에 중요한 의도가 숨어 있다는 뜻. 역사적 사건이나 인물에 대해 형식적이고 간결한 문장을 통해 엄격하게 포폄을 가한 『춘추春秋』의 독특한 필법에서 나온 말이다.

주희朱熹(1130~1200)에 의하면 군주와 신하 혹은 남자와 여자 사이의 상하 관계는 한족의 민족성을 나타내는 특수한 관습·관행 같은 종류의 것이 아니라, 이 우주를 이루고 있는 원리와 정합적인, 세계 전체에 보편적인 윤리 규범이다. 거기에 정확히 따르고 있는 자들은 중화의 인간, 따르지 않는 자들은 이적夷狄·금수이며, 양자는 우리 현대인이 다른 문화라고 하는 것과 같은 병렬 관계가 아니라, 도리에 따르느냐 마느냐의 우열 관계에 있다. 만일 현재의 사상적 환경으로 비유한다면 중화와 이적의 관계는 '기본적 인권'을 인정하는 사회와 인정하지 않는 사회, '과학적 진리'를 받아들이는 사회와 (종교상 이유 등으로) 받아들이지 않는 사회 같은 유형의 가치적 상하 관계에 있다고 주희는 생각하였다.

따라서 묻고 답할 필요도 없이 전자는 선善, 후자가 악惡이며 선한 도덕을 내세우는 송 왕조야말로 중화의 정통 왕조라는 논리가 된다. 군사적으로 볼 때 송 왕조는 앞에서 언급한 자신들과 대립한 여러 왕조보다도 열세였고, 그 때문에 양국 간 외교 의례에서는 격이 낮은 취급을 받기도 했지만, 그러한 정치 상황에서도 송나라 사대부들은 문화적 우월감으로서의 중화 의식을 지속적으로 갖고 있었다.[4] 한漢이나 당唐 왕조처럼 주변 여러 나라의 눈으로 봐도 당당한 세계 제국이 아니었지만, 또한 요遼의 존재로 인해 엄밀한 의미에서 통일 왕조가 아니었는데도 불구하고 송나라가 정통 왕조로 간주되는 것은 그 때문이다.

즉 보다 정확하게 말한다면 송대에 형성된 역사 인식의 구조(틀)가 그 후에도 통용되었기 때문에 송나라는 훌륭한 중화 왕조로 인구에 회자되었다. 이 틀은 지금도 중국에서건 일본에서건 통용되고 있다.

요나라와 대립하던 북송도 물론이거니와 과거 중국 남북조 시대와 거의 비슷한 영토 분단 상황에 놓인 남송과 금의 관계조차도 중국사라는 틀에서는 송을 중심으로 파악하는 것이 보통이다.

남북조 시대에서의 양조兩朝 병립이라는 객관적 사실에 관하여 남조 쪽이 '중화'이기 때문이라는 이유로 남조를 정통 왕조로 인정하는 역사관도 송대에 이르러 확립되었다. 당 왕조가 쌍방을 정사에 편입시켰던 것과는 대조적이다. 더욱이 주희에 이르러 삼국 시대의 경우는 유비劉備의 촉나라(정식으로는 한漢)가 올바른 왕조이고, 위나라는 한漢에 대한 찬탈자라고 하는 도의적인 판단을 내린다. 이렇게 해서 왕조 교체의 역사는 도의성道義性의 유무를 둘러싼 관념적 유희의 대상이 되었다.[5] 사마광司馬光의 『자치통감資治通鑑』이 위나라를 올바른 왕조라고 하는 입장에서 '제갈량입구諸葛亮入寇'라고 기록했던 사건이, 주희에 의해 촉나라에 의한 정의의 전쟁으로서 '정征'이라는 글자로 고쳐 쓰인다. 물론 '구寇'(침공侵攻)와 '정征'(진공進攻)은 같은 사건을 어느 쪽의 입장에서 그리느냐 하는 문제일 뿐이지만, 그 때문에 춘추학적으로는 중대한 미언대의微言大義의 차이였다.

한 걸음 더 나아가 공자·맹자의 교설이 정확한 내용으로는 전해지지 않았고, 그 때문에 군신·부자·부부의 대륜大倫에 반하는 사건이 자주 발생했던 진한秦漢 이후는 모두 암흑시대라고 간주되기도 하였다. 암흑을 벗어나 올바른 가르침을 회복한 것은 북송 중기 유학자들의 공적이고, 그 시점에서 다시금 도리가 환히 밝혀졌다고 하는 주장인 것이다(도통설道統說). 이 점에서 보더라도 요 왕조 혹은 금 왕조가 아니라 송 왕조야말로 중화의 왕조라고 하는 것이 주희의 논리였다.

다만 이러한 주자학의 이론은 주희 혼자서 만들어 낸 것이 아니다. 그에 앞서 선행하는 약 100년 동안 송대에서의 새로운 유학 사조의 결정체로 파악하는 것이 적절하다. 이미 송대에서 그 운동의 당사자들 자신이 그 시작을 11세기 중엽에 두고 있었다. 정치적으로는 범중엄范仲淹이 이끄는 '경력慶曆의 개혁'(1043)이, 문화적으로는 동세대 구양수歐陽脩의 폭넓은 활약이 그 새로운 기원을 여는 계기였다. 다음으로 이 시기를 상징하는 저술로서 중국 사상사의 전문가 외에는 거의 모르리라고 생각되지만, 송대 춘추학의 초석을 쌓은 손복孫復의 『춘추존왕발미春秋尊王發微』에 대해 소개하겠다.[6]

손복의 『춘추존왕발미』

중국에서의 왕조 교체와 국도國都 위치의 관계에 대해 주오대학中央大學의 세오 다쓰히코妹尾達彦는 당송 변혁唐宋變革을 경계로 동서축으로부터 남북축으로의 변화가 발생했다는 점을 지적하고 있다.[7] 즉 동서축은 주周의 도읍지 호경鎬京(현 섬서성 서안 서쪽)과 낙읍洛邑(낙양)의 관계에서 시작되었고, 그것을 이어받아 진·전한의 장안長安(함양咸陽)과 후한·위의 낙양이 각각 도읍으로 정해졌다. 진晉에서는 낙양(한 시기 동안은 장안)이 도읍으로 정해졌는데, 북방 이민족의 침입으로 인해 건강建康(현 남경)으로 피난하여 천도가 이루어진다. 그 이동은 지리적으로 남북의 관계로 보이지만, 낙양 시대를 서진西晉, 건강 시대를 동진東晉이라 호칭하는 그 명칭 부여 방식에서 동서축을 강하게 의식하였다는 점이 반영되어 있다. 이른바 남북조 시대에 당사자들도 남과 북의 대립이란 관계를 의식하고 있었지만, 도읍의 위치적 관계는 이념적으로 동서축으로 처리되었던 것이다. 북조의 계보를 잇는 수隋는 장안을 도읍으로 정했고, 당唐에서는 기본적으로 장안을 수도로 삼으면서도 낙양을 부도副都로 취급했는데, 측천무후 시기나 왕조 말기에는 낙양으로 정부가 옮겨졌다. 이 '장안~낙양축'(동서축)이 당대唐代까지의 기본선이었던 셈이다.

영락제(1360~1424)

이에 대하여 송대 이후는 남북축이 기본이 되었다. 즉 송 왕조는 낙양이 아니라 그 근처의 개봉開封에 도읍을 정하고 낙양을 부도副都로 대우하였다. 북쪽에는 요遼의 존재가 있었는데, 현재의 동북 지방에 도읍을 정하고 있었다. 그 후 금金의 침입으로 남송은 항주杭州를 임시 수도(행재임안부行在臨安府)로 삼는다. 금 왕조는 개봉에서 멀리 떨어진 북쪽의 중도中都(현 북경)를 도읍으로 삼았고, 이를 계승하여 원元은 지금의 북경에 대도大都를 건설한다. 명明은 당초에 남경을 수도로 삼았는데, 영락제永樂帝가 북경으로 천도하여 이후 청淸 왕조, 그리고 민국民國 초기(원세개袁世凱 시대 이후)까지 계승된다. 한편 남경은 민국 초반기에 손문孫文 정권이 수도로 삼았고, 장개석蔣介石의 북벌 성공 후에는 다시금 북경에서 남경으로 천도를 실현하였다. 이어서 모택동毛澤東은 북경에서 중화인민공화국 성립을 선포하여 수도 북경이 현재까지 이르고 있다. 이렇게 세오 다쓰히코 교수는 남경과 북경의 관계를 중핵으로 하는 남북축이 근 천 년간 중국 수도의 위치적 관계를 결정했다고 논하고 있는 것이다.

세오 교수는 이 현상을 중국 영역의 확대와 '상즉불리相即不離'하고 있다고 파악한다. 당나라 이전은 이른바 중원에서 사슴을 쫓는 시대이며, 황하 유역의 '장안~낙양축'이 왕권의 소재지로 의식되었다.

이에 비해 송대 이후의 왕조 교체에는 한족과 북방 민족의 항쟁이 얽혀 있어서 한족 왕조인 송·명·민국이 남쪽에, 북방 민족이 세운 요·금·원·청이 북쪽에 수도를 정하였다. 특히 북경의 위치는 농경·정착의 한족과 유목·수렵 민족 생활권과의 접점에 위치해 있다는 점에 의미가 있다고 주장한다.

이상 세오 교수의 주장을 더 상세히 설명한 것은 이 지적이 그들 자신의 역사 인식과도 맞닿아 있기 때문이다. 즉 당대까지의 왕조 교체 원리였던 '오덕종시설五德終始說'23)은 '중국 본토China proper'인 중원 땅에 포함되는 범위에서 생겨났다.[8] 오호십육국五胡十六國의 중원 진출은 북방 민족이 한족의 생활권에 왕권을 수립한 사건이었다. 그런데 거기에서의 왕권 성립은 선양禪讓 방식이 아니었는데도 불구하고, 오덕종시에 의해 설명되어 유연劉淵의 한漢(후에 조趙)이나 부견符堅의 진秦은 진晉을 대신하는 수덕水德이 되었다. 최종적으로는 선비족의 북위가 수덕을 자칭하여 진晉의 계승자가 되었고, 북제·북주(모두 목덕木德), 수(화덕火德), 당(토덕土德)으로 이어지며 선양 방식에 의해 계승된다. 이상 당대唐代까지 북조계 제 왕조의 군주들은 모두 비한족 남계男系 DNA를 가지고 있다고 여겨졌지만, 그 왕조 교체 논리는 한대漢代에 탄생한 오덕종시설을 채택하고 있고, 그 의미에서 한漢 문명권에 속하는 것이었다.

---

23) 중국 전국 시대의 추연騶衍이 주창한 설說. 천지개벽 이래 왕조는 목·화·토·금·수 등 오행五行의 순서대로 역사가 전개되고 그 과정이 순환·반복된다고 한다.

이에 대하여 송·요 대립 이후의 중국사는 보다 첨예하게 한족과 북방 제 민족과의 대립을 축으로 하게 된다. 송의 왕가인 조씨趙氏는 오대 제 왕조에 출사한 무인의 가계家系였다. 따라서 순수한 한족이 아니라, 북방 민족의 피가 섞여 있을 가능성도 생각해 볼 수 있다. 하지만 그들은 자신들이 한족이라는 점을 강조하여 요나라 등의 후원을 받아 지금의 산서성山西省에 기반을 두고 세력을 떨친 북한北漢을 군사적으로 척결하고, 중원 땅을 완전히 제패하는 것이 자신들의 사명이라고 하였다. 그리고 그들에게 출사한 과거 관료들이 이 취지에 따라 역사를 중화 문명 보호·유지를 위한 투쟁으로 재구성하고 송나라가 정통 왕권이며 요나라보다도 우월함을 선언하였다.

그것이 존왕양이 사상이었다. 존왕양이尊王攘夷란 원래 한나라 시기 춘추학 내부에서 배태된 개념이다. 공자가 『춘추』에 담은 미언대의微言大義의 안목으로서 공자 때 쇠퇴해 있던 주周의 왕권을 존중하고, 그 전통문화를 옹호하기 위해 이적夷狄을 중국 역외로 쫓아낼 사상을 찾아내고자 하는 해석이다. 같은 춘추학에서도 이적이 왕의 덕德으로 화하여 중국 문명의 성원이 되고, 또 그래야지만 천하태평이 이뤄진다는 '대일통大一統(일통을 존중함)'이라는 입장이 있었다. 양자는 반드시 양립할 수 없는 것은 아니지만, 이민족을 배제할 것인가 포용할 것인가 하는 점의 차이를 표면화시킨 경우에는 상호 대립하는 사고방식이 되기도 하였다. 대일통은 공양학公羊學, 양이攘夷는 곡량학穀梁學에서 특징적이라고 하는데, 와세다대학 와타나베 요시히로渡邉義浩 교수에 의하면 양자의 이 주장의 차이는 정치 정세에 대응하고 있다. 즉 전자는 전한 최전성기(무제武帝·소제昭帝 시기)에, 후자는 전한 쇠퇴기(선제宣帝 시기)에 주류가 되었다고 한다.[9]

송대의 존왕양이 사상도 한대 이래의 경학 전통을 계승하고 있어, 완전히 새로운 것이 탄생한 것은 아니다. 그렇지만 그 입론은 단순히 곡량학을 계승하는 것이 아니라 『좌씨전左氏傳』도 포함한 『춘추삼전春秋三傳』의 틀 자체를 재검토하여, 공자의 진의를 자신들이 독자적으로 찾으려고 하는 작업이었다. 이 점에서 춘추학에 한정되지 않고 송대의 경학 전체에서 볼 수 있는 특징을 보여 주고 있다.

송대 춘추학의 시작을 선언한 책은 그 이름도 『춘추존왕발미春秋尊王發微』 전 12권이었다. 전 12권인 것은 『춘추』가 노나라 군주 12대의 연대기였다는 점에 의한 것으로 『춘추』 주석서로는 고래부터 자주 보이는 형식이다. '발미發微'란 공자의 미언微言을 독자들에게 알기 쉽게 보여 준다는 의미이고, 존왕 사상의 심오한 뜻을 분명히 하기 위해 저술되었다. 저자는 손복孫復(992~1057)이고, 범중엄范仲淹·구양수歐陽脩 등과 교우 관계가 있는 인물이었다.

『춘추존왕발미』는 권두 글의 첫머리를 "공자가 『춘추』를 지은 것은 천하에 왕이 사라졌기 때문에 만든 것이다"로 시작한다(권1). 이것은 『춘추』가 왜 은공隱公이라는 노나라 군주 시대부터 시작되고 있는가 하는 춘추학 고래의 문제에 대한 하나의 해답이었다. 은공이라는 인물 그 자체에 의미가 있다고 하는 답안(은공이 현자였기 때문이라는 호의적 이유, 동생에게 암살되었기 때문이라는 비관적 이유 등)과는 달리 그의 치세가 주나라 평왕平王의 치세의 종결이었기 때문이라고 하는 견해이다. 평왕(재위 기원전 770~720)은 서쪽 이민족의 침입으로 호경鎬京이 함락되는 사건을 당한 뒤 낙읍洛邑으로 천도(동도東都라고 함)를 감행한 중흥의 군주이다. 하지만 결국 서쪽 땅은 회복하지 못하였다. 손복은 이 사건을 가지고 공자가 여기서 역사상 일대 전환기를 찾아

냈고, 기존 노나라 연대기의 이 시점부터 『춘추』를 시작하기로 결심했다고 해석한 것이다.

『춘추』는 '서수획린西狩獲麟'(노魯 애공哀公 때 전설의 영험한 기린이 돌연 나타나 포획된 사건)의 기사로 끝맺고 있다(『춘추좌씨전』만이 공자의 죽음으로 경문經文을 끝내고 애공의 죽음으로 전문傳文를 끝맺고 있다). 손복은 이 기사를 슬퍼해야 할 사건으로 보는 측의 해석에 입각하여 '획린'에 있어서도 중국 정치는 모조리 이적夷狄이 제어하게 되어 버렸다면서 다음과 같이 『춘추존왕발미』 전체를 끝맺고 있다(권12).

> 춘추는 천자를 공경하고 중국을 귀하게 여긴다. 중국을 귀하게 여김으로 이적을 천하게 여기며, 천자를 공경함으로 제후를 물리친다. 천자를 공경하고 제후를 물리친다는 것은 은공隱公 원년에 시작되는 것이 그에 해당한다. 중국을 귀하게 여기고 이적을 천하게 여긴다는 것은 '획린'으로 끝나는 것이 그에 해당한다. 아아, 그 의도는 미미하구나! 그 의도는 미미하구나!

송대의 춘추학

손복이 춘추학을 수정하는 데까지 이른 경위에 관해서는 북송 시기 위태魏泰의 『동헌필록東軒筆錄』 권14에 다음과 같은 일화가 소개되어 있다. 위태는 왕안석이나 그 후계자의 한 사람인 장돈章惇과 친하였고, 이른바 신법당新法黨(왕안석이 주도한 개혁 정치를 담당한 당파)에 속하는 인물이었다. 다만 『송원학안宋元學案』에는 그에 관한 전이 실려 있지 않다. 또 이것과 동일한 일화는 양언령楊彦齡의 『양공필록楊

公筆錄』에도 수록되어 있는데, 『송원학안』은 여기서 인용하여 소개하고 있다. 하지만 양언령의 이 일화 수록은 『동헌필록』에서 전재한 것이라고 생각된다.

위태가 전하는 바에 의하면 손복은 30대 중반에 이르러서도 여전히 곤궁했는데, 범중엄이 그 재능을 발견하고 경제적 원조를 제공하는 일과 함께 『춘추』에 관한 지식도 전수하였다. 손복은 밤낮을 가리지 않고 면학에 힘썼는데, 후에 춘추학자로 대성하여 도읍으로 초빙되기에 이르렀다고 한다. 이 일화에 관해서는 『송원학안』 권2 「태산학안泰山學案」(손복을 개조로 하는 학파를 소개한 편)에서도 소개되었는데, 편저자 전조망全祖望이 범중엄·손복 두 인물의 연령 관계 등으로 미루어 그 사실 여부를 의심하고 있다. 연령 관계에 관해서는 전조망의 오해 같지만, 역사적 사실이 아니라는 추측이 옳을 것이다.[10] 이렇게 말할 수 있는 것은 범중엄에 대해서도 마찬가지로 손복으로 하여금 장재張載에게 역易을 배울 것을 권유했다는 일화가 전해지고 있기 때문이다.

장재는 정호程顥·정이程頤(소위 이정자二程子) 형제와 인척 관계라 친했고, 사상적으로도 도학道學 형성기에 활약한 인물로 알려져 있다. 주희는 주돈이周敦頤가 맹자 사후 1400년 만에 부활시켰다는 '도통道統'과 연결되는 한 사람으로 장재를 꼽고 있다. 그 때문에 장재의 저작과 어록은 후세의 주자학자들에게 계속 읽히고 커다란 영향을 끼쳤다. 장재는 서하西夏와의 국경에 근접한 장안長安 출신이었기 때문에 군사적으로 흥미를 가졌고, 21세 때 범중엄의 휘하로 왔다. 범중엄은 한눈에 그가 뛰어난 인재라 간파하고 "유자儒者는 병학兵學이 아니라, 명교名教의 학습에 부지런히 힘써야 한다"고 타이르면서

『중용』의 학습을 권유하여 장재를 유학의 길로 인도했다고 한다. 그 이야기는 주희의 『오조명신언행록五朝名臣言行錄』에 의해 확산되었고, 『송사』의 그의 전傳(권427 「도학전道學傳」1)에서도 특필하고 있다.[11] 장재의 『중용』 연구가 범중엄의 종용에 따른 성과라는 것은 이미 송대에 널리 퍼져 있던 이야기이다. 또한 현존하는 장재 자신의 문장에 범중엄의 이은의恩義를 언급하는 내용은 없으며, 따라서 이 일화는 아마도 역사적 사실이 아닐 것이다.

장재(1020~1077)

장재의 사례에서 추측되는 것은 범중엄이 손복에게 춘추학을 전수했다고 하는 전승도 또한 사실이 아니며, 당사자들의 사후에 만들어진 '이야기'일 것이라는 점이다. 다만 이러한 일화는 종종 단순히 사실이 아니라는 이유로 묻어 버리기에는 아쉬운 진리를 간직하고 있다. 이 일화의 경우도 그 주제는 손복이 송대 춘추학의 개조가 될 수 있었던 것은 따지고 보면 범중엄의 안목에 의한 결과였다는 점이다. 그것은 주자학에서의 중요 인물 장재가 역易을 중심으로 하는 유학의 연찬에 힘쓴 것은 범중엄의 지도 덕분이라고 보는 것과 같은 구도를 지니고 있다. 범중엄은 '경력慶曆의 개혁과 '선우후락先憂後樂'의 표어로 인해 송대 사대부의 정신적 지도자로서 우상화된 인물이었다. 손복이나 장재는 그러한 범중엄에게 소질이 간파되어 대성했다는 것이 이 일화들의 의도였다. 손복이 범중엄의 지시로 춘추학에 뜻을 두었다는 것은 곧 송대 춘추학을 일으킨 것은 사실 범중엄이었다는 애기가 된다. 이는 역사적 사실이 아니지만, 송대 사람들의 이야기 속에서는 이렇게 전승되고 정착되어 갔다.

일반적으로 왕안석 학파는 춘추학을 경시하였다고 알려져 있다. 과거시험에서는 오경五經(역·서·시·예·춘추)에서 『춘추』를 빼 버리고, 그 대신에 예禮를 『주례』와 『예기』 두 종으로 나누었다. 즉 『춘추』를 『주례』로 대체하였다. 왕안석의 발언으로 "『춘추』는 단란조보斷爛朝報(=관보官報가 단편적으로 전해지고 있을 뿐)24)에 불과하다"는 혹평을 받았다고도 전해지고 있는데, 이 또한 역사적 사실이 아니라고 생각된다. 하지만 사건의 진상을 파헤친 일화로서 후세 학자들로부터 "신법당은 춘추를 싫어한다"고 표상되었다. 그 신법당에 속하는 위태가 손복과 범중엄에 얽힌 이런 일화를 기록·전승하고 있는 것은 매우 흥미롭다.

이 일화에서 손복은 결코 '단란조보'에 천착하여 무용한 학문을 닦은 인물로 야유의 대상이 되었던 것이 아니다. 확실히 그렇지 않으며 이상적 사대부였던 범중엄의 훈도를 받고 『춘추』에 담긴 공자의 '미언대의'를 규명하는 일에 뜻을 두었던 인물로서 호의적으로 묘사되고 있다. 『춘추존왕발미』는 정치적·당파적 대립을 뛰어넘어 송대 사대부들의 높은 평가를 받았던 것이다.

중국철학자 사토 히토시佐藤仁는 "송 왕조가 이적夷狄의 세력을 배제한 지 거의 650년 만에 수립된 한족의 통일 왕조"였기 때문에 당대 한유韓愈의 경우와는 달리 "존왕양이의 주장, 더 나아가 민족주의·국수주의 주장은 누구에게도 거리낌 없이 마음껏 발휘하는 일이

---

24) 왕안석이 『춘추』를 헐뜯어 한 말로 조각나고 낡은 조정의 기록이란 뜻.

가능하게 되었다"고 하면서 손복의 입장을 규정하고 있다(『송대의 춘추학』, 2007). '650년 만에'란 서진西晉이 북방 민족의 침입으로 멸망했을 때로부터의 햇수이고, 앞에서 서술했다시피 확실히 당 왕조와 같은 비한족적 요소를 강하게 지녔던 왕조와는 색다른 체제가 손복이 살았던 송대의 특징이었다.

다만 나는 이 사토의 견해에 약간의 수정을 가하고 싶다. 그것은 '통일 왕조'라는 것이 송대 사대부들 당사자의 주관적 주장에 불과했다는 점이다. 그 실태는 요遼나 서하西夏와 같은 이민족 왕조의 존재를 의식하였고, 또한 군사적으로는 열세에 있다는 점도 알고 있던 자들의 '허세부림'(강한 척하다)이었다는 것이다. 애당초 '한족'이라는 점에 대한 강조가 그들의 자기 정당화를 보여 주고 있다. 송 왕조는 실제로 '한족의 통일 왕조'였던 것이 아니라, 자신들이 한족(그들의 용어로는 '중국')이며 통일 왕조임을 참칭하는 것으로 성립되었다.

이는 "송은 한족 왕조가 아니었다"고 하는 의미가 아니다. '중국'이라는 용어를 강조하고 자신들의 군주를 '천자=황제'로 추대함으로써 자신들의 "이적을 천하게 여기고, 제후를 물리친다"는 입장을 원래 공자의 것이었다고 조정하는 작업이 이루어졌던 것이다. 이것이야말로 손복에서 시작되는 송대 춘추학이 존왕양이를 전면에 내세우는 사상으로 결실을 맺어 간 이유가 아닐까.

송대의 사대부들에게 중화는 올바름의 가치를 지닌 마땅히 지켜야만 할 문명적인 것이었다. 그러기 위해서는 현실적 문제로서 이적夷狄과의 준별이 필요했다. 물론 그들에게 이적으로 지목된 것은 요遼든 금金이든 분명 비한족 요소를 강하게 지닌 왕권이었다. 그러나 요나 금의 입장에서 볼 때 자신들은 단순한 이적이 아니었으며, 당唐

문명의 후계자라는 점에서는 송 왕조에 비해서도 손색이 없을 터였다. 송과 요·금의 관계는 완전히 다른 원리를 가진 이문명異文明 간의 대치가 아니라, 당唐 문명의 후계자 다툼이었다. 송인宋人은 이 싸움에 그들 자신이 여러모로 궁리하여 새롭게 구성한 춘추학을 가지고 임했던 것이다. 그 표어가 곧 '존왕양이'이다.

송대에 존왕양이 사상이 보급·침투한 것은 그들이 가진 위기감 때문이었다. 즉 "실제로는 상대방이 우위에 있음을 인정하고 싶지 않다"는 심성에 근거하여 언뜻 보면 뒤떨어져 있는 자신들이 사실 문명적으로 우위에 있다는 것을 증명해 주는 이론 만들기에 뛰어들었다고나 할까. 하지만 현실의 국제 관계에서 그 이론은 통용되지 않았다. 송은 요·금에 대해서는 물론 원래부터 고려나 일본 등 유교적 가치관을 공유하는 다른 국가에 대해서도 강압적인 외교를 펼칠 수 없었다. 다만 명분상 자신들이 중화의 정통 왕조임을 인정케 하고, 이를 통해 자부심과 긍지를 유지하고자 도모하는 정도였다.

그러나 아이러니하게도 테무진(칭기즈칸)이 몽골 부족들을 규합하여 왕권을 구축하고, 그 아들 오고타이窩闊台가 금나라를 대신하여 화북을 통치하게 되자 '대몽고국'은 중화 왕조로 행세하기 시작한다. 이윽고 몽고족은 주자학을 체제 교학으로 삼고, 1271년에는 역易에서 유래한 '대원大元'이라는 국호를 자칭하게 되었다. 그러자 존왕양이 사상은 한족 왕조 송나라에서 몽고로 방향을 틀어 향해졌을 뿐만 아니라, 원나라는 자신들을 따르지 않는 이적夷狄을 향해 사용하게 된다. 사용하는 측의 주장으로는 '정동征東'(동쪽 정벌), 사용당하는 측의 용법으로는 '원구元寇'(몽고 내습)가 일본을 향해 이루어졌다.

중화의 근세, 그리고 현재

송나라는 여러 외국에 대해 그다지 고압적인 태도를 취하지 않았다. 정치·군사의 실력이 뒷받침되지 못했기 때문이었겠지만, 문화적 중화 의식과는 다른 방식의 행동이었다. 반면 송나라를 병탄한 원나라는 중화 의식을 전면에 내세우고 동아시아 각국에 '신종臣從'을 강요했다. 물론 북방 민족인 몽골로서의 행동 양식에 바탕을 둔 측면도 있겠지만, 그 구체적인 표현 방법은 한문으로 쓰인 국서國書이다. 이는 중화 왕조를 중심에 둔 동아시아 지역에서의 전통적인 외교 수단이었다. 일본 앞으로 보낸 조공 요청의 이른바 '몽고 국서'도 그 한 예이다.

이 국서에는 말미에 "군사 행동을 일으키는 것은 본의가 아니다"라고 쓰여 있었다. 이 문면이 일본 측에서는 "자주적으로 조공하지 않으면 군대를 파견할지도 모른다"는 협박으로 받아들여졌고, 가마쿠라 막부 수뇌부의 감정적 흥분을 불러일으키는 바람에 양국 간 전쟁의 문이 열린 것은 잘 알려진 사실이다. 그 의미에서 '몽고 내습'은 결코 몽고와 일본이라는 두 이적夷狄 간의 전쟁이 아니라, 중화가 그 왕권에 귀순하기를 거부하는 이적을 처벌하려 했던 '정동征東'이었다. 시대가 내려와 에도 시대가 되면 일본 국내에서는 이 사건을 '원구'라 부르게 된다. 공격한 쪽 논리로는 '정征', 공격받은 쪽 논리로는 '구寇'였다. 똑같은 전쟁을 상반되는 이 두 단어로 표현하는 기법은 춘추학에서 유래한다. 그리고 유교적 역사 인식은 이렇게 확산되어 간다.

1368년 원나라의 북방 철수(멸망이 아닌 점에 주의)로 인해 성립한 왕조가 명나라이다. 이 왕조는 한족 의식을 핵심으로 삼고 있었으며 사사건건 몽골족의 굴레에서 중국을 해방시킨 왕조라고 '자화자찬' 하였다. 거기서 '중국'은 '호원胡元'의 풍속을 탈피한 한족의 순수성으로 그려진다.[12] 명 왕조 중반에 활약한 주자학자 구준丘濬의 『대학연의보大學衍義補』의 「어이적馭夷狄」에는 화하華夏·중국이란 단어가 자주 나온다(다만 의외로 중화라는 용어는 등장하지 않는다). 구준으로 대표되는 명대 주자학적 사대부들은 근대 '한족 중심주의'의 선구라고도 평가할 수 있을 것이다.

그런데 1644년 중국 땅은 다시 한번 이민족에게 유린당하게 된다. 명 황제가 내란에 의해 북경의 황궁 뒷산에서 목을 매달고 자살하자 그동안 적대적이었던 청淸의 군대가 이 기회를 틈타 그 보복을 기치로 내걸고 침입한다. 그리고 남방에서의 명나라 왕족을 옹호하는 세력과의 교전을 거쳐 17세기 말에는 대만을 포함한 중국 전역을 평정한다. 그 연고지(현 중국 동북 3성) 및 청나라에 복속한 몽골과 티베트, 여기에 명나라를 멸망시킨 뒤 병합한 서쪽 영토를 합쳐서 현재 중국령의 원형이 18세기 중반에 정해진다. 이는 지배 민족으로서의 만주족滿洲族을 정점으로 한자에 의해 지배하는 지역과, 티베트 불교의 수호자로서 또한 초원의 패자로서 지배하는 지역과의 이중적 구조를 지닌 제국의 탄생이었다. 청 왕조에 문화적·사상적으로 저항하는 일부 한족 사대부들은 그들을 몽고와 마찬가지로 '호胡'(오랑캐)라고 멸시했지만, 청나라 궁정에서는 한족 통치를 위해 주자학의 이념을 채택하였다. 『대의각미록大義覺迷錄』25)의 기록에 의하면 주자학이

25) 청나라 제5대 황제 옹정제雍正帝가 청나라 조정의 정통성을 강조하기 위해 1729년에 칙령으로 간행 반포한 책.

보편적 사상인 이상, 그것을 채용하는 왕조야말로 중화이고, 종족적으로 한족이냐 이적夷狄(만주족)이냐에 상관없이 옹정제雍正帝 자신이 완고한 한족 지식인을 설득하고 있다. 이념적으로는 만주족에 의한 통치 아래 한漢·몽蒙·장藏(티베트)·회回(무슬림) 등이 공생하는 사회가 건설되었다.

이윽고 19세기 말엽 서양 열강(새로운 이적)에 의해 국권과 국토가 유린되고 있다고 느낀 한족 청년들은 만주족의 청 왕조를 멸하고 한족 국가를 부흥시키고자 하는 혁명운동을 시작한다(멸만흥한滅滿興漢). 이때 일부 인사들이 상징적으로 내세운 것이 전설상 태고太古의 왕 신농神農(=염제炎帝)과 헌원軒轅(=황제黃帝)이었다. '염황炎黃 자손'이란 것이 그들의 아이덴티티이고, 역으로 말하면 만주족이나 몽고족은 염황의 피를 잇지 않은 이종족이라는 논리가 된다. 그렇다면 이들이 떠맡아야 할 공화제의 신국가 명칭은 20세기 초에 존재했던 동아시아 두 국가의 호칭 '대일본제국' 혹은 '대한제국大韓帝國'을 본떠 '대한민국大漢民國'이어야 했다. 하지만 1912년 성립된 국가의 자칭은 '중화민국中華民國'이었다.

그들은 그 혁명운동 당초의 표어 '멸만흥한'에서 노선을 변경하고 '중화'라는 기치를 내걸기로 한 것이다. 거기에서는 서양 전래의 민족이라는 이데아(개념·이념)가 이용되었다. 한족과 그 문화를 실제적인 핵심으로 유지하면서도 청나라의 경우와 마찬가지로 한漢·몽蒙·만滿·장藏·회回의 오족, 심지어 다른 소수 민족까지도 포함하는 국가가 중화라는 명칭 아래 고안되었다. 이른바 한족에서 중화민족으로의 전환이 이루어진 것이다. 그리고 모택동이 만든 사회주의 정부도 명칭에 중화를 채용한 것은 이 장의 첫머리에서 지적한 바와 같다.

이 장에서는 그 사실의 옳고 그름을 논하고 싶지는 않다. 다만 역사적으로 볼 때 한대의 '대일통' 사상이 재흥한 것과 같은 현상이 보인다는 점을 지적해 두는 것이다.

중화를 어떻게 마주할 것인가

중국에서도 현재는 서양 근대에 탄생한 국제 관계관에 근거한 역사 인식을 공식 견해로 하고 있다. 거기에서는 주권 국가로서 중국이 주위의 다른 여러 국가와 어떤 관계를 맺어 왔는가를 '중화-이적' 관계가 아니라, 동등한 국가 간 관계로 묘사하고 있다.

그렇지만 이 표층의 아래에는 지금도 여전히 전통적인 심성이 잠복해 있을지 모른다. 19세기 후반 이래 150년은 국제 관계상 중국 역사에서 남조나 송대에 비해야 할 정도로 상황이 여의치 않은 시대였다. 중국은 '중화민족'이라는 개념을 창조하여 타국에 병탄되거나 여러 국가로 분열되지 않도록 스스로의 역사 인식을 강화시켰다. 그들 자신은 태고 이래 중국이 줄곧 하나의 중국이었다(또 항상 마땅히 그래야만 했다)고 간주하였다. 또 국력 문제 때문에 여러 외국(이적)을 국내에서 배제하는 것이 중요하였지, 스스로를 밖으로 확장해 나갈 여유는 없었다. 그런데 그러한 정세는 변하고 있다.

몇몇 동아시아 지역 섬들에 대해 중국은 오랫동안 암묵적인 이해만을 표시해 왔다. 하지만 중화는 다시금 팽창 기미를 보이고 있다. 이 사태에 대해 감정적으로 대처하는 것은 13세기의 불행한 역사를 되풀이하는 데 그칠지도 모른다. 지금이야말로 우리는 '역사를 거울로 삼아' 그 해결의 길을 찾아야 할 것이다.

[주]

1. 예를 들면 『송사』 권490 「외국전外國傳」 6의 '천축天竺' 조에 천축왕天竺王의 서간을 천축인 승려가 한역한 문장으로 "지나支那 국내에 대명왕大明王이 있다고 들었다"는 문언이 보인다. 이것은 송의 황제가 '지나'라고 불리는 것을 오히려 기뻐했음을 보여 주는 상징적인 사례이고, 일본에서도 에도 시대까지 지나는 경멸의 호칭이 아니었다. 그렇다고는 하지만 20세기 후반 이후의 관례에 따라 나는 '지나'를 사용하지 않고 '중국'이라는 명칭을 사용하였다.
2. 또 하나, 남·북한의 경우와 마찬가지로 리퍼블릭republic을 한쪽은 '민국', 다른 쪽은 '공화국'으로 번역하고 있는 것에도 각각의 역사적 경위가 존재하지만 여기서는 깊이 들어가지 않는다.
3. 노마 후미치카野間文史의 『오경정의의 연구 — 그 성립과 전개』(研文出版, 1998)에는 "아마 '주해注解'는 남학南學 취향이 당나라 초기의 풍조였을 것이다. 『오경정의』는 그런 현상을 추인한 것으로 생각된다"고 하면서도, "『의소義疏』는 북학자北學者의 손으로 이루어진 것이 중심이었던 셈이다. 이 점에서 볼 때, 『오경정의』에 의해 남북의 학술이 통일되어 있었다고 말할 수도 있을 것이다"고 서술하고 있다.
4. 송은 요와의 항쟁기를 거친 뒤, 맹약을 맺고 평화·공존 정책을 취했다. 통설로는 일률적으로 '숙질叔姪'(삼촌과 조카) 관계라고 이야기되지만, 이것은 맹약 체결 때 황제 두 사람의 관계를 보여 주는 것에 불과하고, 실제로는 세대가 바뀔 때마다 변화하는 황제 당사자 간의 세대·연령 관계를 왕조 간 상하 관계로 삼았다(나카무라 준지中村惇二의 2012년 제출한 도쿄대학 박사학위 논문 『송·요 외교 교섭의 사상사적 고찰』에 의함). 따라서 반드시 송나라가 일방적으로 하위였던 것은 아니지만, 당나라가 세계제국으로 동아시아에 군림하던 것과는 완전히 양상을 달리하였다.
5. 통설로는 북송 사마광의 『자치통감』이 삼국 시대 때의 위나라를 중심이 되는 왕조로 취급하는 것에 대해 이 책의 구성을 재조합한 주희의 『통감강목通鑑綱目』에서는 명확히 촉나라를 한 왕조의 연장인 정통 왕조로 다루고 있다. 또한 서명書名에 있는 '감鑑'은 "역사를 거울로 삼아 배우고, 같은 실패를 되풀이하

지 않는다"는 의미이다.

6. 이 작품의 전문을 훈독하여 번역한 책으로 사이키 데쓰로齋木哲郎의 『손복 '춘추존왕발미' 통해고通解稿(전全)』(2001)가 있으니 참조하기 바란다.
7. 세오 다쓰히코妹尾達彦, 「당대 장안성과 관중평야關中平野의 생태환경 변천」(1998, 1999, 2005).
8. 오덕종시란 오행(목화토금수)이 이 순서(상생설에 의한 순서)에 따라 교체되는 바와 같이 왕조도 각각의 성격('덕德'이라 불리는)을 갖춘 것이 순차적으로 교체된다고 하는 이론이다. 한대부터 시작되어 이후 실제로 선양禪讓 방식에 의한 왕조 교체에서 활용되었다. 송대에 도학(그 일파가 주자학)에 의해 부정되었고, 송대 이후의 왕조 교체에는 적용되지 않았다. 졸고 「천도·혁명·은일—주자학적 왕권을 둘러싸고」(2002) 등을 참조하기 바란다.
9. 와타나베 요시히로渡邉義浩의 『유교와 중국 — '2000년 정통 사상'의 기원』(2010). 또 공양학·곡량학이란 『춘추』를 해석하는 유파의 명칭으로 좌씨학左氏學과 합쳐서 '춘추 삼전의 학'이라고 불린다.
10 범중엄과 만났을 때 손복의 나이가 30대 중반이었다는 것은 사토 히토시佐藤仁의 『송대의 춘추학』(2007)의 고증에 의한다.
11. 「도학전」은 역대 정사正史 가운데 『송사』에만 보이는 특이한 편篇으로 주돈이부터 시작되는 도학자들의 전기를 한군데에 모았다. 다른 정사에도 있는 「유림전儒林傳」과는 구별되며 도학자들의 정통성을 특권화하는 의도를 보여 준다고 할 수 있다. 또 『송사』 권191 「유림전」 (2)에 있는 손복의 전에는 그와 범중엄과의 일화가 소개되어 있지 않다.
12. 다만 실제의 명대 생활문화에는 원대의 몽골류·서방류의 흔적이 많았다고 한다. 그리고 그것이 지금까지 계속되는 중국 '전통문화'의 일부분이 되고 있으며, 일반적으로 당송唐宋 때부터라고 여겨지는 중국 문화는 원나라 때 변용된 측면이 크다.

[참고문헌]

小島毅,「天道·革命·隱逸 — 朱子学的王権をめぐって」, 網野善彦外編,『宗教と権威』, 岩波講座「天皇と王権を考える」四, 岩波書店, 2002.

齋木哲郎,「孫復『春秋尊王發微』通解稿(全)」, 鳴門教育大学学校教育学部社會系教育講座倫理學研究室, 2001.

佐藤仁,『宋代の春秋学 — 宋代士大夫の思考世界』, 研文出版, 2007.

妹尾達彦,「唐代長安城与関中平野的生態環境変遷」, 史念海編,『漢唐長安与黄土高原』, 陝西師範大學中國歷史地理研究所, 1998.

妹尾達彦,「中華の分裂と再生」,『岩波講座世界歴史9 — 中華の分裂と再生: 3~13世紀』, 岩波書店, 1999.

妹尾達彦,「前近代中国王都論」,『アジア史における社会と国家』, 中央大学人文科学研究所研究叢書三七, 2005.

野間文史,『五經正義の研究 — その成立と展開』, 研文出版, 1998.

渡邉義浩,『儒教と中国 —「二千年の正統思想」の起源』, 講談社選書メチエ, 2010.

맺음말

서기 2018년은 메이지유신(1868) 150주년에 해당한다는 이유로 전년부터 많은 관련 서적이 출판되었다. 이 책도 그중의 하나이다. 다만 "메이지유신은 일본의 새벽"으로서 그것을 예찬하는 종류의 다른 책과 이 책 사이에는 큰 거리감이 있다.

나는 메이지유신의 담당자들, 보신전쟁의 '관군官軍'에 대해 비판적 주장을 전면에 내세운 책을 출판한 적이 있다(『증보 야스쿠니 사관增補靖国史観』, 치쿠마학예문고ちくま学芸文庫, 원래 동출판사 신서판은 2007년 간행). 여기에서 나는 야스쿠니 신사가 일본 고래의 신기 신앙神祇信仰이나 전통적인 불교 사상에 의한 것이 아니라, 중국 전래의 유교를 사상적 자원으로 해서 설립된 국가 시설임을 논증했다. 이 책도 그 연장선상에 있다.

유교라는 것은 일본 국내에서 널리 알려진 듯하면서도 편향된 시각·오해가 만연해 있다. 교과서 레벨의 '공자·맹자가 설파한 가르침'

이라고 하는 이해는 틀렸다고 단언할 수 없으므로 그럭저럭 아직은 괜찮다. 하지만 "중국·한국의 불쌍한 현실적 상황을 보면 분명하듯이 근대 사회에 맞지 않는 봉건적 사상"이라는 메이지 시기 후쿠자와 유키치福澤諭吉가 주창하고, 쇼와 시기 시바 료타로司馬遼太郎 등이 계승한 주장은 사실에 대한 오인誤認도 심하다. 근년에도 어떤 미국인이 이와 같은 종류의 책을 출판하여 엄청난 인기를 끌었던 것은 매우 개탄스럽고 우리 유교 연구자들의 무능력을 일깨워 주는 사건이었다.

이래서는 안 된다……. 그것이 이 책의 출판을 결심하게 된 동기다. 다행히도 2011년 아키쇼보亜紀書房에서 펴낸 『'역사'를 움직이다』 때 신세를 진 아다치 에미足立恵美 씨가 그 후 이적해 간 쇼분샤晶文社에서 이 책의 간행을 맡아 주었다.

이 책에 수록한 것은 지난 10년간 어딘가에 발표한 문장, 게다가 학술 논문보다는 일반 잡지나 강연을 위해 집필한 것을 위주로 하였다. 수정은 오기·오류 혹은 시기의 표현 변경 등 최소한에 그쳤다. 대상이 되는 시대는 서기 1세기부터 19세기에 이르지만, 이를 관통하는 주제는 전저前著 『야스쿠니 사관』에서 제시한 바와 마찬가지로 일본에서의 유교적 전개이다.

'메이지유신 150주년'으로 시끄러운 것도 좋지만, 2018년은 618년 당나라 건국으로부터 1400주년, 1368년 명나라 건국으로부터 650주년이기도 하다. 중국의 역대 왕조 중에서도 당과 명 두 왕조는 정규의 외교 관계(조공)에 의해 일본과 깊이 관계하였고, 문화적으로도 크나큰 영향을 끼쳤다는 점은 이 책에서 서술한 대로이다. 메이지의 '탈아입구脫亞入歐'는 그때까지의 중국과 오랜 교류의 성격을 바꾸는 것이었지만, 그것이 쉽게 가능해진 것은 일본이 당나라와 명나라에서 수용한 유교적 사고방식 덕분이었다. 견당사 시대의 유학생과 견명사 시대의 선승들은 불교와 유교를 전파함으로써 일본의 전통문화를 만들어 왔다. 중국뿐만 아니라 한국에서도 문화의 전래가 있었다. 이 사실을 제대로 인식하지 못하는 사람들이 주창하는 혐중론嫌中論·혐한론嫌韓論은 속담처럼 "하늘을 향해 침을 뱉는" 일이다. 이 책의 내용은 전문가들 사이에서는 기초 지식 수준에 불과하지만 널리 사회에서 인지되기를 희망한다.

덧붙여, 이 책에 수록된 문장·강연의 일부는 과학 연구비 보조금 특정 영역 연구 「동아시아 해역 교류와 일본 전통문화의 형성」(2005~2009, 속칭 닝프로) 기간 중의 것이거나, 또 이것이 계기가 되어 의뢰받거나 한 논고이다. 나는 이 공동 연구의 대표를 맡았는데, 그것이 나의 능력 부족과 안일함으로 인해 연구비 사용 및 사무국 운영에 많은 어려움을 겪었고, 불필요한 지출과 시간 낭비를 하게 되었다. 그 결과 사업 종료 후의 평가는 B등급이 되었고, 나에게는 여러모로 빚을 진 느낌의 연구 사업으로 남겨졌다. '과학 연구비의 부적절한 사용'이라는 뉴스 보도가 적지 않지만, 거기에는 제도적 맹점도 작용하고 있는 측면이 보인다. 이렇게 이 책과 다소 어울리지 않는 이야기를 마지막으로 남기면서 독자 제현의 양해를 바란다.

2017년 음력 8월 15일 중추절 보름날

고지마 쓰요시

유교와 메이지유신

2025년 1월 10일 초판 1쇄 인쇄
2025년 1월 20일 초판 1쇄 발행

지은이 고지마 쓰요시
옮긴이 신현승·이연시
펴낸이 류현석

펴낸곳 21세기문화원
등 록 2000.3.9 제2000-000018호
주 소 서울 성북구 북악산로1가길 10
전 화 02-923-8611
팩 스 02-923-8622
이메일 21_book@naver.com

ISBN 979-11-92533-20-9 93150

값 35,000원